曾湖仙 著

我在百年名校

教语文

曾湖仙教育随笔

平 和 义 信 爱 仁 孝 忠

花城出版社

中国·广州

图书在版编目（ＣＩＰ）数据

我在百年名校教语文：曾湖仙教育随笔 ／ 曾湖仙
著. -- 广州 ：花城出版社，2023.8
ISBN 978-7-5360-9862-6

Ⅰ．①我… Ⅱ．①曾… Ⅲ．①中学语文课－教学研究
－文集 Ⅳ．①G633.302-53

中国国家版本馆CIP数据核字(2023)第090971号

出 版 人：张　懿
责任编辑：杜小烨　李嘉平　凌春梅
责任校对：袁君英　李道学
技术编辑：林佳莹
装帧设计：回归线视觉传达
封面摄影：何跃进

书　　名　我在百年名校教语文：曾湖仙教育随笔
　　　　　WO ZAI BAINIAN MINGXIAO JIAO YUWEN：ZENG HUXIAN
　　　　　JIAOYU SUIBI
出版发行　花城出版社
　　　　　（广州市环市东路水荫路 11 号）
经　　销　全国新华书店
印　　刷　佛山市浩文彩色印刷有限公司
　　　　　（广东省佛山市南海区狮山科技工业园 A 区）
开　　本　880 毫米 × 1230 毫米　32 开
印　　张　12.25　1 插页
字　　数　260，000 字
版　　次　2023 年 8 月第 1 版　2023 年 8 月第 1 次印刷
定　　价　49.00 元

如发现印装质量问题，请直接与印刷厂联系调换。
购书热线：020-37604658　37602954
花城出版社网站：http：//www.fcph.com.cn

育出人才，也是育出自己

语文怎么学和教
（代序）

　　禅宗典故常见求道的学人询问大德们"如何是佛？"大德们的答案五花八门："水鸟树林""头大尾小""镇州萝卜重三斤"等等，不知所云。有的有点意思，亦不甚了了："金乌一点，万里无云""头戴天，脚踏地""白日无闲人""张家三个儿"。有的直接呵斥："钝汉""咬骨头汉，出去！"甚者拿着禅杖打人。

　　猜禅宗师父们意思大概是人人皆可成佛，但得自己修，自己悟。语文学与教庶几近之。参学的僧人想请越州镜清寺的顺德禅师手把手教他："学人啐，请师啄。"雏鸡欲出时以嘴吮卵壳为"啐"，母鸡欲使小鸡出壳而从外敲壳为"啄"。禅师问他是不是想要开悟："还得活也无？"学生上进心强："若不活，遭人怪笑。"禅师骂他："也是草里汉。"草深迷路的汉子，找不到出路。老师的意思是自己努力不到一定程度，老师的嘴啄出血来也没用。益州的普明禅师也是这个路数，对一个虔诚问道的僧人直接否定："汝无佛性！"这位僧人是个勇敢好学之徒，反问"蠢动含灵皆有佛性，学人为何却无？"蠢动，蠕动爬行的小虫子。禅师不给面子："为汝向外求！"企望老师有绝招私授，哪能学好？

看来禅师们已经给了我们语文学习与教学的答案，我的这本书都是余食赘行了。但语文怎么学，语文怎么教，这两个问题还是被问及，于是勉为其难给出回答，不同时期、不同对象有不同答案。孔子的学生问仁，孔子总要做出因人而异的回答，我有此体会，可我还有个原因，是在教学过程中不断否定、修正自己，故前后的回答有差异，直到现在行将退休，自己还在学习中。眼下编这个集子，心里没底，不知道有没有些用处，怕被看作是"草里汉"式的矜功伐善。老爸生前叮嘱过我，教书这么多年，何不把积累的经验汇聚起来成个集子。我平时会写点东西，都是随性而为，这些东西不伦不类，极少正儿八经的教学论文。时过境迁，把一些陈词滥调翻出来，做一些反思，以之为鉴。

第一是语文怎么学。问这个问题的不只学生，还有家长。如果把问题的核心明确一下，就是语文考试如何拿高分。拿高分相对容易，学好语文却不能立竿见影。所以，我把语文和考试语文分开。

语文考试难以全面考查出学生的语文水平，特别是思维水平。假如一个人没有受过考前专门的应试训练，即使有较高的语文素养，不一定考得出高分。考试受两种因素制约，命题和改卷。尤其是改卷，有限制的时间，有限定的答案要点，有阅卷者的主观标准，难以完全保证评价的客观准确。因此，教师要研究命题和阅卷，摸索多种"套路"运用于教学，培养考生的得分能力。这方面本书偶有涉及，目前的教辅资料编得具体到位，每个类型的题目都会提供答题模板，这些模板又是从近年高考参考答案里总结出来的，照此指引学习，颇有必要。有些会学习的孩子，自己善于研究题目和答案，把同一考点不同类型的题目归类，记下相应的答题要点，从实践中来再回到实践中去，就不易丢分了。当然，这只是术，最终起作用的还是道。语文学习中的道是什么？毫无疑问，是语文素养。素养在平时，在于个人的阅读和写作，就是普明禅师主张的向内求。虽说考试语文和语文有不一样的学习方法，但也不全然对立，如果一个学生读书多，从小学到高中读过一两百本经典著作，写了十几本的日记、随笔，然后用几个月进行考试训练，语文考试拿高分，就不会是西望咨嗟了。

关于阅读和写作，本书也没有做系统的介绍，但在不同文章中记录了个人的做法，或通过例子加以说明。这里想强调的是读什么书可以由着自己的兴趣，写作也一样。这个读写习惯从小学、初中就要养成，越早越好。会有家长问，读什么、怎么读会直接作用于考试？我的回答是都有作用，建议遇到自己喜欢的书可以多读几遍，一本好书读上几遍，将其思想与语言特点揣摩透彻，就成了你的知识和能力。"旧书不厌百回读，熟读深思子自知"，苏轼这两句感悟是着眼于"用"说的。早些年，有一位学生把余秋雨《文化苦旅》读到烂熟，写出来的作文很有"余"味，考试高分是意料中事。当然，到了一定时期需有反思，学会批判性阅读，倘若"接受一切，欣欣然蹩进卧室"，就没了进步，也没了自己，成了"文化鹦鹉"。

怎么学，必然要谈到练习。有相当一部分学生认为语文作业做和不做差别不大，因为做了考试成绩不一定提高，不做有时考试分数还不低。语文需要耐心，培养对文字理解和感悟的能力需要经验积累，这就要保证阅读的时间和数量了，由量变到质变，是必然。但很多孩子读了好多书，成绩还是上不去，作文也不见得好，这是为什么？缺练习。"学而时习之"，适量的有质量的作业是对知识的运用，在运用中巩固和提升。练习后对照答案反思，写答案之前是我思，看答案之后是他思与我思的比较分析。

其次，语文怎么教。教法比学法更不好说，佛法有八万四千法门，教法恐怕更多，"教无定法"，各有所长。老师应该依据自己的性格、爱好、长处，找到属于自己的教学风格，以及根据课文特点选择合适的教学方式。靠自己悟出来的知见与技法更有助于构建个人的教学风格，只是搬运他人现成东西则难以成为大家。我不能至，但相信这个道理。这本书里面的经验零碎，也不一定对，仅作参考。

有两点意见，想说明一下。一是老师要承认自己的知识缺陷和思考的有限性，在课堂与学生保持平等对话的姿态，使他们知无不言，言无不尽，从而进入一种真实丰富的学习状态。我在课堂上受到学生启发很多，或因为学生的提问，或与学生的论辩，往往有出乎预料的收获。二是对教材对课文的钻研放在第一位，只有熟悉教学内容，并有个性化的深入的理解，方法才能运用自如，老师自己也才会有创造性的发挥。我尝试这样去做，较少按模式一板一眼地写教案，却会在教本上写下密密麻麻的体会，一则记性不好，再则多读几遍文章后总有新的想法补充进来。教书多年，部编教材还保留很多老课文，自己还是会认真再读，多些相关课文的比较，力图有所发现。照着上述两样去努力，是能够享受教学本身的。孟子说的"育人之乐"，不单是育出人才，也是育出自己。

　　曹植在《黄初六年令》里说"循吾往业，守吾初志"，这是人事沧桑后还留下的固执。编这个集子也算是我的初志，既遵父命，又是回应一些同事和朋友的期待。但自己写的论文有限，平常的随感短小零碎，不成系统。有跟岗老师建议多些课堂实录，我知道一线教师的需要，可我平时不习惯课堂录音和录影。华师周小蓬教授曾经劝我把每节课录下来，回头做案例分析，对自己对跟岗实习的研究生有所补益。我生性慵懒，觉得好，但没落实在行动。有过几节课的录像，又弄丢了，市教育研究院唐吉民科长有收存，给研究生上课有时用到这些课例，他开玩笑说如果我需要的话得向他去借。好在我电脑上有些课件和教学心得，敝帚自珍，没有删去；还有不务正业写的与学校、与语文和语文老师有关的文字，也搜罗出来了。我曾想给集子取名"洋腔八调说语文"。内容庞杂，不伦不类，谓之洋腔八调。洋腔，非纯正的本土腔调。八调，是古音从平上去入四声中分化出来的八个声调，复杂难辨。小时候大人们给我取的绰号就是"八调"，说是因为我喜欢唱歌，唱的又不知什么调，到现在几十年了，我唱歌还保留儿时这个特色。"说语文"，不只是说语文教学，也说与语文、语文老师相关的人和事。结果，这个书名被编辑们否掉了，他们说没有吸引力，便用了现在这个名字，却让我忐忑不安起来了。

　　是为序。

2022年11月25日于广州

目　录

学法杂录

阅读芹论

教材别解

写作漫议

人物纪实

课余随想

柴火诗编

学法杂录

蘧伯玉的教学之道

《庄子》里的一段文字可以作为一种教学原则，原文是这样的：

颜阖将傅卫灵公大子，而问于蘧（读渠）伯玉曰："有人于此，其德天杀。与之为无方，则危吾国；与之为有方，则危吾身。其知适足以知人之过，而不知其所以过。若然者，吾奈之何？"蘧伯玉曰："善哉问乎！戒之，慎之，正女身也哉！形莫若就，心莫若和。虽然，之二者有患。就不欲入，和不欲出。形就而入，且为颠为灭，为崩为蹶。心和而出，且为声为名，为妖为孽。彼且为婴儿，亦与之为婴儿；彼且为无町畦，亦与之为无町畦；彼且为无崖，亦与之为无崖。达之，入于无疵。"

故事发生在春秋时期，颜阖要去做卫灵公太子的老师。这位太子"其德天杀"，不是好伺候的主。老家没什么文化的妇女骂自己厌恨的人也会用"天杀的"这个词语。为这个人做事，如果顺从其意而违背法度，就会祸国；相反，秉持原则，依法而为，则会祸及自身。颜阖不知道该怎么办，求教于蘧伯玉。蘧伯玉何许人？卫国的上大夫，因贤明而闻名诸侯。《论语》里记载孔子对他的评价："君子哉，蘧伯玉，邦有道则仕，邦无道，则可卷而怀之。"大概是蘧伯玉有这样一种进退意识，颜阖就想问他，自己是"仕"还是"卷而怀之"。

照孔子对蘧伯玉的认识来看，他理当劝颜阖不要接受这份工作，而从后文看，并非如此。蘧伯玉一开始肯定了他的提问，由此看来他认为太子还是可以教育好的，卫国还没到"邦无道"的地步，不过作为辅助者和老师，必须做好两点。

第一，"正女身"，自己要做一个品行端正的人。教育者用个人的行为示范被教育者，润物无声，使其耳濡目染，渐而化之，是最好的教育。有些人不爱听大道理，不信任你，你八音迭奏，众鸟和鸣，人家也置若罔闻。

第二，"形莫若就，心莫若和"，想办法使对方接受你。如果学生对你有抵触心理，你的课堂他不会好好学的。

关于第二点，蘧伯玉做了详细的说明。行动上不如就着他顺着他，内心也要求自己尊重他这种秉性的客观存在，以取得两人关系的融洽。我曾对一个好动的孩子束手无策，便只好由着他一定程度上的手脚摇晃，并对他这种长期寻医不愈的毛病表示理解，师生关系反而得到改善。蘧伯玉还告诫，"就不欲入，和不欲出"。就之、和之，要有边界。入，是进入到一种放任的状态；出，是外在呈现出彼此完全没有距离、对方已忘乎所以的结果。这样做局面不好收拾，效果适得其反。接下来，有三个形象的比方：对方像一个天真幼稚的孩子，你也暂时表现出天真幼稚的模样；对方对你不设界限，你也要表现出与他没有隔阂；对方言行恣意不受约束，你也要表现出无拘无束的样子。目的是关系融洽，使他喜欢你，信任你，从而接受你的劝导和教诲。

赢得学生的认可和喜爱，是达成目标的基础。庄子记录的蘧氏教育方法值得借鉴。小学、初中的很多老师做得很好，调整自己的角色，化身到孩子的世界中去，说话的语气、动作、神态，都与初中、小学的孩子特点契合，使他们产生亲近感，课堂活跃得多。

　　著名教育家陶行知先生说过："我们必须会变小孩子，才会做小孩子的先生。"这句话有两个层面的意思，"形"和"心"，外在的模拟（如上一段所述）和内在的认同。后者可用陶行知先生"拆表的故事"稍加说明：

　　陶先生一位朋友的夫人上门求助，说自己打了儿子一顿，原因是一块成色还很新的手表被儿子拆了。陶先生拿着坏表到了朋友家，了解到孩子是因为听见表里嘀嗒嘀嗒的声音，想拆开看看是什么东西在响。陶先生先肯定他的求知欲，再批评孩子不经大人同意自作主张，然后拿着那只坏表，带孩子到了一家钟表店。他和孩子一起站在旁边满怀兴趣看师傅修表，从头到尾，看了一个多小时，临走还买了一只旧钟给孩子带回去拆装，孩子非常开心，对陶伯伯感激不尽，自然也更加喜欢陶伯伯。陶行知先生对朋友夫人还说了一番这样的话：

　　　　孩子拆表是因为好奇心，孩子的好奇心其实就是一种求知欲，原是有出息的表现。你打了他，不是把他的求知欲打掉了吗？与其不分青红皂白打一顿，不如引导他去把事情做好，培养他的兴趣。中国对于小孩子一直是不许动手，动手就要打手心，往往因此摧残了儿童的创造力。我们应该学习爱迪生的母亲，那么理解、宽容孩子，那么善于鼓励孩子去动手动脑，这样，更多的爱迪生们就不会被打跑、赶走了。

这是"心莫若和"。理解孩子，说孩子的话，做孩子的事，用具体的行动保护他的好奇心，孩子受到鼓励后，会更加努力发展自己的兴趣爱好，对先生会更加信任和喜爱。

前面提到的那位好动的孩子，我还隔三岔五约他打球，课上课下提供给他更多动手机会，寓教于乐，寓教于和，效果还是不错的。

想到《约翰·克利斯朵夫》中的女孩高兰德与克利斯朵夫的一段相处。文中有这么一段话：

> 高兰德那么机灵，绝不会不发觉她所有的风情对他都是白费，而且她那么圆滑，很容易随机应变地迎合克利斯朵夫的作风。那根本不用她费什么心，而是她天赋的本能。她是女人，好比一道没有定型的水波。她所遇到的各种心灵，对于她仿佛各式各种的水瓶，可以由她为了好奇，或是为了需要，而随意采用它们的形式。她要有什么格局，就得借用别人的。她的个性便是不保持她的个性。她需要时常更换她的水瓶。

生动而有意思的人物分析。因为高兰德的这个本事，心高气傲、愤世嫉俗的克利斯朵夫才会留在她的家里继续做着钢琴教师。人们对高兰德的做派褒贬不一，但道理是相通的。

课堂"插叙"故事

一

2020年1月，去花都做了一次作文讲座。谈到考场作文某种结尾类型时，我谈到司机接我过来的路上放的一首歌曲。歌名是"我的滑板鞋"，演唱者华晨宇。听了几句，我忍不住笑了，什么歌词啊，大白话，索然无趣。

> 我看到一家专卖店
> 那就是我要的滑板鞋
> 那就是我要的滑板鞋
> 我的滑板鞋时尚时尚最时尚
> 回家的路上我情不自禁
> 摩擦摩擦摩擦
> 在这光滑的地上摩擦摩擦

买双鞋走在回家路上，就这点事啰啰唆唆，唱歌的人却很卖力，一本正经，曲调高低起伏，轻重缓急，竭尽变化之能事。不是创作者生活贫乏以致无病呻吟的话，就是年轻人借一种歇斯底里的干巴吼叫以发泄某种情绪。坐车上没事，只能听着。

> 在这光滑的地上摩擦
> 一步两步摩擦
> 一步一步似魔鬼的步伐
> 在这光滑的地上我摩擦
> 一步两步摩擦
> 一步一步似魔鬼的步伐
> 在这光滑的地上我摩擦
> ……

还是重复，重复，直至到了这一节：

> 有了滑板鞋天黑都不怕
> 有了滑板鞋天黑都不怕
> 这是我生命中美好的时刻
> 我要完成我最喜欢的舞蹈

突然被感动，特别是最后两句，让我明白了这首歌的一些意义。一个小年轻，还可能是个小人物，买了一双滑板鞋，多么激动，多么骄傲，多么开心，但找不到更丰富的语言表达这种内心感受，于是，机械重复着那几个词语，不厌其烦，乐在其中。华晨宇演绎得真实到位，这在一般人看来极平常的一件小事，被抒情主人公当作一件大事，穿着滑板鞋在光滑的地上摩擦，是他生活中美好的时刻，是他要完成的最喜欢的舞蹈。这不就是一个不起眼的小人物的理想追求吗？我想到海明威的短篇小说《越野滑雪》，记叙尼克和乔治两个普通青年滑雪的故事，通过海明威的文字我们能深切体会他们滑雪时妙不可言的感受，一起一落，飞翔而又下坠，这是他们想永远持续的状态，重复，不断地重复。滑雪也好，踩着滑板车在地上摩擦也好，非常简单，也非常实在，却无比快乐，这本身就是生命的意义，《我的滑板鞋》歌词在最后升华了。我甚至可以理解最后这两句是不平凡的，是年轻人立志要做天空翱翔的雄鹰，踩滑板鞋是他在地上一次飞行的模拟。伟大也是从平凡开始的，巨浪始于滥觞，凌云源自刺头。我这样表达的目的是想告诉学生，辉煌的词汇不是巨人们的专利，小人物也有权力去使用它们，只要是源自心底的真情实感。很多年前，阅读经验使我在浏览国外体育报道时，对他们使用"崇高""伟大"之类的词语形容一个运动员感到不解。这怎么可以？和我们见诸报端的表述大不一样，其实，这恰好反映了"限制与灌输"对人控制的效果。有人评论这是语言上的专制垄断。

　　这段思考过程我告诉了学生，启发他们如何去写这种类型的结尾，第一，要有思想和感情的升华，写一段有力量的话把前面的铺垫统统叫醒，去簇拥最后亮相的英雄，《我的滑板鞋》歌词没有前面的反反复复，就没有后面的朝暾喷薄；第二，大胆用词，无须害臊，让阅读者在对那些词句的视觉反应中感受到你滚烫的热情。同样要给大家提醒，这样写并不意味着可以虚张声势，无病呻吟，必须是真情的自然喷涌。人的表达方式有阶段性特点，年纪大了，会有所节制。

二

　　一次讨论粤教版徐迟《黄山记》中引用方夜在《小游记》里的

文字：

> 天都险莫能上。自普门师蹑其顶，继之者惟云水僧一十八人集月夜登之，归而几堕崖者已四。又次为李匡台，登而其仆亦堕险几毙。自后遂无至者。近蹑其险而至者，惟余侣耳。

去过黄山的学生不在少数，但现在天都峰上建路围栏，不觉其险了。我和学生讲我的攀爬经历，二十世纪九十年代，与同事游金鸡岭。金鸡岭位于湘粤交界处，"鸡冠"是最险的，人要经"鸡"的"脊背"才能爬到"鸡冠"上去，所经之道仅可容下一足移行，外无栏杆，人必须贴着崖壁走，状若壁虎。有些同事退却了，我逞能，和另两个不怕死的迎难而上。上去鸡冠部位还顺利，返回太惊险，站在鸡冠边纵目山下，不是范文正公"心旷神怡，宠辱偕忘"的心境，唯有心惊肉跳，两腿发软，因为脚底是深渊，稍不留神，就挂东南枝了。向下行，人对身体的把控力要小得多，彼此轻声叮嘱"抓住""小心""好""慢点"，颤颤巍巍下来。下来后呆立原地，喘息良久，所以我特别能体会李白说的"以手抚膺坐长叹"。方夜"几堕崖"三个字，我用自身的经历丰富了它的解释。方夜末句"近蹑其险而至者，惟余侣耳"，字里行间能见其矜骄的形色，我在讲述中也不免自得。其实要我再去一次，万万不敢了。还是劝诫同学们，莫立危墙，蹈我的险辙。

给学生讲自己亲身经历的故事，算是课堂插叙，很少特意准备，多是忽然想到。补充个人经验解读文本内容，比引用其他资料的解释，效果更好一些。

三

再举一例。选修二课堂学习《论语·里仁第四》里孔子说的一句话"苟志于仁矣，无恶也"。这句话有三种有名的翻译，钱穆译为"只要存心在仁了，他对人，便没有真所厌恶的了"，杨伯峻译为"假如立定志向实行仁德，总没有坏处"，李泽厚译为"真决心努力于仁，也就不会做坏事了"。

我以为杨伯峻先生的翻译不甚妥，决心为仁当然没有坏处，还用说吗？观《论语》中孔子说话的特点言简而意赅，他大概不会去说一句多余的话。李泽厚先生的翻译要合理些，决心待人以亲爱，便不会去对人作恶，顺理成章，且和前两章"仁者安仁"的意思相呼应。钱穆先生的译文最贴切，存有仁心的话，你不仅不会去做坏事，对别人包括自己会厌恶的人也不再厌恶了。我跟学生说了我的亲身体会。

我在老家荆林附中读小学四年级时，学校宣传向雷锋学习，鼓励大家做好人好事，我受感染，某天暗下决心，从第二天开始向雷锋叔叔学习，见好事就主动去做，同学骂我打我也不计较了。第二天早上起来就留心做好事的机会，等了一会儿看到一个上了年纪的人到校门口前面的井里汲水，我二话不说，赶去帮忙，对方没拒绝，我很高兴，后来又做了一两件好事，心里美滋滋的。一次课间休息时，却发生一件这样的事，我站在外面守株待"好事"，两个调皮的同学大概见我左顾右盼的，与平时有些异样，走过来每人朝我踢了一脚。要是往日，我肯定会反击，可是这天是我立志学雷锋的第一天，既然决定了要做一个好人，就不应该打回去，我忍了下来。两位同学觉得奇怪，嘻嘻嘻地离开了。到晚上躺在床上，心里想，今天我做了一个完美的人，而最佩服自己的是对两位同学的恶作剧没有以牙还牙。

我的这种做法是不是"苟志于仁矣，无恶也"呢？彼时念起于心，不过儿戏，但归根结底，还是心里存了些仁意，再依乎外力，明确了向仁的心愿，才有了这种"犯而不校"的表现，我印象里两位同学后来没再招惹我了。

这种经历，至少让我从心理上认同了钱先生的解释。钱先生从上一章孔子说的"唯仁者能好人能恶人"谈起，他说：

> 上章谓"唯仁者能好人能恶人"。然仁者必有爱心，故仁者之恶人，其心仍出于爱。恶其人，仍欲其人之能自新以反于善，是仍仁道。故仁者恶不仁，其心仍本于爱人之仁，非真有所恶于其人。若真有恶人之心，又何能好人乎？故上章"能好能恶人"，乃指示人类性情之正。此章"无恶"也，乃指示人心大公之爱。

说得太好了，仁者会讨厌做坏事的人，但他的讨厌是出乎仁心，是要让对方能认识并改正错误，所以仁者不会真的厌恶那些为恶的人，这应该是"无恶"的正解。我对两位同学的行为当然也是不满的，但在"志于仁"的意志指引下，消解了恨意。彼时今日的社会环境虽然有别，而理无异也。

四

"插叙"不只是因教学内容而起，有些重大新闻，尤其是重大的足球赛事，我会在第二天课堂上用几分钟与同学们分享，大家异常兴奋。我会自作多情，从新闻里挖掘些东西，如里皮执教恒大发生的一件事，恒大北上踢一场争夺榜首的大赛，主力孔卡的孩子发烧住院，里皮主动要他留在广州。有很多人担心孔卡缺阵会使球队实力大减，里皮的回答很简单："孩子病了，球队积分排名奖金都不再重要。"我要学生就此讨论生命与事业、个人与集体的关系，他们有话可说，能感受到人心柔软、真情可贵。

这种插叙时刻，还能发现人才。2017年的欧冠淘汰赛，巴塞罗那队在首回合4球落后的情况下以6：1的大比分完成对巴黎圣日耳曼队的大逆转，我说了这个新闻，一位个子瘦小、普通话不够标准的女同学站起来很专业地分析了教练战术和球星表现，令我目瞪口呆，从此介绍体育新闻时我谨慎了很多。后来我了解到，这位女同学是该班男子篮球队的主教练，十几个身高体壮的男同学听她叫停指导时，毕恭毕敬。

和同学们谈听课

听课就听课，有什么可说的？实际上，善听和不善听有很大区别。

我先说一个现象，同学们会因喜欢某位老师而喜欢他（她）的这门课程，成绩也上升快。老师课讲得好，吸引学生，最好。但是老师不都是从一个模子里浇铸出来的，有性格、思想、见闻、理解、表达的差异，也就有不同的教学个性。而同学们有自己的偏好，如果合则喜，不合则忧，甚至生厌，则大不可取。

所以，首先要调整好心态，要有面对不同风格甚至不同水准教师的心理准备。老师各有长短，我从不同老师身上学到不同东西，不是很好吗？再则，课堂之不足课余足之，师之所不至自学至之，或许还有柳暗花明又一村的惊喜。

我一位老师回忆他在西南联大读书，就颇喜欢闻一多先生的口若悬河、慷慨激昂，但也接受朱自清先生的和风细雨、润物无声，觉得二人之长都让他受益良多。而据名气很大的赵俪生教授回忆，朱自清人望虽高，但只讲工作量最轻的"陶潜""李贺"，而且讲不出东西。看，这就是不同学生对同一个老师的不同感受。

有一种接纳的心态，听课易于进入状态，学则有得。

那么，怎样听课好呢？

第一要预习，完成老师布置的预习作业。没有预习作业，就看一遍课文，时间充裕的话，圈出课文的疑点难点，先自我思考。这样听课，心里有底，有助于深入理解课文，触发联想，提出问题。有主动提出问题的学生才会使课堂生动而丰富，当然也需要老师启发学生提出问题，这是问题提出的两个途径。

韩愈在《师说》里劝人从师，最大的目的是解惑。"传道受业"是基本要求，老师在备课中一般会充分考虑，而惑主要依靠学生自己发现，在课堂或平时求教于老师。韩愈说："句读之不知，惑之不解，或师焉，或不焉，小学而大遗，吾未见其明也。"他的意思是，解惑是大问题，大问题不从师学习，得不到解决，还是不算明智。那位李氏子蟠"六艺经传皆通习之"，"通习"是看了或背了，理解了句意，但还需要深层次学习——解惑，因此，还要"学于余"。这个学显然不是识文解字，而是对经典意义的探讨。

课前预习最大的作用，先把疑点难点找出来，并在课堂学习中有针对性地听、思、辨、解。没有这个预习环节，只在课堂上被动接受知识，不质疑问难，能力养成必然会打折扣。

曾有一位同学告诉我，他开学几天就把必修课本的课文全看了一遍，哪些喜欢，哪些不喜欢，哪些明白易懂，哪些不甚了了，心中有底，及至听课，会有许多新的认识和发现。比如他读《宝玉挨打》，提出的问题很有意思。宝玉厌弃科举，对《四书》《五经》之类的书不感兴趣，更荒唐的是还成天在女孩堆里厮混，又与忠顺王府戏班的名角琪官交往频密，两个男子还互赠汗巾，这种行为放在今天也会令父母大伤脑筋。这位同学据此认为贾政虽然打宝玉太狠，但宝玉自身有错。当时贾府已现败迹，贾政一人独撑庞大家业，心力交瘁；长子贾珠早逝，庶出的贾环不顶用，维系门庭的希望就寄托在宝玉身上了，可是宝玉不能理解父亲难处，不愿意去承担这个家族的责任，只为自己活，和今天放弃高考、离家出走的少年有何两样？老父辛苦一天，从外面回来，又闻金钏跳井、亲王府上门找人，怎不生气？棒打宝玉是重了，但在"棍棒底下出孝子""不打不成器"的观念影响下，如何去苛责他？选文四处写他落泪，既心疼儿子，又孝顺母亲，由此可见他极度的矛盾、痛苦。所以，这位同学有点同情贾政处境。

对宝玉这种叛逆行为，一般是大加肯定的，这是摆脱礼教束缚、追求个性解放的表现，而贾政是作为保守、顽固的对立面存在。这种看法并非无懈可击，提出不同意见的同学也言之成理，引起热烈讨论，产生了很好的学习效果。如果没有预习，和相关资料的提前阅读，只是听老师依照参考资料的结论分析演绎，就不会有最初的阅读感悟。第一感悟可能对，可能片面，还可能错，但它是真实的，真实是教学展开的前提。

其次，要养成"入乎其内，出乎其外"的听课习惯。入乎其内，是接受，听进去。有些同学有"语文听不听都一样"的认识，这不对。在现阶段，就我们所学的东西，老师一般比我们知道得多些，理解得全面深刻些，他花那么多时间、查阅那么多资料备好一节课，你认真听讲，积极参与课堂活动，肯定有收获。出乎其外，是批判，敢于怀疑。这种怀疑不是故意挑刺，是表达不解或持不同意见以及补充看法的课堂行为。老师也要鼓励同学们多举手发言，养成好问善思的习惯，有疑问不敢提，有想法不敢说，"其为惑也，终不解矣"。惑之不解，学问之失；习性未成，终身之失。有调查显示，学生时代喜欢表现的同学在今后的工作中也多有良好的表现，事业成就也更大。

我们来看孔子一次上课的情景。

> 子贡问曰：“何如斯可谓之士矣？”子曰：“行己有耻，使于四方，不辱君命，可谓士矣。”曰：“敢问其次。”曰：“宗族称孝焉，乡党称弟（悌）焉。”曰：“敢问其次。”曰：“言必信，行必果（果决），硁硁（坚硬）然小人哉！抑亦可以为次矣。”曰：“今之从政者何如？”子曰：“噫！斗筲之人（器量狭小者），何足算也？”
>
> （参考译文：子贡问道：“怎样才可以称得上士？”孔子说：“个人行事时，要有知耻之心；出使到各国，要能够完成君主交托的使命，就可称为士。”子贡说：“请问次一等的呢？”孔子说：“宗族里的人称赞他孝顺父母，乡人们称赞他尊敬兄长。”子贡又问：“请问再次一等的呢？”孔子说：“说到做到，行动果决，不问是非地固执己见，那是小人啊。不过还是可以称为次一等的士。”子贡说：“现在的执政者，您看怎么样？”孔子说：“唉！这些器量狭小的人，哪里能算得上士喔？”）

子贡不断追问的精神可嘉，因为这一连串的问题，问出了做人的基本要求，问出了士人应该追求的目标。课堂就应该这样。一次外出听讲《西厢记》，讨论至《满庭芳》：“供食太急，须臾对面，顷刻别离。若不是酒席间子母们当回避，有心待与他举案齐眉。虽然是厮守得一时半刻，也合着俺夫妻每共桌而食。眼底空留意，寻思起就里，险化作望夫石。”莺莺不忍别离，想与张生话语私情，却又碍着母亲在场，连秋波都不便暗送，好生无趣。有说莺莺保守，有说莺莺羞怯，老师肯定了后者，并从审美的角度分析了东方女性的含蓄美。颇为遗憾的是老师没有给持保守论的同学发言机会。保守是一种文化心理，中国女子的言行举止受到三从四德的礼教约束，缺乏大胆表达的勇气。学生有这样的思考值得肯定。

学生要敢说，老师要让学生说。一部《论语》，基本上是孔子和学生之间的答问录，孔子教育弟子，弟子向孔子提问，彼此成就了儒家最重要的一部经典。

选修课学习《聊斋志异》中的《促织》，记叙一个叫成名的里正，抓蟋蟀上交朝廷以供皇帝游戏之用，先是薄产累尽、儿子投井，后儿子化身蟋蟀进贡朝廷大败各路对手，抚臣、县宰、成名一家都受到赏赐，遭遇奇崛，悲喜交替。文章最后有蒲松龄三点感悟，"天子一跬步，皆关民命，不可忽也""天将以酬长厚者""一人飞升，仙及鸡犬"。这些感悟能否接受，寄希望于天子端正品性能不能解决问题，把得失归结于因果报应是否合理，针对成名事件还有没有自己的看法？这就是"出乎其外"的反应。

第三，要学会比较。这种比较是由此及彼、由新返旧的听课方法，听课时把当下所学与曾经学过的课文联系起来思考，比如《过秦论》《阿房宫赋》的相同之处，都是借古讽今，劝当朝统治者吸取历史教训，不要重蹈覆辙；而且贾谊、杜牧都认为秦缺失"仁义""爱"以致亡国。秦妄想权力能递万世，于是焚书坑儒芟除异端，严刑酷法恐吓百姓，销毁锋镝削弱民力，横征暴敛以为己用，殊不知保政权应以保民生为基础。民生是什么？是百姓温饱无虞，身心健康，能享天伦之乐。还可以对比魏徵《谏太宗十思疏》说的"思国之安者，必积其德义"，"德义"当然包含仁爱。这样能使自己对暴政产生的历史教训认识得更深刻。再如，比较《西游记》与《老人与海》结尾的不同，能给我们启发。前者师徒四人经历八十一难从西天取回真经，各自功德圆满；后者圣地亚哥老人经过八十三天海上搏斗仅拖回来一副鱼骨。中国古典文学常见大团圆的结局，西方小说更多以悲剧告终；这种写作思想是不是跟东西方的文化心理、价值取向有关呢？很值得探讨。又如文言文学习，同一个实词或虚词在同一课文和不同课文里可能多次出现，我们联系起来比较它们的异同，记得会更牢固。

最后说一点，课堂上要做点笔记，有时间的话课后还可以回顾课文，写点感受。现在课文旁边都留有空白，供大家做笔记。做笔记不仅记老师讲的重点，还记自己的疑惑和感悟，记同学们精彩讨论的要点。

略讲的妙处

略讲有两种做法，区分详略与择要而学。

区分详略之法，就是讲课有详略。这个略讲的基础是详讲。略讲之妙，是详讲做了铺垫。一朵野花有广袤田野做陪衬，一点人影有崇山峻岭做背景，这朵野花、这个人的意味就无比生动了。

《赤壁赋》中泛舟举酒，吹箫和歌，记所行之乐；月出风来，白露横江，道所见之景；凭吊周郎，羡仙不得，融所抒之情；自足山水，共适风月，得所思之理。作者和朋友"纵一苇之所如"，无比畅快，有"登仙"之喜，这些须详知。人遇有不如意事，要出去散心，若能邀来三五好友同游，更惬人的心意。然而官场做事，人事关系复杂，免不了烦心事，何况苏轼被贬黄州，满腹委屈，文人心中的抑郁难以排遣，如张若虚诗里说的"玉户帘中卷不去，捣衣砧上拂还来"。这不，高兴了一阵后，苏轼不自觉地唱起了自己创作的"望美人兮天一方"的曲子。美人是谁？在屈原诗歌里是楚怀王，在苏轼笔下是宋神宗。烟波浩渺，最能撩人的思远之情，跟柳永的"念去去，千里烟波，暮霭沉沉楚天阔"一样的情境，只不过柳永放不下的是爱人，苏轼放不下的是朝堂。此时此刻，那位吹洞箫的朋友又火上浇油了，吹出来的声音"呜呜然，如怨如慕，如泣如诉"，这叫苏轼如何禁受得住？接下来朋友再说了一番泄气的话，人家周瑜年少气盛，建功立业，也成了一抔黄土，何况我们这种过砍柴钓鱼日子的凡人。世界那么大，我们这么小；长江那么久远，我们生命这么短促。这样活着多没劲儿。当然，就想找点别的出路，比如修炼成仙，但是太难了！苏轼一定知道丘濬的传闻，丘濬与苏洵年纪相仿，做过殿中丞，早年求仙学道，他告诉家人"吾数终九九"，果然年至八十一端坐而逝，及殓，发现形体无存，空有衣裳，当时人们都认为是"尸解"了，就像苏轼说的"挟飞仙以遨游"了，成仙了。后数年有黄衣人持家书一封来见丘濬家人，书中云："吾本预仙籍，以推步象数，谪为太山主宰。"一转眼黄衣人也不见了。可见修炼成仙要有缘分、善根，一般人没有那个机缘。向外找不到出路，则向内寻求解脱。伤心沮丧的苏轼转换了思路，世间万物都在运动、变化，但其本体不变，水有来去江不曾消失，形有盈虚月不曾毁坏，物有生灭神识不会灭散。既然如此，有江上清风与山间明月，吾与子之所共适，不亦快哉。

既如此，结尾就略讲或不用讲了，细读自悟，不言而喻，更妙。

也曾讲过"客喜而笑，洗盏更酌。肴核既尽，杯盘狼藉。相与枕藉乎舟中，不知东方之既白"，尤其末句，反复吟咏，抉幽探微，然不过尔尔。不如任学生摹念其情境，在脑中绘一幅舟小江阔、山远熹微的图画。不用文字，只是想象，此处老师再饶舌，往往捉襟见肘，言不及义，反而阻碍了想象的漫流恣肆。

《五灯会元》卷三记载：

僧问："如何是佛？"师曰："汝是阿谁？"曰："某

甲。"师曰："汝识某甲否?"曰："分明个。"师乃举起
拂子曰："汝还见么?"曰："见。"师乃不语。

师乃不语。再语也没有用，能悟的人见竖起拂子当下就悟
入了，这个过来请益的和尚执着于客观世界的法相，师父再解释
也懂不了，就等他自个慢慢想吧。有些内容慢慢想出来的确更加
美妙。

王维《酬张少府》诗：

> 晚年唯好静，万事不关心。自顾无长策，空知返旧林。
> 松风吹解带，山月照弹琴。君问穷通理，渔歌入浦深。

张少府问王维穷通的道理，王维没有直接回答，只说自己早
年也有达济天下的志向，然而时运不济，过起了隐居的生活。尾
联把朋友的提问点出来，却没有说穷如何、通如何，这些讨论没
什么意义了。不答，实际上已经答了。唱着渔歌，驾舟而逝。老
师不讲，实际也讲了。

也可以告诉孩子们屈原与渔父相遇对答的故事。屈原不容
于君昏臣奸的朝堂，被贬之后想不开，太过爱惜羽毛，所以闷闷
不乐，心情极坏。渔父劝他摆脱俗务，与世推移，不要对国事忧
心忡忡了。临去，渔父唱了个曲子："沧浪之水清兮，可以濯
吾缨；沧浪之水浊兮，可以濯吾足。"水清就洗干净帽缨子做官
去，水浊就洗干净脚开溜。治则仕，乱则隐，奉行和光同尘的处
世哲学，和孔子讲的"用之则行，舍之则藏"也差不多。

说了这些，"渔歌入浦深"就无须赘述了，就那个"深"
字，也由学生自己琢磨去。

择要而学，是要研究文本最突出的特点，或学生们最感兴趣的问题。二十世纪七十年代我们读中学的阶段，语文课堂多从段落大意到中心思想，到写作特点，无一缺漏。为贪所缚，学下来都没什么印象。像小猴子摘了好多玉米往怀里塞，结果全掉地上了。

　　《项链》是老课文，路瓦栽夫人玛蒂尔德借朋友项链参加一场舞会，结果弄丢了项链，夫妻俩只得拼命干活，花了十年时间，还清债务。技巧与人物形象特点学生容易把握，最有争议处是小说主题，过去主要是说批判了资产阶级的虚荣心，后延续此说。莫泊桑自己在小说里说的是："生活多么古怪，多么变化莫测！只需微不足道的一点小事就能把你断送或者把你拯救出来。"

　　虚荣心，人皆有之，不论在资本主义社会和社会主义社会都难免，且虚荣心绝不是什么了不起的恶。玛蒂尔德参加舞会打扮得漂亮一点，是爱美之心使然，也是对他人尊重所必须。斥之虚荣，过度解读了，就算虚荣，年轻的女士想得人家夸奖也是人之常情，绝非作者要奋力鞭挞的人性之劣。我们倒是从文中读到了许多的感动：丈夫拿出给自己买猎枪的钱给太太置办一件漂亮的礼服；整夜等着她直到凌晨四点钟舞会结束，怕她着凉还带了一件衣服过来，出门又努力喊来一辆马车，发现项链丢了回头一路去找；为赔偿三万六千法郎的项链债务额外做了誊写账目、抄写文件的工作。玛蒂尔德自己则揽下了全部家务活，不再在乎面子，换住简陋的房子，穿着简朴的衣服，买菜也要与人家讨价还价了。这里，丈夫对妻子的关爱，夫妻俩的诚实善良、勤劳苦干，都是极让人慨叹和称道的。结尾读者才知道，朋友借给玛蒂尔德的项链是赝品，顶多值五百法郎。

这不是在批判虚荣心，这是感叹命运对人的捉弄，但夫妻俩还是守住了做人的底线。

我把百丈怀海禅师的一段话抄在黑板上："若遇种种苦乐、不称意事，心无退屈。不念名、闻、衣、食，不贪一切功德利益，不为世法之所滞。心虽亲受，苦乐不干于怀。"

历尽艰辛的夫妻俩知道真相后，不会埋怨，以后生活一定幸福。

读故事，辨主题，丰富认知。这就够了。

有些东西三言两语打住，有的甚至不讲了，我们会觉得可惜，或以为不讲学生未必懂。一篇课文无须面面俱到，俱到了又怎样？留一块空白，由他自己填充，错了又怎样，也无所谓对错，语文的魅力就留住了。

北一女中的印象

方正朴素的校门前面，站着两排着绿色上衣、缁色短裙的女孩。她们双手搭在身前，腰板挺得笔直，笑意盈脸，优雅自如。把她们比作亭亭玉立的莲叶莲花，是很恰切的。

这是迎接我们到访的台北第一女中的同学。

她们鞠躬行礼，领我们走进校园。先到办公室听取学校情况介绍，介绍者并非我们习惯见到的校长或其他行政人员，而是这些统一着装的女孩。其中几位代表先后站到讲台介绍了学校历史、办学状况、学生上学心得。我留意她们说话的语气、神态。内容记熟了，说出来不难，重要的是怎样说出来。她们声音不大，清楚、从容，听众从她们的眼神中看得到自信与谦逊。据说，马英九夫人周美青就是从女一中毕业的，媒体对她也是上述的评价。

领我参观校园的是介绍会上发言的一个女孩，她叫安，身高约一米六五，脸椭圆白净，长发及肩，言谈举止得体，还略有些腼腆。她介绍了校园的建筑、道路、园林、塑像。这里有蒋中正像、中正楼。台湾地区在民进党上台后，推倒四万多座蒋的铜像，台北女中校园的这尊算是仅存不多的"硕果"。

参观校园后，听了一节高二语文课，老师讲的是《墨子》，一字一句翻译，很认真。台湾地区语文教材文言文多，国中（初中）现代文和文言文比例是2：1，高中则以文言文为主，看来对传统文化十分重视。听完课后，回会议室交流，我们了解了学校的作息情况。女中每天上7节或8节课，早上4节，每节课50分钟，12：00下课；下午1：10上课，3节或4节；不安排自习课，作业一般课外完成。我们问安和她的几个同学，这么繁重的课务能不能吃得消，她们说，早上6：30起床，晚上12：00睡觉。看来台湾孩子也不轻松。

座谈结束，安立即起身为我们挪开椅子，收拾桌面的本子和点心。

在我心中，这座墙覆绿萝、树擎绿荫、人着绿衫的校园，是适合女孩子栖居的伊甸园。这个建造者，不是上帝，是传统的中国文化。

女子学校内地现在也有，不过多是私立的。据说公立学校有开设淑女班的，如广州的真光中学。女子教育有一定的特殊性，设立一些专门的女子学校有其社会意义。在台所遇到的女性，温良恭俭让型的多，说话轻缓温婉。有天晚上我搭计程车去诚品书店买书，开车的是女司机，她告诉我可以坐地铁去，入口出口在哪儿，说了好几遍，临下车又叮嘱了一遍。

可以说，一个地方的文明程度和这个地方对女子的教育和态度是成正比的。凡尊重女性，及其教育出来的女子端庄大方、温良贤淑，那么，这个地方会是一个注重礼仪、遵守秩序、友善平等的所在。

临别，我把我们学校初一孩子编写的一本诗集送给了安同学。她有些惊喜，欠身，双手接过诗集，马上翻阅了一下。里面有一首诗，一个叫陈婉盈的同学写的，写她游三仙台的感受：

在台湾

在三仙台上

我发现那里很美很美

美得像一幅潇洒的泼墨画

壮阔的海景，浑圆均匀的砾石，优美的八拱跨海步桥

壮观的风景让我想到了

亿万年前的地壳运动和海水的冲击是多么勇猛

安同学说，三仙台，在台东县。传说铁拐李、吕洞宾、何仙姑光临过此地，所以得名。可惜不在我们的行程中。

写完这段文字，我想到周敦颐《爱莲说》里的几个短语"中通外直，不蔓不枝，香远益清，亭亭净植"，以它作为一个女孩子的修养追求最好不过了。

教育的精髓在细节

　　池塘边的榕树上，知了在声声叫着夏天。操场边的秋千上，只有蝴蝶停在上面……

　　下午四点多，走进台南大学附小听到了罗大佑的歌《童年》。

　　座谈时，我对特意返校和我们交流的前任老校长说，这首歌曾风靡大陆，现在走进台湾校园，听到熟悉的旋律，很有亲切感。老校长很激动，也有几分自得。他说，他做校长时，这首歌就回荡在附小校园的上空了，每天下午四点半响起，三十年来从未中断。

　　原来，这首歌做了学校的放学歌。歌声响起，是教室沸腾的开始。放学了，轻松了，可以不受限制地玩。池塘，榕树，秋千，蝴蝶，蜻蜓，稻田，彩虹，水彩，蜡笔……这一样一样，编织了童年多姿多彩的生活。看着孩子们呼朋引伴，蹦蹦跳跳，也想到自己读小学时类似的情景。

　　继任校长说："校友们回母校，听到这首歌，就不走了，一定会好好听完。"是啊，小时候唱歌，放开喉咙喊，没心没肺的；长大了，童年远去，青春褪色，这时候细品那欢快的节奏、亲切的歌词，有甜蜜也有惆怅，会更加怀念曾有过的懵懵懂懂、无忧无虑；特别是那段口哨，是曾经的顽劣和放肆，今天听一下子软了你的心。这也是一种教育，对成年人的教育。人在社会摸爬滚打，心境也许苍老了，回母校走走，找回一点童真和纯粹。

这是教育的细节。学校的教育就应该在一个个细节里去完成，台南大学附小的老校长精心设计了这样一个温暖的场景。

我们后来去了中台高中和中台小学，都发现一些细微的东西，给人启迪。中台高中图书馆的凳子很特别，单人坐靠书架而设，凳面凹型，面布白底绿纹，柔软有弹性，坐下去就被吸住了。我问管理员，为什么要放这么舒服的凳子，她说就要这个效果，让你捧书坐下就不想走了。我坐下一试，还真不想起身了。

有人担心，人逸则堕。我以为不尽然，有条件提供优良的学习环境，成才概率才高。

中台高中还有一个细节，校园的公共区域没看到一个垃圾桶。问接待老师，她说垃圾桶都在宿舍，学生平时自备胶袋装垃圾回宿舍，分类存放。她说过去校园里有许多垃圾桶，占地方，又有碍观瞻，最大的坏处是垃圾桶多了，容易滋生蚊蝇，污染环境，还加大了清洁难度。我们问，会不会有学生图省事，趁人不注意乱丢垃圾。她说一般不会有。学生入学，会有严格的行为规范教育，如这项"自备垃圾袋装垃圾回宿舍"的要求。学校通过教育和制度去培养学生良好的习惯，让学生明白乱丢垃圾，即使他人没看见，自己会看见，他人不指责，自己的良心也会指责。"君子戒慎乎其所不睹，恐惧乎其所不闻"，这种品性也是要培养的。现在大陆学校这样做的也多了。

参观的各家学校都有自己做得细致的地方。好的教育在于细节的规划和管理，做好一件小事，就等于做好了一件大事。一首歌的播放，为培养美好情怀；一张凳子的设计，为汲取更多知识；一种垃圾处理模式，为促进人的自觉。最近去甘肃张掖市的民乐一中，参观校史馆，发现还介绍了西北当地的历史，陈列有过去使用的油印机、脚踏风琴、算盘，有毛泽东像章和语录本，有农村人家旧式的日常用品。学校放这些东西很有必要，学生不仅要知道母校的过去，还要知道国家的过去，在这个宏大的历史背景下去审视教育，审视今天和未来，这是非常重要的必修课程。

离开台南大学附小的时候，我特意在它的正门口留了影。这儿的建筑，和我现在供职的执信学校是一样的红墙绿瓦。红代表热烈，绿象征生机，人在这样的色彩之间伫立、徜徉，会始终保持一种积极的心态。我叮嘱同行要把正门入口中山先生的塑像照进来。执信学校是中山先生创办的，校内有他的塑像。这边是立像，目光炯炯，直视远方；那边是坐像，跷着腿，气定神闲。

车启动了，贴近车窗回望。告别，归去，归去又是相见。一样的红墙绿瓦，一样的绿草茵茵，一样的中山先生远望的眼神。

"平庸之恶"的专题讨论

我讲过一个故事给学生听。

一个叫胡风的文艺理论家，他批评某些官员命令作家写作只能反映"光明面"，避开落后面和阴暗面；他还主张由作家自己组织编辑七八种杂志，取代为数甚少的官方杂志，以提倡多样性。因此，他遭到批判，还被打成"胡风反革命集团"。在1955年中国文联和作协召开扩大会议上，文联主席郭沫若宣读了《请依法处理胡风》的开幕词，提议撤销胡风的一切职务，对胡风等"反革命分子必须加以镇压，而且镇压得必须比解放初期要更加严厉"，与会的700多位文艺界知名的学者大师，热烈响应，拍手称快。唯有一位叫吕荧的美学家敢于走上主席台大声反对："对于胡风我认为不应该说是政治问题，而是学术问题，是文艺观的一种争论，更不能说他是反革命！"可是，他的抗议遭到全场叱骂。据说首先冲上台去的是诗人张光年，他嘴里一边咒骂一边拉拽吕荧，台下"滚下去！滚下去！"的吼声连续不断，最后有几个人跑上台来，一起将他反剪双手押下台去了。

与会人的过度反应，或怕受牵连而避祸，或奋力表现以邀宠，或被成功洗脑而自觉，或对胡风嫉妒以泄恨。无论哪种情况，都是一种"恶"。大多数人不仅不会意识到这是一种恶的行为，还有可能为自己的恶行感到满足和骄傲。因此，作为一个社会中的人，最重要的是能辨别"恶"，抵制"恶"。我组织学生做过专题讨论，按以下步骤进行。

首先，安排学生阅读中学语文教材中某些作品，鲁迅的《祝福》《药》《阿Q正传》，以及巴金的《小狗包弟》、契诃夫的《装在套子里的人》、安徒生《皇帝的新装》等，从作品中找出体现"平庸之恶"的人物和事件，讨论其"恶"的特点，分门别类，追根溯源。

阅读比较后，学生发现在这些作品中实施平庸之恶的三种原因。一是受某种思想观念的灌输和浸润，自觉和不自觉地去维护这种思想观念之下产生的制度和行为，如《装在套子里的人》的别里科夫，《药》的花白胡子、驼背五少爷、一个二十多岁的人，《祝福》的四婶等。一是出于对权力的膜拜或畏惧，而服从权力指使，如《小狗包弟》里批人斗人打人的专政队、抄"四旧"的"红卫兵"；《药》的康大叔、红眼睛阿义等。还有一种是利益的驱使，这种利益包括政治利益、经济利益以及生命安全等，如《药》里告密受赏的夏三爷，要买人血馒头给儿子治病的华老栓、华大妈，《皇帝的新装》的大臣、官员，甚至《小狗包弟》里为保全自己把小狗送去医院解剖的作者。《祝福》中那些学说祥林嫂故事的人们也属于第三类，他们是弱者，底层的劳动者，他们取笑祥林嫂以寻找乐趣，以此庆幸自己的安稳和优越。

这三种类型并非泾渭分明，相互间有交叉重叠的关系。这是从来源上头说的。

从表现形式看，平庸之恶有个人行为，如《装在套子里的人》的别里科夫；有群体行为，如《小狗包弟》中批人斗人打人的专政队、抄四旧的红卫兵。群体行为带来的破坏性更大。它有受命而为的，具有组织性和纪律性；也有自发集结的，具有临时性和随意性。还可以从其他形式分：有言论的，有行为的；有有意识的，有无意识的；等等。

"专题讨论"接下来的问题是：如何避免平庸之恶的发生？

先是思想观念。人的思想是复杂的，网络平台上的观点言论纷繁芜杂，是非真伪难定，学会分辨，避免被洗脑。对一件事情的评判是否公正、合理，首要的前提是能否保证人生存、平等、自由的权利。社会主义核心价值从目标层面、社会层面、个人层面给出的标准，不是停留在口头上的漂亮辞藻，值得我们研究领会，以警惕堕入平庸之恶而不自知。

次之，甄别一种思想理念，不能光看它所描绘的喜洋洋的图景，还要看它达成目标的手段，看它有没有实现的可能。不择手段，虚无缥缈，这样的图景描画反而有害。

再从管理角度看，如何避免平庸之恶的产生。认识权力的性质，权力可以调动各种社会资源，但必须在法律许可的范围内使用，而且使用目的是为社会服务，为人民服务。若如此，人们对权力不是惧怕，而是认可、感激，这才是权力的应有之义。如果权力使一个守法的公民感到恐惧，说明权力的性质已经被扭曲了。权力本应该被关在笼子里面。那么，我们要做三件事保证权力不被滥用。第一件打造一个能够限制权力的笼子；第二件挑选负责笼子开关的人，这些人要有知识有道德，能代表各方利益；第三件要找监督负责笼子开关的人，这些人要勇敢，有正义感。当人们不再畏惧权力，还可以监督、批评权力的时候，平庸之恶就会少发生甚至不会发生。

然后从自身行为看，如何避免平庸之恶的产生。儒家讲修心养性，这个心性就是孟子说的四心，恻隐之心、羞恶之心、辞让之心、是非之心，也是王阳明努力获取的良知。有了良知，就会守住底线，不做坏事。当然，在纷繁芜杂的现代社会，事物表现出来的外在形貌也是复杂多变的，人还需要有独立思考的能力和习惯，不为他人和所谓的权威左右，才有较大可能去判断事物的对错，从而确定自己的感情倾向和行为选择。其次，如果身处一个缺乏制度保障的环境，个人还需要有勇气坚持正义，如果你无法像吕荧一样仗义执言，也要求自己第一绝不做放辟邪侈之事，第二不助纣为虐，第三保持沉默。没有平庸之恶的支撑，根本之恶就无法实现。

专题讨论最后一个环节，在生活中我是否见过或亲身实施过平庸之恶，请如实记录下来，加以反思。如果鲁迅的时代，平庸之恶是算术级数的施行的话，互联网时代则呈几何级数的增长。对某一事件的真相，对某一个人的是非，没有独立的思考判断，就"让子弹飞一会儿"，或许是一个明智的选择。

《等待散场》的另类解读

有一堂课，学生跟我唱反调，而且一唱到底。

粤教版语文必修三选了刘心武的小小说《等待散场》，写"我"这个狂热的芭蕾舞迷赶去剧院看《天鹅湖》，剧院门口一小伙向"我"讨票，然后又说："我不要您的票，您快进去看吧！"并说明他是在等待散场，等她出来。"我"明白是一对恋人要看戏，只有一张票，便慨然决定把这张180元的头等票免费送给小伙子，却被拒绝。"我"进去后果然看到一个妙龄女郎站在前廊门边，隔着玻璃朝外看。最后《天鹅湖》里的王子与白天鹅的爱情圆满了，妙龄女郎望着雨丝中那个身影忽然咬紧嘴唇，眼里闪出异样的光，"我"则沉浸在永恒的旋律里。

一则简单平常的故事，颇有些意趣，但在细节设计上并非无懈可击。本来布置学生课外阅读，没想到他们提了不少问题，于是在堂上统一讨论。

问题一：小伙子问票，为什么又不要？不要干吗要问呢？

老师答："小伙子还是想要票，但不想夺人之美；还怕恋人出来，心里矛盾。"

学生说："有病。"

老师答："爱情中的男女有'病'正常。"

问题二：那当"我"递给他票，为什么还要仔细看排数座号？然后又拒绝？如果座位跟女朋友的不在一起，进去可以先找到女朋友说一声啊。

我答："不想夺人之美吧。就是心里矛盾。"

学生说："病很重。"

老师答："爱得很深。"

问题三：女郎最后看到雨丝中的小伙子，为什么眼里会闪着异样的光？

我答："小伙子一直在等她，她感动了。"

学生说："原来是神经病。"

学生们的意见是，既然是一对恋人，等不到另一张票就应该退掉原有的一张票；这两个人的确有点傻。

其实，每个独立的个体都有自己个性化的情感反应，尤其是这个故事发生在两个热爱艺术的恋人身上，不是没有可能。学生的认识源自自身的生活经验以及现在青年人的爱情观念，必然会有理解的差异。课堂上这样的质疑，引起了大家的激辩，好一阵才安静下来。

更有趣的是，随后一个同学站起来说了他的看法。

他说，这是一个"蹲小三"的故事。全班大笑。他很认真，接着说：女郎是跟她的情人去看《天鹅湖》。小伙子即女郎的丈夫获知消息后，跟踪至剧院，无奈没票，进不去了。问"我"的票，是有进去捉奸的想法，但毕竟大庭广众之下有失面子，所以想"等她出来"逮个正着。"我"进去后发现女郎向外张望，她应当是知道丈夫尾随至此了，担心他闯进剧院闹事，所以不能安心看戏。当舞剧结束，王子与白天鹅冲破恶魔的阻挠终于圆满时，女郎看着外面的丈夫，眼里闪着异样的光，表明她坚定了决心要冲破阻挠去追求真正的爱情，因此小说结尾写道："我站在那儿，摩挲着鬓边白发，沉浸在永恒的旋律里……"

我也笑了，问他如何理解小伙子对"我""蔼然"说话以及"痴痴"守候的细节。

他认为，"痴痴"表明小伙子对这个女郎还是爱着的，但不等于这个女郎也要爱着她；"蔼然"是针对一个外人，很正常。他补充一个依据，文中有一处细节"我倏地忆及自己的青春，一些当年的荒唐与甜蜜场景碎片般闪动在我心间"，恰恰呼应了这位女郎的行为，爱上另一个男人是有点"荒唐"，但因为是真正的爱情，所以"甜蜜"。

他读得很仔细，同学们笑着给了他掌声。这是创作人没想到的。

从结果看，小说构思有不够严谨的地方，必然会被质疑。这位同学的联想想必与时下媒体经常报道养小三的贪官有关，虽说解读过度，但也不是没有一点道理。

学生感受，这节课充满了欢乐，也给了他们启发。

课后想，一个并不完美的文本反而让学生有了更多思考和讨论的空间，进入到真正的学习状态。老师尊重学生们的质疑和另类解读，使学生们的思维更加活跃。

白刘二位《春词》中两个不同女子

《名师金典》有一习题，比较白居易和刘禹锡各写的《春词》中的写作手法。白诗写在前，刘诗和在后，都写了一个独守空楼的思妇，极有可能是各自相好的歌伎。

刘禹锡好像较着劲，特意要写出与白居易的不同，所以我让学生比较两位女主人翁性格有什么差别，样貌有没有不一样，对不在身边的爱人思念的愁情哪一个更深一些。

白居易《春词》：

　　低花树映小妆楼，春入眉心两点愁。斜倚栏杆背鹦鹉，思量何事不回头。

刘禹锡《和乐天·春词》：

　　新妆宜面下朱楼，深锁春光一院愁。行到中庭数花朵，蜻蜓飞上玉搔头。

八班昱苏同学很兴奋，认为白诗中的女子思念情深，她待在小妆楼里斜倚栏干，一动不动，心思都在远人身上了；鹦鹉学舌，本可借此遣愁，但女子背对着它，不是不理睬，而是浑然不觉鹦鹉的存在，结果惹来这只小动物的好奇和不满："你在想什么事啊？为什么不回过头来和我玩？"

我说了我的看法，刘诗女子思念的深情不逊于前诗，甚而有过之。女子走下朱楼，应该是盼郎归心切，但秋水望穿，也不见回，无聊至极，到庭院中去数花朵"一二三四五……"，以转移烦闷、寂寞的心情。大概数了很久，终究无趣，便傻傻地呆立不动了，呆立时间一定较前诗的女子久。鹦鹉性急，不用多久，就叫唤起来了；而蜻蜓敏感，稍有轻微的气息便逃之夭夭，女子定然伫立了许久，纹丝不动，蜻蜓才误以为女子头上的玉搔头是一朵花，便飞了上去。在这场构思的较量中，两人各有情趣，但刘禹锡的似乎更为巧妙，不露一丝痕迹，略胜了一筹。

关于两诗的第二句，五班争得厉害。有同学说，白诗言"两点愁"，刘诗是"一院愁"，多寡深浅已不言而喻。诗敏同学却持异议。她的意思是，刘诗的"一院愁"寻常，简单夸张，极说愁多而已；但白诗的构思就独特深邃了，"眉心两点愁"，可以想见女子两眼含愁，更了不得的是"春入眉心"，春光一片大好，映入两汪清澈的瞳孔，本是欢快色彩，未承想透出来的却是绵绵愁情，愁逐春生，春愈好愁愈浓，以乐衬哀，哀何其深也！的确，此句，刘不及白了。

至于性格，可以看出白诗里呆立廊前不下楼的女子好静，不喜走动，是个宅女。而刘诗中的女子会想办法来消除情愁，下楼，数花；而且好打扮，"新妆宜面"，还插玉搔头，性格会外向一些。我读他俩的诗，觉得这跟他们的审美趣味有关。比如白居易的《闺妇》："斜凭绣床愁不动，红绡带缓绿鬟低。辽阳春尽无消息，夜合花前日又西。"这也是个懒理云鬟、呆坐不动的女子。再看刘禹锡的另一首诗："何处春深好，春深幼女家。双鬟梳顶髻，两面绣裙花。妆坏频临镜，身轻不占车。秋千争次第，牵拽彩绳斜。"完全不一样了。当然情境不同，但至少也可以看出点端倪来。

若说用情专而久，刘诗中的女子怕不及白诗的了。刘禹锡诗中的女子爱美、好动、活泼，易坠入情网，爱得也会热烈，但要从一段感情中摆脱出来也会更容易些。怪不得刘禹锡在《乐天寄忆旧游，因作报白君以答》里称羡这位好友："其奈钱塘苏小小，忆君泪点石榴裙。"时隔久远，女子念及乐天，还潸然泪下。

至于样貌，都没有直写，都以花衬人，自是貌美如花，不同的是刘诗女子似乎更爱妆饰，至于有同学说从诗人引入鹦鹉和蜻蜓两个意象看，一个胖一点一个瘦一点，这似乎是《红楼梦》研究中索隐派的功夫了。

同类题材的诗歌比较阅读，能读出许多意趣来。比较使同学们的思维活了，课堂热闹了。

补注： 本文系多年前写的教学心得。近日见一照片，对前面一处说法动摇了。说刘诗中蜻蜓误把人的饰物玉搔头当作了花朵，就站了上去，说明女子站久了，对爱人的思念更深。这个判断可能绝对了。现在看到的照片是，一个女孩微笑地伸出右手，一只蜻蜓落在她的手背上。这里的蜻蜓就不是因为女孩长时间伫立不动才上去的，很可能是蜻蜓本性喜欢鲜艳的色彩，为了美置可能存在的危险不顾。但我更愿意相信是刘禹锡笔下这位女子和一千多年后这张照片中的女孩，都是毫无机心的好人，清人《治心斋琴学练要》说："人能忘机，鸟即不疑；人机一动，鸟即远离；形可欺，而神不可欺；我神微动，彼神即知，是以圣人与万物同尘，常无心以相随。"

穷人对待死亡的态度引发的思考

《老王》是杨绛写的一篇回忆性散文，选入了初中部编教材。

底层民众，尤其是心地善良、老实厚道的穷人更能引发文人们的恻隐心，写出催人泪下的文字。纯粹的政治人物心肠会硬些，科举时代通过诗词歌赋或经史子集选拔出来的官员比那些较少文学浸润的干部有人情味。

老王一个蹬三轮的，载人，送货。作者常坐他的车，也要他送水，后来老王病了，看他僵直的身体、滞笨的行动，应该病得很重。下面是原文的一段文字：

> 过了十多天，我碰见老王同院的老李。我问："老王怎么了？好些没有？"
>
> "早埋了。"
>
> "呀，他什么时候……"
>
> "什么时候死的？就是到您那儿的第二天。"
>
> 他还讲老王身上缠了多少尺全新的白布——因为老王是回民，埋在什么沟里。我也不懂，没多问。

"早埋了"三个字，让人心酸。

一个生命的消失那么简单，那么微不足道。不是人心冷漠，是感受到的悲伤像河流，原本会奔涌浩大，或静水流深，不可能枯竭，只是到了严冬，悲伤被冻住了。

选修教材刘亮程那篇《寒风吹彻》的散文，极写寒冷给穷人带来的灾难。母亲在路上告诉"我"：

> "你姑妈死掉了。"母亲说得那么干涩，像在说一件跟死亡无关的事情。

这是亲人。为什么穷人对生命那么毫不在乎？有人说，富人普遍比穷人更有同情心。从人的本质上说，这是不对的，人生下来其人性并无大的差异，恻隐之心，人皆有之。同情心要有资本去表现，所以容易引起人们的关注，"一饭之恩"的漂母如果不是因为韩信便不会有人知道和称颂。当一个人生存的基本条件变得困难，不能维持社会最低限度的开支，就很少有机会表现他的同情。久而久之，有的人还有可能忘记了他本有的良知，继缺乏恻隐之心后，谦让、羞恶、是非等三心也会丧失，因为"活着"成了最重要的唯一的选择了。从此，他们成了最可怜却又是"最冷漠"的人群。鲁迅说，"哀其不幸，怒其不争"，虽然让人怒，但最大的根源不在他们自己身上。

同样，鲁迅《祝福》中有鲁四老爷家的雇工和"我"的一段对白。

> "刚才，四老爷和谁生气呢？"我问。
> "还不是和祥林嫂？"那短工简捷的说。

"祥林嫂？怎么了？"我又赶紧的问。

"老了。"

"死了？"我的心突然紧缩，几乎跳起来，脸上大约也变了色，但他始终没有抬头，所以全不觉。我也就镇定了自己，接着问：

"什么时候死的？"

"什么时候？——昨天夜里，或者就是今天罢。——我说不清。"

"怎么死的？"

"怎么死的？——还不是穷死的？"他淡然的回答，仍然没有抬头向我看，出去了。

"我"的情绪紧张，短工淡然，对"我"的连续追问心不在焉。祥林嫂的死在短工看来，是一件极为寻常的事，不值得被反复提起。打点短工过日子的人，家境是不会好的，当人自顾不暇的时候，对别人的事乃至生死就没有多少心情和力量去关心。

社会状况是由统治制度和统治集团造成的。统治阶级的作为决定了社会的生态，包括人的道德水准。春秋时期礼崩乐坏是由于各诸侯国扩张土地、争夺霸权造成的。征用民力，加收税赋，老百姓生活每况愈下，风气也跟着坏了。当然随之而来还有一个结果，君主大夫们争权夺利、尔虞我诈的行为会有坏的示范作用，所谓"君子之德风，小人之德草，草上之风必偃"。这里君子是指上位者，上梁不正下梁歪，人心就会更加腐烂。人心是由无数个事件堆积出来的样子。

所以，孔子着急了，教育人们，"克己复礼为仁"。如何克己？《大学》里有一段教诲：

古之欲明明德于天下者，先治其国；欲治其国者，先齐其家；欲齐其家者，先修其身；欲修其身者，先正其心；欲正其心者，先诚其意；欲诚其意者，先致其知；致知在格物。物格而后知至；知至而后意诚；意诚而后心正；心正而后身修；身修而后家齐；家齐而后国治；国治而后天下平。

首先得格物致知，然后诚意正心，就可以修身了，齐家治国平天下是往后的事。修身的结果要具有仁的思想，简单地说，就是"爱人"，对人要慈爱，有礼。起初，孔子周游列国，劝君主们推行仁政，但他们不听孔子的一套，孔子就想到还是办教育，把每一个学生教育好，让他们去影响君主和民众。可是这一套做法是要个人的自我修行，这个难度就大了。难度大，就会有人放弃，也会有人装。宋代理学张扬以后伪善者就多起来了。今天有些地方的学雷锋活动，像排练节目，领导干部拿着铁锹，做个铲土的姿势，照个相大肆宣传，成了做新闻的常态。群众心里有底，你们弄虚作假，我也不求上进，风气就坏了。孔子这个修身办法的效果有限。

管仲说："仓廪实而知礼节，衣食足而知荣辱。"衣食保障是人类道德的基础，穷困无所依是良知泯灭的大杀器，所以孟子补充孔子的思想，先要解决根本的问题："明君制民之产，必使仰足以事父母，俯足以畜妻子，乐岁终身饱，凶年免于死亡。然后驱而之善。"善是要有条件的。

我们现在回到上述几段文字，更能感受到文学对人的警醒作用。人对死亡如此麻木，整个社会都要反省。

补注：写完上面一段文字，我怀疑我的推导是否全面可靠。想起罗素一句很有名的话："人生来只是无知，教育使人变蠢。"于是乎，有人就说要给学生明智的教育。但你的教育是否就是真的明智呢？因此，最重要的是要教会学生思考，课堂上不要把参考资料和老师的观点当作标准答案，应试教育和素质教育最大的区别应该是前者能够获得高分的答案，后者是思考重于记忆，方法重于结论，能力重于知识。告诉学生，特别对语文、历史、政治等文科课程，保留疑问，才是最好的学习方法。

　　《论语》开篇第一句话："子曰：学而时习之，不亦说乎！"是整部论语的总纲，应该是孔子倡导的最重要的教学思想。朱熹《四书集注》列举古人的解读，只是把"习"解释为复习、温习，这是大有问题的。不断地复习啊复习，很快乐吗？就算有快乐，值得以这句话开宗明义吗？后人也许觉得肤浅了些，杨伯峻先生解释为"实习"，李泽厚先生解释为"实践"，这比较合理，学到的知识拿到实际生活中去运用，这才是有快乐的。但我还觉得不够，"习"不仅在学以致用上，还有检验的功能，弟子们学的是课堂理论、前人经验，用之于今，看是否适合，对的接受，错的改正，不完善的完善之，这才是真正的喜悦。这是开学第一课跟学生要讲的最重要的话，孔子是一个开明的人，重视师生的平等交流，如果他知道后人把他的话当作千古不易的经文，也是不以为然的。今天的教学课堂更当如此。

　　罗素在《论教育》中有这样一段话："孩子是弱者，而且有些肤浅愚笨；而教师是强者，并且在各方面都比孩子更聪明。由于儿童外在的弱势，不尊重人的教师和不尊重人的官僚，动辄就会蔑视孩子。他认为，塑造孩子是他的责任。在想象中，他将自己当作一个拿着泥土的陶器匠。于是，他把孩子捏成某种不自然的形状。随着年龄的增长，这种形状会坚固起来，并且产生出紧张和精神上的愤懑，滋生出残忍和嫉妒，而且孩子长大后会认为，必须强迫其他人也要经受同样的扭曲。"中小学的教学阶段，老师不要把学生当成一坨由"我"来揉捏的泥巴，执意揉捏成老师认为的样子，而是要他们把自己当成一块泥巴，自己塑造自己，教他们学会审美，教他们雕塑方法，教他们广泛学习不断修改自我，学校才不会误人子弟。

孟子有句话很有意思，和罗素的思想可以相互印证："人之所不学而能者，其良能也。所不虑而知者，其良知也。"良能良知，本所具有，帮助他挖掘、发现，比在课堂一味灌输会不会更有意义呢？

"把酒话桑麻"的现实意义

一

爱尔兰有一个年轻人，叫马克·博伊尔（Mark Boyle），在英国一家公司做经理，着迷科技，爱玩手机电脑。他36岁时，突然想起自己好久没有蹲下来闻闻花香，抬起头看看天空，应该去享受一下生活了。他便在爱尔兰偏远的西部买下一块地，搭建一座小木屋，过起了自给自足的生活，自己种植、捕捞，砍柴生火，做面包、果子酱等食物。由于拒绝所有需要电的东西，晚上用蜡烛照明，起床睡觉不依赖钟表，根据太阳光线来判断时间。他最喜欢的是坐在洒满阳光的屋子里看书，或者面对窗外的风景发呆。他会定期和亲人联系，只不过联系方式从发短信打电话变成了手写书信，去较远的邮局投递。2019年，是他来这个地方的第三个年头，他发现自己有越来越强的生活能力，也越来越享受这种生活。

因为这种选择，原来的女朋友离开了他；也因为这种选择，他获得了另一位女孩的芳心。

如果懂中文，博伊尔会喜欢陶渊明、王维、孟浩然等人的诗歌。学习山水田园诗人的作品，学生会欣赏诗歌中描绘的优美风景，但对那种生活方式还不能完全理解。不过，这不要紧，重要的是在教学中让他们明白这些山水田园诗的意义。

听初中一节公开课，讲孟浩然的《过故人庄》。故人准备了鸡黍饭，鸡是自己养的，黍是自己种的，很地道，也没污染，一定好吃。来田家的路上，目之所及是绿树青山，跟我们小时候去走亲戚一样，十几里地不算远，有说有笑有风景，心情格外好。吃饱喝足后大人闲聊，小孩外面玩。大人闲聊的是各家长短，而最重要的莫过于桑麻之事，会谈到哪里种子好，土翻的深浅，苗植的疏密，肥施的多少，丰收后的消费，等等。

城市的孩子能读懂诗的意思，这里面的味道他们无法体验。课堂教育得到的是知识，不是经验。很多学校会有一星期的学农活动，给学生劳动体验，他们得到的教育是，劳动是辛勤的付出，粮食来之不易，我们要珍惜粮食。此外，还应该有些什么呢？课堂上还可以再深入。

二

科技革命改变了农耕文明的生活状态，飞机高铁、电视电脑手机，以及智能机器人等，使人的生活舒适便捷。比如在互联网上，搜索引擎能找到你绝大多数问题的答案，宫保鸡丁怎么做，怎么穿衣戴帽才优雅别致，选读什么专业未来前景更好，都有人替你解答；你买的东西是好评最多的，看的电影是某网站评分8分以上的，读的书是名人推荐的，旅游要去的地方是"不能错过的20个打卡圣地"；如果把当代生活比作一场开卷考试，已无须自己慢慢寻找答案，达人们早为你准备了一份高分答案供你参考。这时候人会变懒，思考力也随之下降，虽然羡慕古人诗文里描绘的田园牧歌式的生活，可是那里没有热水器，没有抽水马桶，更没有谷歌、百度、微信，饥饿寒冷也不一定能及时有效避免，人还是迫不及待朝着更加现代的目标迈进。

博伊尔不同，他有自己的感受，他说再也不能回到城市居住了，工作节奏、空气质量、各种氯化水已无法适应。他也提到离群索居的不容易，冷、饿、辛劳等不舒服的感觉不时袭来，但他还是选择接受，并拥抱这种不舒服的感觉。或许，由此才能换来真正的自由和惬意。

博伊尔的回归和现代文明的进步是相背离的。他说："我现在不会被任何事情分心，走路的时候我听听鸟儿唱歌，我看看哪些花儿开放了，现在的我很平静。""我甚至不记得自己上一次发脾气是什么时候了。"有时候他会回城市去听一些农业生态的课程，但住的时间短，他需要那间远离尘嚣的小木屋，小木屋会像斗篷一样保护着他。博伊尔是幸运的，但是科技日新月异的发展，未来的地球还会有这样被现代文明赦免的角落吗？希望渺茫。人类正在经历一个工作十分忙碌、环境污染越发严重的阶段，就算这个阶段能够成功跨越，到达一个高度发达的时代，所有工作被机器人替代，人的生活被预先安排，生活资料全面满足，博伊尔的生活还能在未来被复制吗？人被现代科技卷裹前行，身不由己，最后去往何方？我们不能预料，马斯克想到如果有那么一天地球不再适合人类居住，就移民到火星等星球上去，这个计划正在实施。可是能够幸运躲避地球毁灭性灾难的只能是极少数极少数，普通人买不起那张挪亚方舟的新船票。就算去到那里，长期不事劳动、缺乏思考的人们能不能活得下去，也成问题，他们已经没有鲁滨孙时代的生存能力了。

三

人类该怎么办？尤其是我们不能上天的广大普通群众。唯一的办法是克制自己，节俭生活，选择简朴的生活方式身体力行。人类要制定一种新的"礼"的秩序，用电用油用水用土地用天空，都要节制，逾越就要受罚，孔子在《论语》中说"克己复礼为仁"，《礼记·中庸》里转孔子的话"力行近乎仁"。所以，我们要有新的"仁学"教育，其中生态教育，学习人与自然的相处之道，应该是最重要的一项内容。

生命从自然中来，应该要与自然亲近，才能得到最深层次的快乐。亲近有三层意思，一是感恩自然，二是参加劳动，三是进入自然。

人的食物是天地的赐予，是由土地、水、空气、阳光因缘和合而生的，就连人也是自然的一分子。庄子说"人之生，气之聚也"，自然之气汇聚而成人形。因此，人应该感恩自然，绝不可以贪取，甚至破坏。人们教孩子节俭，常引《朱子家训》的话，"一粥一饭当思来之不易，半丝半缕恒念物力维艰"，这是从人的角度出发，而从自然本身角度去看，可能更加深刻，爱一样东西，才会珍惜这样东西。

参加劳动，是要干"动手动脚"的活。尽管"草盛豆苗稀"，陶渊明还是要"种豆南山下"，从"晨兴理荒秽，带月荷锄归"中我们读出的是高兴和自豪，衣服被黄昏的露水打湿，毫无怨气，重要的是"但使愿无违"。这个愿固然是离开劳形案牍之后的轻松和洒脱，更重要的是手脚并用有所创造的喜悦。过去，校园大，有老师会在校园偏僻处或学校周边的农村荒地种点蔬果，看着丝瓜、豆角、苦瓜从地里一天一天长出来，挂在墙壁、棚架，绿油油的惹人爱怜。我现在也会在阳台种点小东西，辣椒、葱，当瓦盆里泛出绿意时，喜悦是有形的，在心里涌动。这种劳动不只是求物质的回报，在今天更是保持身心健康的需要。

第三种亲近是在自然中享受自然。陶渊明"策扶老以流憩，时矫首而遐观"，甚至"或命巾车，或棹孤舟"，去看山，去观水，把自己融入自然。

我想，博伊尔一定知道梭罗，读过《瓦尔登湖》。书中，梭罗记录："那一年的夏天，我没去读书，我去种豆了。不，我常常干比这更有趣的事。有时，我可不愿意将这如花一般的好时光耗费在劳动中，无论是体力劳动还是脑力劳动。我喜欢我的人生中有闲暇的余地。有时，在夏季的一个清晨，我像往常一样沐浴之后，坐在阳光融融的门前，从红日东升直坐到艳阳当头的正午，坐在这一片松树、山核桃和漆树的林中，坐在远离尘嚣的孤寂与静谧中，沉思默想。此时的鸟雀在四处啁啾，或是悄然无声地从我屋前突飞而过，直到太阳照临我的西窗，直到远处的马路上传过来旅行的马车的辚辚声，才让我在时光的流逝中如梦初醒。我们在这样的季节中成长，仿佛玉米在夜间生长一样，手头的任何工作都远不及此中的快意。这样做并非我虚掷了光阴，而是大大延长了我有限的生命。"

多么美好的时光！这和王维在《积雨辋川庄作》说的"山中习静观朝槿"相近，住在山里，清早起来仔细观察槿树，看它花开，看它结果，看果实由嫩绿渐至棕黄，获得心的愉悦与宁静。梭罗说是延长了生命，是因为得到了忙碌的尘世中得不到的享受，是把自己放入自然，与草木虫鱼一样呼吸，一样生长。苏东坡在《临江仙·夜饮东坡醒复醉》里的疑惑："长恨此身非我有，何时忘却营营？"在这里有了答案。

和他们一样，这几种亲近博伊尔都具备。

四

木心评陶渊明："他不是中国文学的塔尖。他在塔外散步。"

说得对，他不与人争高下，不在乎技巧，不跟你们玩，自成一体，而且是"散步"，兴之所至，尽兴而已。他是诗歌界的老庄，但比老庄多了一层意思。陶渊明、梭罗、爱尔兰青年，他们是用自己的行为表达对社会的批判。在物欲横流喧嚣浮躁的时代，需要有人提醒芸芸众生，不仅是用文字，更用他们的手和脚在大地上劳作和流憩。

这不是鼓励人去归隐，与其说他们归隐，不如说他们具有一种归隐的品质。梭罗把关于自然的观察与体验详细地记录下来，赋予通俗的哲学意义，意在倡导一种生活观念，一种与日益丰富的现代物质生活相对立的简朴的生活方式。他们不拒绝现代文明，但尽可能多地使用自己的手和脚，既锻炼了自己，又能节省资源。他们也和人交往，博伊尔会与亲人通信，梭罗在林中两年独处的生活里访客不断，陶渊明对村人"相思则披衣，言笑无厌时"，孟浩然得到"故人具鸡黍，邀我至田家"的信息就高高兴兴地去了。亲近自然的几种意义也能在任何一个地方实现，梭罗说如果一个人向往简朴的生活，只要心诚，在哪儿都可以做得到，无论是在纽约、伦敦、孟买或东京。

因此，我们要从他们身上，他们的诗文里获得简朴生活的理念。梭罗本人回到康科德后继续过着简朴的生活，他的心中一直拥有"瓦尔登湖"。陶渊明《读山海经·其一》说，"孟夏草木长，绕屋树扶疏。众鸟欣有托，吾亦爱吾庐"。鸟托于草木，人栖于草庐。草庐就是简朴生活的象征。在我们老家，骂人懒，会说"你就是一头猪，吃了睡，睡了吃"。人和猪是有区别的，猪的智商决定了它吃饱就会快乐，而生活在纷繁芜杂的社会，人有复杂的思想，会迭生种种欲望，太忙了苦，太闲了累，又会经历诸多不顺，会得各种疾病，包括抑郁症、痴呆症等。要消除或减轻这些症状，就需要这种简朴的生活方式去治疗。当然，它不只是治疗人，也治疗这个地球。

《读山海经·其一》的后半部分总结得很好："欢言酌春酒，摘我园中蔬。微雨从东来，好风与之俱。泛览周王传，流观山海图。俯仰终宇宙，不乐复何如？"这的确是一个诗人在塔外散步的形象。

历史教育即生活的教育

《五灯会元》记载赵州从谂两则故事。

> 问："如何是道？"师曰："墙外底。"曰："不问这个。"师曰："你问那个？"曰："大道。"师曰："大道透长安。"
>
> 问："如何是佛？"师曰："殿里底。"曰："殿里者岂不是泥龛塑像？"师曰："是。"曰："如何是佛？"师曰："殿里底。"

学僧问的"道""佛"是抽象的，师父答的是具象的。道是墙外边那条道，佛是供奉殿堂的那尊佛，佛道就在活色生香的日常事务里面。修行佛法的人走好当下的道，礼敬眼前的佛，所谓"佛法但平常，莫作奇特想"。这"平常"就在凡夫俗子生动具体的生活里面。

这故事，对我们做教师的有启发。好的教育在生活里面，这不只是说把学生带入现实生活里面，还要把生活放进课本里头，放到学生的课桌上。陶行知先生在其"生活教育"理论中非常直接地指出："没有生活做中心的教育是死教育。没有生活做中心的学校是死学校。没有生活做中心的书本是死书本。在死教育、死学校、死书本里鬼混的人是死人。"

那么，生活化的教育如何实施？不同的学科有不同的路径，不同的老师有不同的做法。罗燕媚老师在历史教学中开展数年的"师生共读"实践活动就是很好的一个例子。

二十世纪六十年代生人在中学上的历史课，不能留下深的印象。原因有二：一内容简单，都是比较干巴的叙述，可读性不强；二以阶级斗争为主线，强调各个时代的农民起义，起因、过程、结果大体相同，换了人名、地名罢了。因而在我们的记忆里，刘邦与刘备混淆不清，汉隋唐宋元明的农民领袖经常做时空的穿越。后来，教材改革，尽可能地回归了历史丰富生动的原貌，人愿意看，也比较喜欢看。世间的知识和佛法也是一样，特别是对于青少年来说，所学尽是些要点罗列，收效必然甚微。如何创设一个活泼生动的课堂，是老师们孜孜探索的重要课题。

尽管教材大有改进，但燕媚老师并不满足于教材。她认识到，学好历史，最好的结果是能够让历史走进现实。即运用历史认识现实，从现实中再度感知历史，助益人生。因此，她根据教学内容的需要，让学生阅读课外相关读物，有历史、哲学、文学等各类书籍，如《新唐书》《乡土中国》《万历十五年》《呼兰河畔》《社会契约论》等等。更重要的是不止于个人阅读，而是研究实践了"师生共读、经典滋养、合作学习"的教学模式。

师生共读能碰撞出特别亮眼的火花，例如阅读萧红《弃儿》《饿》等作品从中去探讨旧中国女性的命运，观照今天中国女性文化地位的提升以及社会活动中的身份限制等问题；阅读《民国的底气》之类的书籍，能更全面了解美国退还"庚子赔款"的过程和意义，以及对中国社会持续的影响，启发学生对中美关系的历史走向做深度思考。唐诗宋词明清小说引入历史学习中，更添了学科教学的兴趣。北宋时期的开封已发展为当时世界过百万人口的特大城市，商业空前繁荣，城内形成几个繁华的商业街区，夜市营业"直至三更"，"南通一巷谓之界身，并是金钱彩帛交易之所，屋宇雄壮，门面广阔，望之森然，每一交易，动即千万，骇人闻见"。这些具体生动的描写辅之以柳永的词《望海潮》："东南形胜，三吴都会，钱塘自古繁华。烟柳画桥，风帘翠幕，参差十万人家……市列珠玑，户盈罗绮，竟豪奢。"在相对乏味的数据罗列中读到这些文学性的描写文字，引人遐想，妙趣无穷。再拿来北宋画家张择端所绘《清明上河图》比照细研，兴味愈加盎然。陈寅恪先生就有"以诗证史"的研究方法，从诗歌、散文、小说中拓宽史料来源，这里面看到的多是官修史书和档案中难以见到的日常生活的细节，恰恰是读者最感兴趣的东西，也是最能与现实对接的生活画面。

这个活动导向写作的环节就是一个必然的结果了，这就是创造了。学历史、用历史、写历史。历史不是故纸堆，是鲜活的事件。看同学们写的历史，叙述诚实，不乏意趣。如一位同学所写的毛泽东视察广州造纸厂的历史，不是官家笔法，老老实实转述，真实可信，从爷爷的话语中读者能感受到爷爷那一代人在那个时代的热情与活力。

至于共读成果在教学中的具体呈现，无须我赘言，读者可以对《我是这样教历史的》这本书仔细揣摩体会。

燕媚老师的教学创新，再用陶行知先生在《创造宣言》中的一段话来描述，我觉得颇为贴切。他说："教育者不是造神，不是造石像，不是造爱人。他们所要创造的是真善美的活人。真善美的活人，是我们的神，是我们的石像，是我们的爱人。教师的成功，是创造出值得自己崇拜的人。先生之最大的快乐，是创造出值得自己崇拜的学生。说得正确些，先生创造学生，学生也创造先生，学生先生合作而创造出值得彼此崇拜之活人。"师生共读，不亦如是？

燕媚老师请我为她的新书写序，我趁在泌冲学农写了这篇文字。泌冲气温较市区低，让人感受到立冬过后应有的气候，站门口，凉风过来，钻进衣领里冷飕飕的。移步太阳底下，暖意回身，顿觉心旷神怡。外面坡道上有喧哗声，一群孩子抬着柴火，提了大袋食物，往野炊地点去了。这一个星期，他们离开了教室、离开了课本，走到长满庄稼和树木的田野、山坡，接受一场特别的教育，这也是生活教育。

管窥中美中学教育的某些特点

我是管中窥豹，就把窥见的豹说一说。

多年前去美国硅谷地区两家中学参观，公立、私立各一所。车停下来，先找学校大门，找了一圈，无所获。国内学校普遍建有或古典或新式的大门，容易辨认，成为校园文化的一部分。这大概受了传统的影响，中国古代的建筑形制有等级之分，一座院子也有正门、耳门、角门之别，身份不同走的门不一样。而这里门设多处，似无大小之别，两所学校的校长都从窄小的门里出来迎候。不知就里的话，还以为我们遭遇了"晏子使楚"的差别待遇。学校里面的建设，如体育馆、艺术楼、运动场、实验室等，一应俱全。这大概是美国人讲究实用的风格。来学校的一段路上，导游数着一家一家名头很响的公司，房子都很平常，高的不过三四层，多数是灰不溜秋的平房，与国内工厂的仓库差不多，包括微软总部，就是一排普通的灰色玻璃楼。中国人讲"秀外慧中"，他们截取了后一半。

进了学校，到教室看。课桌摆放是方便学生"交头接耳"的，有的一张圆桌围着四五张椅子，有的四张方形课桌拼成一个会议桌。当然，也有一律朝向讲台的摆法。课室墙壁上贴满学生各种各样的作品（作业），像商店橱窗，琳琅满目。这跟JAM

ES LOGAN中学校长介绍课堂教学的要求相吻合，他们要求课堂仅20%的时间用于教师讲授，80%的时间给学生讨论和作业。学生有充分思考、提问、讨论的时间，以活跃思想、挖掘潜能、发展个性，培养合作精神。这同样是受实用主义哲学家杜威教育思想的影响，教学活动围绕学生来组织，课堂仿佛生活工作的场景。现在国内的课堂教学形式也发生了比较大的改变，学生活动多了起来。

比较中美教材的练习题设计，也有明显的差异。看中文版《美国语文·美国著名中学课文精选》，它的问题设计贴近现实，以人为本。如选文《瓦尔登湖》，课后练习有两部分，"问题指南"和"写作应用"。问题指南：

1. 根据你的看法，独自在一个自然环境中度过两年的时光的利弊各是什么？

2. 梭罗如果处在二十一世纪，对今天快节奏的社会有怎样的看法？你生活中什么事情可能会让他特别担忧？

写作应用：

1. 请为想回归自然的人们设计假期，并告诉他这样设计的理由。

2. 到一个在你附近并且能够观察自然的地区去游览几次——无论是一个公园，一片森林，还是一片海滩。把你的观察结果记录在一篇自然日志中，和你的同学分享。

粤教版同样选了《瓦尔登湖》，提供给学生的思考探究题有三个：

1. 课文对瓦尔登湖湖水颜色变化的描写细致入微。请你把有关的描写找出来，欣赏作者优美的文字，体会作者的心境。

2. 课文有几处通过变化空间和时间来表现瓦尔登湖美景的描写，请你找出相关描写，体会这种写法的妙处。

3. 把本课文与《黄山记》中的景物描写比较阅读，看看有什么不同。

粤教版重在对文本写作手法的体会，三道题都关于语言的描写，是不是多了？文学体验的作业要有，但不应顾此失彼。《美国语文》的习题重生活，重应用，重道德，重批判性思维的训练，学生对实实在在的作业要求有兴趣，也有助于培养他们关注现实的意识和脚踏实地的作风。在这上面中美可以彼此学习借鉴。

最近美国高考结束，我还特意了解了美国作文题目，拿来与我们的作文题比较，颇有意思。看下面这些作文题：

1. 谁是你们这代的代言人？他或她传达了什么信息？你同意吗？为什么？

2. 有种理论认为：伟大的领袖人物都是由他们所处的具体的时代创造出的。照你的看法，伟大人物的产生，是由于所处的环境，还是由于个人的特质？试举出一位人物来支持你的观点。

3. 在愚蠢的错误和聪明的失误之间总是存在着极大的不同。请说一说你的一个聪明的失误，并且解释一下它怎么给你或他人带来益处。

4. 想象你是某两个著名人物的后代，谁是你的父母呢？他们将什么样的素质传给了你？

5. 你曾经不得不做出的最困难的决定是什么？你是怎么做的？

6. 到目前为止，有什么具体的成功给了你最大的满足？

再看这一题，借用了中国的寓言故事。

背景：《愚公移山》的故事，认为人们假如对环境感到不满意，就应该去改变环境，让环境符合我们的需要。但是，智叟代表的那一派，显然认为改变一个人的态度，比改变环境重要。假如愚公不认为门前的山挡路，而利用这座山与世隔绝的优点，把自己的家和附近的村民变成世外桃源的话，说不定他就不必世代挖山不止了。

任务：你认为改变人类生活的环境以符合人类的要求更重要一点，还是改变人类的态度以符合环境的需要更重要一点？自拟题目写一篇文章。

美国的作文命题内容多半是关乎社会或者人生的现实问题，考查的是考生运用语文处理现实问题的智慧与能力，考查的内容与目的非常具体明确，评分也能比较客观，不太容易受到阅卷者个人喜好的影响。

国内某些高考作文题目更重视考查学生的文学表达能力，描写、抒情成分多，如"一叶一枝一世界""诗意的生活""怀想天空""弯道超越""我有一双隐形的翅膀""春来草自青""行走在消逝中""我想握住你的手""我站在_____门口""幸福是＿＿＿"。这类作文考查情怀，理性成分欠缺，还容易出现审题偏差，一旦审题有误，就给很低的分，很多人的作文栽在审题上。国内近年来议论性作文考得较多了，有些省份干脆写两道作文题，一篇偏感性，一篇偏理性，两者兼顾，但后者还是不够贴近生活，思辨性不太强，学生花在修辞上的功夫过多，比如运用对偶、排比、比喻的激情铺排，引用领导、名人的话语证明，开头结尾别出心裁的构思，这样做喧宾夺主，学生思维的广度和深度都不够。

教育故事拾零

材料作文之要

时下考场作文都是给材料作文，要求所写内容不脱离材料，然每每有考生离开材料天马行空，或材料扣得不紧，阅卷老师悉判离题偏题。于是，我抄录六祖话示之："佛法在世间，不离世间觉。离世觅菩提，恰如求兔角。"材料就是"世间"，离开材料，想拿高分，就是兔头找角，找个乜嘢呀！学佛法参出考场写作的道理，饶有趣味，印象深刻。

作文举例须知

作文举例，若有新鲜例子最好，但忌用争议人物，学生们都懂。近来言及"善于抓住机会"的事例，提到马云、王健林等，学生喊："马云、王健林不好用了！"大家笑。"是吗？"我若有所疑。江湖各种传闻，常令小子首鼠两端，遂告知："如未见官方发布，大可不必杯弓蛇影。"并进一步明确，每年央视《感动中国》人物及国家授予勋章的先进，用之无忧，后续有变化当以官媒报道为准。结果对话延续："官媒报道再有变呢？""以再变之后的报道为准！""再变之后的报道又有变呢？"以又有变后的报道为准！""又又有变呢？"……我投降："写作古的人吧！"

考场作文的训练

陆象山与友人信中道："今时士人读书，其志在于学场屋之文，以取科第。"场屋，即考场。其又云："科举取士久矣，名儒巨公，皆由此出。今为士者固不能免此。然场屋之得失，顾其技与有司好恶如何耳？""而今世以此相尚，使泪没于此而不能自拔。"象山所讲的南宋科举之弊，今天考场作文也未能免，怎样写好考场作文，教师研究深透，皆有模式，仔细到每段、每句写什么、如何写。同样要揣摩"有司"好恶，并"以此相尚"。文章遂无思想乏真情，徒有华美铿锵之辞藻，以博高分。故，坚持每周一节时评课，学生自选话题，轮番登台，并留足时间全班参与讨论，见仁见智，放言无忌，气氛活跃，思路大开。毕业学生皆云此乃最有价值和最值得回忆的课堂。

考场另类作文之一

2012年广东高考作文材料是汤因比和居里夫人对"人选择生活在什么时代"的看法，要学生据此写下自己的思考。阅卷场见图文并茂之异类作文，一考生画一骷髅，及一堆粪便，下书"应试教育"四字。其意显然，谓应试教育臭不可闻，行将就木；亦可解读为应试教育摧残人命，全无是处。2011年度作文题"回到原点"，一考生画796个圆点，末尾赫然四字"回到原点"，恰合不少于800字要求。猜其寓意为，满纸脚印，抵达终点亦在原点。别有意趣。

考场另类作文之二

2014年北京高考作文题目"老规矩"，据云有考生在作文卷面粘贴（余以为"描画"）百元大钞，旁书"老规矩"也。应该是段子，不料巧见一则消息，武昌某高校李姓教师收钱为学生改考分，期末考试后老师令学生补交作业，"懂的同学"会把钱夹在本子里，分数低于54分者交200元。看来段子并非空穴来风，确有事实依据。

说废话

一日跟学生往神农草堂一游。讲解员在一棵灌木下站住，问大家："这叫神秘果！为什么叫神秘果呢？因为它特别神秘。"到了毒药区，他提醒大家："不能吃，因为这些药都很贵！"他把废话文学的创作灵感和牛头不对马嘴的幽默都表现出来了。前几天时评演说正好有同学谈及废话文学的话题，"每呼吸60秒，就过去了1分钟""一日不见如隔一日"……这大概是"躺平"后的文字自娱，还是对低密度信息社会的反讽？一个废话太多的社会到底是哪里出了问题？废话新闻、废话报告、废话会议，还有废话课堂……

鲁迅曾说过中国人有一种万应灵药，就是"今天天气哈哈哈！"后面省了，这是不说，而现在是说很多，但也等于没说。考场作文亦有此弊，800字作文拧干了，就剩几十个字。

郑罗二人的沮丧

郑渊洁读小学时，老师以"早起的鸟儿有虫吃"为题让他们作文，郑反其意而作，"早起的虫儿被鸟吃"，老师判为离题。罗永浩说他自己幼时写升旗作文，那天没风，便如实描述，老师批评，遂改为"虽然没有风，五星红旗还是迎风飘扬"，老师气极。

真正好的教育就是在这种契机之下产生，惜乎老师循规蹈矩，真实与个性都被抹杀。

人一定要有爱好

我讲给学生两个故事，要他们培养自己的爱好，爱好就是人的生命。

某夜，少年罗素决定翌日自杀，第二天天亮时放弃，原因简单，就是不能割舍对数学的热爱。另，一山东媳妇气极欲投井，老公急用一根大葱和一张饼追至井水处诱之，媳妇嘴馋，转身回家。人有所爱，无论吃喝玩用，爱之至极，陷万念俱灰时有灵丹救命之效。无所恋，则失了生趣。一门学科，甚至一根大葱、一张饼便是活下去的寄托。

把故宫当课堂

去故宫看一批新展品，远远见一群穿校服的小朋友。稍后与他们相遇，问："你们今天不上课吗？""我们秋游！"旁边一位阿姨说："周中的时间不上课，多可惜！"她的同行说："这么好的天气不出来玩，才可惜！"她俩对话代表了两种不同的教育观念。我插了一句嘴："秋游也是上课吧。"她们呵呵一乐。两千年前，孔子赞赏曾子的课堂设计，和十来个童子、冠者出近郊游玩，沐浴、吹风、唱歌、跳舞，愉悦身心。这是教育，也是生活的目的。

作业欠交受罚

一家长告诉我学堂异事。

其一：某楼盘附小三年级语文老师，因某生缺周末部分作业大加呵斥，再命全班男生将其轰离课室。一男生上前推搡，该生挥拳以抗，师盛怒，复命男生们共逐之，该生被迫离开课室。师余怒未休，电话呼家长速到校处置。少顷，室外上演保留曲目"家长教子"，掌掴啪啪，号啕声回荡走廊，一墙之隔，众生悚然。另有家长知其事以为不可，向家委会投诉，答曰：家常便饭啦！

其二：该语文老师命学生抄课文三遍，某生将规定抄于A本课文抄至B本，电话询问老师，不允，责其再抄三遍于A本，至夜十二时仍未完成。家长劝其睡觉以免影响第二天上课，孩子不敢，家长无奈，父子俩鏖战子夜。

寻找城市的感动

布置作业，师生共同寻找城市的感动，我有三言两语：

节前傍晚，公园的老伙伴们还不愿离开。走过园区，右边超级大妈唱《牡丹之歌》，左边快乐老男孩演奏《九九艳阳天》；正门口一个失去双腿的年轻人盘坐地上低首歌唱小虎队的《爱》。城市，因为有老年人而祥和，有乞讨者而善良，有歌唱者而温暖。真想和那歌声："向天空大声地呼唤，说声我爱你……"

公园傍晚的一幅剪影

昨天下班经过园子出来，见一个坐轮椅的孩子等在一旁，父亲替他扫码，绿码才让进去。傍晚的园子安静，但暮色重了，大多数的脚步向四面的园门散去，而且匆忙，树木颜色也暗淡了许多。万物都忙了一天，倦了，该休息了，父子俩却要进去。我不知道为什么不选早上，早上朝气蓬勃，人也精神。当然每个人的选择都有自己的原因，是父亲只有下班后的时间陪孩子还是他们要寻一个宁静的所在交心？在静谧的环境里，人容易受到自然的启发和暗示。我想起了史铁生，他在地坛发现了自己，完成了生命的转折。我想把这个故事作为《我与地坛》这篇课文阅读的引子。

周瑜比孔明可爱

淅淅沥沥又下了快一天，整个城市都是湿漉漉的，屋顶上、树上、脚下，都跳跃着水花。早上还怪老天爷不长眼，不和昨天天气换个样儿，但坐在屋子里看窗外淡淡的雨雾里，树木葱茏，和风轻摇，心下惬意了起来。于是在课堂上问同学们，苏轼为什么写周瑜特意要写小乔初嫁的事，小子们真能扯，除了英雄美人的审美传统，还有什么爱情价更高，等等。吵吵嚷嚷中了解到了苏轼完整的价值观，"千古风流人物"，不单是功业显赫，也能在自己的戎马生活中拥有浪漫的情调。比较来看，孔明严肃有余，周瑜可爱有加。

忙碌并不是最好的状态

早上去图书馆，偶尔见学生看书，便问："这个时候应该有老师上课，怎么在这看儿书？"有学生支吾其词。逃课的原因很多，但有一种是寻找可以自由支配的时间。我们曾讨论老师如何自我成长，以为最要紧的是有闲，如果从早到晚都被学校、班级的事务占据，是难有进步空间的，原本灵活的脑袋也会僵化。闲，是没事，能够自我安排一段时间，看书，和人闲聊，随处转悠转悠。自由有多大，成就就有多大。学生也是如此，多几节自习课，有利于他们的成长。

家长性情是孩子人生的底色

周四早晨，刚跨进电梯，见一年轻父亲给了背着沉重书包、戴着鲜艳红领巾的男孩一拳头，孩子亢声抗议："老师说，打人是不对的！"父亲满脸怒气，不吭声。我给了孩子声援："你爸爸打你不对！"出了楼栋大门，我们各走左右。不知是孩子挨揍的怨气未休，还是父亲避开外人又给孩子追加了一拳，听到孩子重复的声音："老师说打人是不对的！"父亲在辩解："打人是不对，但你总是拖拖拉拉！"父亲赶着上班，儿子赶着上学，父亲着急，儿子跟不上，就发生了这一幕。活得辛苦，脾气会变坏。这会给孩子怎样的影响？一个冷静乐观的家长不一定能促进孩子学业与事业的成功，但一定能带给孩子现在与未来的快乐。

如何不是佛

有学僧问："如何是佛？"风穴延沼禅师反问："如何不是佛？"排除了不是佛的东西，就是佛了。禅师这种教育方法是教你先知道不好的，引以为戒，去邪就正，积极向善。所以文学作品重揭示丑恶并加以批判，社会意义更大。如果教材、课堂回避现实中的丑陋和罪恶，反而使学生受到蒙蔽，以后面对纷繁芜杂的世界会不知所措。且不少老师也不主张学生在作文写阴暗面的东西，闻某地一五年级小学生写《三打白骨精》的阅读感想，说有人外表善良，而内心阴暗，手段卑鄙，劝人不要被表面现象蒙骗，遂使老师不满，旁批"传递正能量"。如此为教，欲造健全人格，其可得乎？

仰望星空与脚踏实地

连续几个清晨附近不见美团单车，快步当骑。地铁口新增一块木牌，扫场所码进入，呼喊声此起彼伏。今天讲《春江花月夜》，张若虚说"不知江月待何人"，要待的那个人恐怕不会来，这个疑问，属于整个人类。下午六时，外面天黑，原来下雨，幸从杂物箱翻出旧伞一把，聊护左额（有伤口）。没有扶梯的地铁出口都是疲沓沉重的脚步。雨越下越大，外卖小哥小妹还是没有停歇，像雨燕疾速穿梭。好久没有用心听雨了，听到最后，都是自己心里的声音，稀里哗啦，打翻了所有的甜言蜜语、宏图伟业。临近家门，发现一家优惠老人儿童的理发店，灯光明亮，空无一人，内贴一张卡纸，书"外出吃饭"。这个雨夜，这个没人的店里，却看到了满满的人情味。

张若虚式的惆怅，湮没在这人间的烟火气里了。

圣地亚哥老人的精神不朽

"爱你孤身走暗巷，爱你不跪的模样，爱你对峙过绝望……战吗？战啊。以最卑微的梦，致那黑夜中的呜咽与怒吼！"在课堂上讨论《老人与海》时想到了《孤勇者》这首歌。一个老人，一条小船，到遥远的海域捕鱼，捕获的大马林鱼遭受鲨鱼不断地撕咬，绝境中圣地亚哥孤身一人顽强战斗，最后在黑夜里拖回一副长达十八英尺的鱼骨。他是孤勇者，是胜利者。他的精神给人鼓舞。歌词作者唐恬或许受到了海明威的启发，他一定被圣地亚哥感动过，所以罹患重病的作者继续写道，"谁说站在光里的才算英雄。你的斑驳，与众不同，你的沉默，震耳欲聋。"

阅读芹论

读写结合，不可偏废

既要读，又要写。这里谈谈写。

读和写可以相互促进。有些书读了后感想很多，可以写下来，不要耽搁，过久了，就没有当时的感觉了。阅读过程中的批注也是写作，大段的批注，组合起来就是一篇文章。同学们读书怕老师、家长规定写读后感，包括外出，也会带写作任务出去，扫了游兴。对懒于动笔的同学，我倒有个办法相授。写没兴致，就讲，讲给父母、同学、朋友听，或者专门开交流会，畅所欲言。我们用录音机把讲的录下来，然后整理成文。的确，人的思维特点不一样，有的人孤身向壁，苦思冥想，憋不出几个字来，当有了说话对象，或彼此言说的碰撞，思想的水闸就打开了。经过几次，写的兴致就激发起来了。

读后感是课下的自主写作，自主写作还补充两个建议。

第一，养成每周写时事评论的习惯。每周选一件最有感触的新闻事件加以评论，就写自己真实的看法，重在说理。写完后同学之间互看互评，写评语的人越多越好，一篇文章有好几个同学发表意见，或赞同，或反对，或补充，能给彼此更多的启发。选择的新闻存在争议最好，比如有同学写过的，一年一度家长们披红戴绿的花式送考，足球赛前球队请道士作法求运，中学教材减少鲁迅作品篇目，B站播放宣传片《后浪》引发的争议，女孩穿和服被警察以寻衅滋事罪处置，等等。

第二，每天记一些小事情、小感悟，几十字即可。学校生活单一，今天的生活可能是昨天生活的复制粘贴，但我们还是会说"每天的太阳都是新的"。为什么？每天遇同样的人，做同样的事，但是说的话，想的事，总会有不一样的地方。我们用心观察和感受，教室、宿舍、饭堂、球场，公交车、商店、报摊、电梯，连同自己的家，都有故事，用个小本子记下来，记下老师、同学、父母、陌生人说的有趣或有理的话，记下由于生活中某件事触发对人和社会的思考，记下手机各类信息给你开心、感动、不快的内容。

把自己的见闻记录下来，就是积攒财富。

有一位同学，写感恩作文，用了妈妈讲给她的一件往事：

> 这件事我早已毫无印象，只有妈妈跟我聊天时才偶然提起，她说："那时候你特别爱睡，一坐上单车就睡着了，脑袋还要拼命往下掉。这可把我害惨了，一上海珠桥，我就要一手抓着车把，一手在后面托着你的脑袋。你的脑袋又沉，有时候还找不着，吓得我还以为你掉下去了，所以那时我的手臂特别粗壮。"
>
> 当时我听了这个故事，只想到自己摇摆不定、昏昏欲睡的可笑模样，却哪知道妈妈一个人骑车的辛苦、独自带孩子的艰辛呢？又哪知道妈妈苗条的身子也由此变得粗壮了起来？我这才意识到要学会感恩，来报答小时候妈妈对我的关爱，我笑着对妈妈说："妈妈，我以后要买最舒适的车载你到处去玩。"

有一年广州模拟考试的作文材料是讲多元文化的交流融合。有一篇作文结尾用上了平时看到的一个视频：

> 最后给大家说个小故事，网上看到一个《布谷鸟》歌曲视频，是宁波中学新疆班孩子在课室里的合唱。囿于疫情，他们只能在原教室里上音乐课，曲子是俄罗斯的，舞蹈是新疆的，拍打桌子的节奏类似云南丽江手鼓，导演是汉族老师，一起融合成一道别有风味的音乐大餐。小至一首歌曲，文化的交流融合带给音乐奇妙的魅力，更不用说国家、民族之间文化交流发展的重要意义了。文化在汇聚中创新，在交融中发展，我希望有更多的朋友加入到文化交流中来，让世界变得越来越好。

这是自己的生活，不是财富吗？为你考场作文做储备。

关于堂上作文，有一个提议。除了按老师要求按时按量完成外，以积极的态度重写，甚至重写多次。第一遍有不足，局部问题就局部重写，涉及全篇就全篇重写。多花点时间值得，根据老师讲评后的认识，重新审题、构思、组织文字，能起到事半功倍的效果。

当然，写不只是为了考试。写作是和自己的心灵对话，少年时期养成了经常写几行的习惯，长大以后还能保持，你会发现写作是孤独时的一种陪伴，是在丰富自己生命的意义。最近，有位同学跟我说，他每天会写一小段文字，都是自己当天的见闻和感受，喜怒哀乐都有，提笔记录的过程，是在反刍、反思，有回味，有醒悟，有满足，以至于一天不写，心里还别扭。养成这个习惯好。

读诗，先写一些诗

曾有发动全民写诗的活动，上面布置下来的。我读小学就被要求写诗了，写不出，就去模仿郭沫若主编的《红旗歌谣》，那首《社员堆稻上了天》现在还能背，"稻堆堆得圆又圆，社员堆稻上了天，撕片白云揩把汗，凑上太阳吸袋烟"。那些诗是"大跃进"时期的产物，大胆使用比喻、夸张，令我惊喜，写诗的兴趣越来越大，也就更仔细地研读《歌谣》。后来这件事竟启发了我的教学。

我劝学生多读点诗，但要想办法使读诗成为学生内心的渴望和生活的需要。有此，主动学习才会成为可能。诗歌不及小说、戏剧的吸引力，大多数现代诗因为其象征、想象等表现手法的运用而显得含蓄、隐晦，需要反复阅读才能理解、感受，这使得学生阅读诗歌的兴趣不大。我便想以诗歌写作促进诗歌阅读，像我小时候做的一样。欧阳修说："作诗须多诵古今人诗。"多读然后能写，当然之理；反过来也可以说，写诗，然后会读。

有诗歌写作的体会，能更好把握诗歌的形象、意境、语言等特点。我把写作带阅读的教学活动分为两个过程，一为写作过程，包括了激发诗兴、个人创作；二为教学过程，包括朗读评比、体会论坛两个阶段。在整个教学过程中，学生是主角，教师类似话题类节目的主持人，做好引与导的工作。

所谓"情动而辞发"，写作过程的第一阶段是激发诗兴。我自己可以示范。

荷花盛开，岸边常架满长枪短炮，而当枝枯叶败，就乏人问津了，"留得残荷听雨声"的雅趣并不为很多人喜欢。一次下班回家，经过烈士陵园的荷塘，见一对老人并坐岸边石凳，偎依看荷，荷已残败。我驻足良久，为之感动，想起当时流行的一首歌《死了都要爱》，便写了一首小诗：

去赏莲花

在莲叶何田田的时候

看她不染不妖

闻她香远益清

等到色衰香断

人都散去

还有一对老人

坐塘边痴望

满眼焦黄枯萎

删削了华词丽句的老歌

就剩五个字

死了都要爱

我把它搬到了课堂。诗歌是某种情境下思想感情的自然流露，于是通过特定的活动诱发情感，如回忆逝去的长者、远别的亲友、曾经的生活，有同学的《童年》（小芬）是认真回忆后的真切感受："童年/如断线的风筝/飞去的/是童心的色彩斑斓/留下的／是记忆的丝线绵绵。"也可以因平时所见所闻而有所感触展开联想,如花鸟虫鱼、山川草木,风雨雷电、日月星辰,甚至教室里的黑板、粉笔、墙报、画像、奖状等。依此练习,都有收获,有的同学由蝴蝶想到自己斑斓的思绪,由树根想到默默奉献的精神,由泉水想到清白无染的品性,由夜雨想到灵魂的呐喊。他们有这样的体会:"月亮／挂了五千年／还是那么瘦／夜空／传来花落的声音／静静的／唉,是谁在叹息?""海上的风和雨／吹打了十八个春秋／喝了多少苦涩的水／才尝出一点甘甜。"不一定新奇,但这种感觉很真实。老师还可以带学生到附近的风景区、历史遗址去看、去听、去感受。

第二个阶段是个人创作。学生初中学过一些诗歌,对诗的形式有大致的了解,又因为带着写诗的任务,会主动地去再读课本上的诗,揣摩其遣词造句的方法,或者直接模仿着写。老师顺势做一些方法辅导,讲讲借景抒情、托物言志、直抒胸臆的表达方式,讲讲比喻、象征、夸张、拟人、衬托等修辞技巧,讲讲古诗词和新诗的基本格式与押韵要求。

看这两首观察自然的诗。《太阳的哭泣》(小罗):

谁　不惧怕黑夜／那划破天际的流星／不就是你失意的泪水／清晨落得满地露水连连／而你　却把它们擦干／化作悬浮在空中快乐的精灵。

《黄昏颂》(小雷):

是谁说你已经衰老／是谁说你已经死亡／你是在储存能量／再托起明天的太阳。

以"幸福"为题的诗作。

有人说，幸福是有质感的/幸福的质感是像水一样的/是温柔地能包容一切的/但倏尔间/便又从你指尖滑落。（黄亚捷）

幸福是什么？是小时候公园里的旋转木马，是坐在旋转木马上手中握着的雪糕；是年少时一起奋斗的兄弟姐妹，是和兄弟姐妹们的笑与泪；是长大后爱人的拥抱，是自己孩子的歌声与欢笑；是年老时和老伴携手相伴观日落，是兑现的相守一生的承诺。幸福是？你笑着对自己说：我爱现在的生活！（李霭文）

幸福/是一个打碎了的玻璃球/没有人可以得到全部/有的人/一直捡，一直数/总觉得不够/盯着别人手中的玻璃球/颦蹙，忧愁/有的人/一直捡，一直数/总觉得富足/凝视自己手中的玻璃球/舒眉，鼓舞/幸福/是一个打碎了的玻璃球/尽管我不可以得到全部/我心满意足（梁健绿）

有些课文学了之后，是值得写读后感的，也可以写成诗。一位同学写的《苏武牧羊》（小刘）：

胡地冰冷的雪，咽下去时却有如火焰，可以灼痛心肺。朔风倘若真能化为刀刃，一层层剔开他的肌骨，跳动在胸腔里的，也必定是一团晚霞般的火红。

粤教版语文教材《说数》的最大亮点，是运用文学色彩浓厚的语言介绍数，里面还引了作者为圆周率和零分别写的小诗。

你自己一无所有/却成十倍地赐予别人/难怪你这样美/像中秋夜的一轮明月（《零赞》）

像一篇读不完的长诗/既不循环也不枯竭/无穷无尽永葆常新/数学家称之为无理数/诗人赞之为有情人/道是无理却有情/天长地久有时尽/此率绵绵无绝期（《圆周率》）

抽象甚至是枯燥的数字在作者笔下充满了感情。我让学生向作者学习，选择一个数或数学符号，尝试写一首诗去表现自己的认识和理解，尽可能地体现出它们的美来。我在《仿写课文是有趣的作业》的文章中提到了这个例子，这里就抄录两首，是《仿》文中没有的。

尽管你孑然一身/却是零的突破/难怪你这样挺拔隽秀/如大树般高耸于数字之林（《1赞》）

是的/它带给我们方便/令计算可以减少/令答案变得简洁/然而/它是懒惰的表现/是对真理的敷衍/把无限的探索化为有限（《≈》）

最后一首有辩证的思考，既有称赞，也有批评，有思考深度。

我在教学《长恨歌》这首诗时，还忍不住参与到创作中去。

《长恨歌》的生命力不在于批判唐玄宗的荒淫怠政，而在于对两个人凄美爱情的歌颂。抓住后者，才能抓住诗歌的魂。我们都相信唐玄宗对杨贵妃有深厚的感情，但到底都多深，就有争论了。"不爱江山爱美人"，是一种价值取向，也是审美的一种境界。爱德华八世宁可与天下为敌，放弃英国王位，也要选择与心爱的人在一起，他说："我可以失去我所得到的一切，我的财产、我的王位，但除了沃利斯（他爱的人）。她是我人生的归宿，失去她便失去了我的一切，假如真是这样，那么我将何去何从。"英国前首相丘吉尔称之为"当代最伟大爱情"。拥有三宫六院的唐玄宗对杨贵妃的痴情在中国历史上恐怕也是绝无仅有，但到底没有爱德华八世那般决绝。我依据游华清池的感受写了一首诗《临悼华清池》表达我的看法：

风撩岸柳的裙摆/掠过波光粼粼的池面/还嗅出罗绮暗香/闻见细语呢喃/诱惑千年后的目光/顾影自怜，她的泪水还没有擦干/山河落败/枯枝摇曳/马嵬坡前要用这位女性的血/去浇灭六军的怒火/一袭白练/裹卷而去朝朝暮暮的情/古栈道/雨中的铃声凄长/伴一个孤独的男人趔趄前行/自制一曲《雨霖铃》/泄千古恨/在逶迤回环的蜀山道中/玉环何罪/罪在她是一女子/女子又何罪/罪在她是帝王宠爱的女子/何苦要了那江山/瑶台月下，绵绵此恨/唉，一个女子/到底敌不过男人的权力和欲望/鸾舆回宫/金甲银笙依旧/今天，华清池前/我独悼这位杨家女儿

或许就是唐玄宗的迫不得已，才使得这幕爱情悲剧在审美价值上超越了爱德华八世的那段爱情传奇。

学生的诗对自己感觉的捕捉更细腻。下面这位同学的诗题为"鸽子"，"写给教学楼对面的鸽子和教学楼里的我们"：

老城 旧楼 木棚/你安然收拢了翅膀/目光在楼与楼的缝隙间回旋/起了/柔顺的羽毛不曾凌乱/雨坠了/肥胖的身躯依旧温

暖/蓝天 白云 轻风/遥远而模糊的世界/与祖先的尸骸共同腐烂/烈风中乘势疾驰的矫健/暴日里疲倦的伶俐/急雨下强劲的弧线/已悄然死去（李艳）

这一首没有题目。

我把一个　小小的水晶　放在窗前　让冬日的阳光　酣睡在里边/我把一缕　小小的海风　放在水面　让漂泊的白帆　酣睡在里边/我把一床　小小的幸福　放在路边　让燃烧的灰烬　酣睡在里边/我把一阵　小小的附和　放在人群中　当我对他们说/看，多无知的人啊，竟睡在里边（林懿伦）

教学过程的两个环节都在课堂上进行。首先朗诵评比，分小组开展。"三分诗，七分读"，读的作用很大，自己读他人读都可以，最后评选出优秀诗作，拿到班上朗读、赏析。有时候还会结集付印。我们还推荐了一些作品在省市级的报纸杂志上发表。体会论坛也可以并入上一个环节，有必要的话可以独立出来，主要请优秀诗作的作者谈自己的体会。

有了诗歌写作的体验，写作过程中又充分阅读了课本上的诗歌，因此现代诗的教学完全可以把讲台交给学生，他们理解得更加充分，有更多独到的见解。对古诗词的阅读理解也大有裨益。

在阅读中发现自己（两则）

续写阮籍《咏怀（其一）》

咏怀（其一）

阮籍

夜中不能寐，起坐弹鸣琴。

薄帷鉴明月，清风吹我襟。

孤鸿号外野，翔鸟鸣北林。

徘徊将何见？忧思独伤心。

该诗容易理解。前六句通过诗人所为所见所闻表现忧思，最后两句点题。

难点在"薄帷鉴明月，清风吹我襟"，似有轻快、旷达之意。元末明初人刘履在《选读补注》说："所谓薄帷照月，已见阴光之盛，而清风吹衿，则又寒气之渐也。"这种解释不无道理，诗人心情不好，自然有这样的主观认知，境随心变。但"明月清风"总是怡人的，也许是诗人特意去观赏明月，解襟迎风，希望能排除心中的烦闷。如唐人韦应物在《晦日处士叔园林燕集》中的句子："赖此林下期，清风涤烦想。"

阮籍处曹氏与司马氏的政治斗争旋涡中，虽倾心曹魏，但不敢有任何态度，稍有不慎，即会招来杀身之祸，所以装疯卖傻保全自己，如此，其内心痛苦尤甚。《晋书·阮籍传》说："（阮籍）时率意独驾，不由径路，车迹所穷，辄恸哭而反。"故王勃在《滕王阁序》中写道："阮籍猖狂，岂效穷途之哭。"

既然如此，课堂上要同学们揣度诗人心绪，为这首诗续写两句。

我先写了。到阮籍"尝登广武，观楚、汉战处，叹曰：'时无英雄，使竖子成名！'登武牢山，望京邑而叹。"他感慨自己有大才而无用武之地，我替他补了"明日朝暾起，冲天万里云"，呼应诗人自比的两个意象"孤鸿""翔鸟"，一号一鸣，徘徊不知所往。

有一位同学课堂上想了上句"灼阳散雾霭"，下句迟迟未出，晚上发信息给我："在公交车上，刚落座，脑子里就蹦出了下句：嫣鸟啼华茵。"写好的同学续写的多是入世进取的。独有一位同学写道："但辞凡尘去，山水皆梵音。"

同学都是在表达内心的诉求，"少年意气当拿云"，我的续写也为鼓励他们。"梵音"之想的同学却别出心裁。

《蜀相》《书愤》尾联比较

诸葛亮为后来文人津津乐道，最主要的是他获得了读书人梦寐以求的知遇之恩。刘备三顾茅庐请他，大小事务委之处理，悉从其便，临终还把儿子交给他，说："君才十倍曹丕，必能安国，终定大事。若嗣子可辅，辅之；如其不才，君可自取。"又嘱咐刘禅："汝与丞相从事，事之如父。"读书人的愿望无非

"学成文武艺，货与帝王家"，孔明得此等殊荣，自然为人歆羡。再则，是诸葛亮对蜀汉政权的忠心和坚定统一大业的意志，为人钦敬。这两个方面，在陆游的《书愤》中有充分体现，杜甫的《蜀相》则另有况味。

时值安史之乱，杜甫历尽磨难，流落到了成都，不久去成都郊外拜谒武侯庙，写了《蜀相》这首诗。尾联"出师未捷身先死，长使英雄泪满襟"，使人痛心。写诸葛亮的诗词不少，称颂他才华与忠贞的很多，但杜甫表现的重心皆在诸葛亮的遗憾，他写的《八阵图》也是如此，"功盖三分国，名成八阵图。江流石不转，遗恨失吞吴"。在杜甫看来，刘备伐吴是失策之举，导致蜀国孤立，损失惨重，对恢复汉室统一天下的大战略极为不利。这种视角，与现实关系密切，安史之乱时期战事胶着，将士伤亡严重，百姓生活陷入困境，关中发生饥荒朝廷也无力救助。面对此种情形，杜甫完全看不到希望，极度悲观。所以才有《蜀相》的最后两句，我们能感受到诗人满腔的悲愤与无尽的苍凉。"长使英雄泪满襟"的"英雄"是谁？此"英雄"不只勇武过人，必怀有大志向。当如曹操对刘备说的"今天下英雄，唯使君与操耳"的"英雄"，又如孙中山诗里说的"顶天立地奇男子，要把乾坤扭转来"的"奇男子"，如此方能当得起孔明的重量。这类英雄在历史上很多，毫无疑问，杜甫也一定是"泪满襟"的英雄里面的一个。老杜既有大才，"赋料扬雄敌，诗看子建亲。李邕求识面，王翰愿卜邻"；又有大志，"会当凌绝顶，一览众山小""致君尧舜上，再使风俗淳"；还有大德，"安得广厦千万间，大庇天下寒士俱欢颜……吾庐独破受冻死亦足"。如此人杰，非诸葛孔明之俦乎？

陆游和杜甫处境有别，各作此诗时两人都不被用，不过陆游不像杜甫贫病交加，依靠朋友周济度日。陆游回老家江阴，虽不富足，但从《游山西村》"莫笑农家腊酒浑，丰年留客足鸡豚"，到《居三山时方四十余今三十六年久已谢事而连岁小稔喜甚有作》"盗息时雍象，人淳太古风。退夫无一事，鼓缶伴邻翁"，再到《枕上作》"谢事还家一老农，悠然高卧听晨舂"等，看得出他衣食无忧，日子过得闲适自在。这种情形底下，还想着"王师北定"的陆游必然会更加怀念"楼船夜雪瓜洲渡，铁马秋风大散关"的岁月，因此在《书愤》的结尾想到的是"出师一表真名世，千载谁堪伯仲间"，渴望能有诸葛亮一样的机会出师北伐，恢复北宋大业。

阅读是在寻找自我。杜甫和陆游从历史书籍中读到诸葛亮，读出了各自的处境和心灵的需要，而产生共情，发出了迥然有别的感慨。一个伤心叹息，一个赞叹向往，两人都在这位三国时期的大英雄身上发现了自己。

综合上述两则教学活动，我以为教学中需要有意引导学生在认识作者的同时，对照自己，发现自我，进而塑造自我。续写就是一种自我发现，比较老杜和陆游的想法后倾向哪一方，也都是在发现自己。阅读是在寻找生命的共鸣，那些出现在文字里的陌生人，有可能才是你最亲密的朋友。

长恨春归无觅处，方知转入此中来

——让经典走进生活兼谈央视文化节目《经典咏流传》

引领学生阅读经典、感受经典，是语文教学应尽的责任；可是，不少经典不为学生喜爱，主要有两个原因：一方面经典是经过较长时间沉淀出来的精品，与现在的孩子有语言、思想以及心理上的隔阂；另一方面经典意味隽永，需要沉潜涵咏，读者应该融入作品，反复玩味和推敲，而习惯了浅阅读、碎片阅读的今天鲜有人具备这种细心和耐心了。如何通过阅读模式的创新引导学生亲近经典进而热爱经典，语文老师和社会各界的文化人士都在探索。

央视一套在大年初一黄金时段推出一档新节目《经典咏流传》，大受欢迎，豆瓣上给出了9.4的高分。特别是节目中乡村老师梁俊和贵州山区孩子表演的清代文学家袁枚的小诗《苔》，感动了无数观众。据说，这段视频全网播放量突破4000万，刷爆了朋友圈，成为春节期间最热门的一首歌曲。这个节目采用的是"和诗以歌"的形式，即将古代、近代诗词配以现代流行音乐，由唱作歌手在舞台演绎，带领观众领略诗词之美，还放进去与诗词相关的故事，或是作曲者为诗词谱曲的缘由，或是演唱者本人的经历，从而丰富了诗词的文化内涵，感受到了传统文化的深层价值；同时邀请文化学者和音乐家现场点评，加强与观众、演唱者的交流，使经典价值在音乐旋律中焕发新的活力，真正实现了文化的创造性转化和创新性发展。

归纳起来，这个文化节目主要有三个点：一是变读为唱，舞台呈现，使之有了娱乐性；二是融事于诗，以事感人，使诗词贴近生活，具有了现实意义；三是嘉宾点评，角度各异，使诗词理解有了多样性，符合阅读鉴赏的特点。如《三字经》《明日歌》辅之优美的旋律对人感化的力量更大，《声律启蒙》这种知识性较强的经典也因为节奏在明快与悠扬之间的转换而韵味愈发浓郁。尤其是汪明荃与罗家英夫妻所唱的《鹊桥仙·纤云弄巧》与他们爱情生活的无缝对接，感人至深。两位相恋二十一年，到六十多岁才结婚，罗先生在给汪女士的信中说："你剩半条命，我剩半条命，我们就合成一条命，相依为命，同心到老。""对我来说（结婚）慢一点也没关系，只要有一个好的结尾，最后能跟你在一起，正如诗词上说的'两情若是久长时，又岂在朝朝暮暮'。"这样的感情，这样的爱情表白，与秦观这首词自然地嫁接在一起，结出的果是新鲜而绚丽的。此外，嘉宾点评是鉴赏的极好补充，虽然不是每次点评都到位，也不一定都是观众接受的，但至少提供了一种理解。

我们一直在开展校园经典阅读活动，就有类似央视节目的做法。

首先，是开设了古诗词吟诵的选修课。吟诵就有唱的味道在里面，它是我国传统的读书方法，需要按照一定的韵律和节奏、声情并茂地诵读出来。这与平时的课文朗诵不一样，方法独特，需要尽力去表现古诗词的音韵之美，从中体会到一般性的朗读所不能传递出来的情感。唐调大家陈以鸿先生接受访谈时说自己吟诵韩愈的《祭十二郎文》时，深入文章境界，以至泫泫泪下。课堂上教吟《诗经》、《楚辞》、唐诗宋词，同学们逐渐体会到这种读法的妙处。一方面能够在抑扬顿挫、轻重缓急的音调中更自然地深入到诗歌的意境中去，几近陈以鸿先生的感受；另一方面就是在调整姿态、大声吟咏的时候，能感受到大家饱满的热情、陶醉其间的快乐，如《毛诗序》里说的："言之不足，故嗟叹之，嗟叹之不足，故咏歌之，咏歌之不足，不知手之舞之，足之蹈之也。"

其次，成立各类经典阅读小组。这类小组有学生自发组织的，有老师建议成立的，由学生自己确立一个阅读方向或阅读范围，比如科幻作品组、外国文学经典组、中国当代小说组，而其中的国学经典阅读小组最亮眼。这个小组一路走来颇不容易，一开始同学们面对《论语》《孟子》《老子》等书籍有畏难情绪，报名者寥寥，通过一年多的学习研讨后，壮大了队伍，小组成员阅读经典的兴趣愈发浓厚。我们说，经典能在央视《经典咏流传》这个节目中复活，很大程度上是因为把经典注入到了现代生活里；同样，这个国学小组也把经典融入同学们自己的生活里去。他们每周集中一次研读，确定一个主讲同学，但不止于"你讲我听"的模式，最精彩的环节是听完之后的讨论，有针对这节课学习的内容发表自己的看法，有联系生活实际解读书中的微言大义。尤其是后者，同学们特别受用，认识到国学不再是佶屈聱牙的古文字，而是与现实、与自己联系紧密的生活宝典。

一位同学在讨论孔子说的"不患无位，患所以立。不患莫己知，求为可知也"时说：

人们常说金子总会发光的，其实不然，很多金子都发不了光。有两种人总是感慨没人赏识自己，一种是压根不是金子的人，自诩"总会发光"，干坐着不学习不进取，到头来处处抱怨"时运不济""世无伯乐"；一种人有"金子"的品质，但还是块原矿石，既没提纯也没打磨，埋在深山的土堆下，就像有的人有某方面的特长，却没有被自己发现，或者发现了却自甘平庸，不愿去学习提高。所以人不要总抱怨别人不了解自己，要设法让自己值得被别人了解，面对无人赏识的逆境，多去问问自己，我做得够好了吗？我和某某的差距在哪里？"求为可知也"的"求"是个动词，要求人要行动，不断去进取。

在讨论孔子说的"君子不器"时一位同学是这样说的：

这里的不器，不是指成不了大器，而是不要成为一种有特定用途的器具。人要追求自己的人生理想，尤其是我们这类重点高中的学生，要追求自我价值的实现，而不是着眼于"眼前的苟且"，为找到一份安逸的工作而学习，否则便成了一个器具。清华大学副校长施一公曾批评现在大学生都纷纷跟风学习热门专业的风气。他说："全国各地的状元，来清华大多数都进了经济学院，他们当中有多少是真的喜欢经济学的？国家最优秀的学生，都还在为就业考虑，创新就缺乏动力。"所谓"象牙塔里的大学生"，就是直到大学才第一次去考虑以后人生的方向，与社会脱轨是必然的。学习的过程中，要找到自己的兴趣和特长，树立自己的理想。当人有自己的理想，有属于自己的事业，有自己独特的价值，才会变工具为一个社会的人。

这样的讨论活动同学们便能积极参与，因为国学教我们在生活中怎样做人做事，有实用价值；再是课堂上能交流心得，丰富思想，启迪智慧，享受乐趣，更是难得的学习体验。

以上两种做法主要在课堂，还有课下的经典阅读系列，比如由图书馆和年级共同推出的"上书房"阅读活动。借用"上书房"一词，改"供皇室子弟读书的地方"的含义为"古今中外经典阅读推荐榜"，"上"即有最佳的、经典的意思。每学期五个月，每月三旬，一旬一期，每期由老师推荐一本经典，推荐榜张贴在校园显眼的位置，榜上有"荐书人简介""荐书理由"等栏目，并留下空白，供同学们留言，三言两语写下个人阅读感受。空白需求量大，有些班还在教室内另辟这类反馈的空间，让大家充分发表意见。

卡尔维诺在《为什么读经典》一书中曾这样评价文学经典，一部经典作品是一本每次重读都像初读那样带来发现的书，是一本即使我们初读也好像是在重温的书，更是一本永不耗尽它要向读者说的一切东西的书。那些能带来"发现"、仿佛"重温"、意蕴深厚的书籍往往能够跨越时代、与当下对接，所以我们选择时会反复斟酌，郑重推出；教师在"荐书理由"中也会挖掘经典中学生最感兴趣或切实需要的问题，如介绍柏拉图《理想国》的推荐语中说："为什么教育要从音乐和讲故事开始？不同年龄阶段的人应该灌输怎样的教育内容？如何建立一个正义的理想国家？作者给我们的回答，历久如新。"介绍费孝通《乡土中国》的推荐语写道："中国人民大学前校长陈雨露教授在中国知名大学校长推荐书单上推荐了《乡土中国》一书，他认为在当今'大众创业、万众创新'的年代，阅读这本讲述中国乡土社会传统文化和社会治理结构的代表作，一定会给今天的青年人去寻找人生坐标、实现自身价值提供重要的帮助。……书中所提出的'礼治秩序'及其'差序格局'社会管理模式，为历代圣贤所推崇，而在建设社会主义新农村的当代中国是否还有借鉴作用，也很值得同学们深思。"学生点评同样具有现实意义，《平凡的世界》读后在空白处的留言有："平凡人的故事，告诉我们怎样去生活，怎样在苦难中去获得生命的庄严与崇高。""在一个喧嚣浮躁的时代，每一个还拥有梦想并在追梦的人们都该一读再读《平凡的世界》。""懂得了孙少平，就懂得了这个世界残酷的一面。""《平凡的世界》带给我的启示：人生，有苦，有甜，但不能没有味；人生，有成功，有失败，但不能停止拼搏。"《传习录》的留言有："心学让我学会认识本心，不再焦虑，不再忧郁。""阳明先生的'知行合一'告诉我，一念发动即是行，想到就去做，长此以往，自然有廓然大公之感。如果现在需要读书了，需要跑步了，需要完成作业了，我会立即付诸行动，体会一种自律的自由和知行合一的快乐。"荐语和留言对准现实，对准自我，同学们阅读欲就更大。

读书杂忆两则

读上海文学期刊《朝霞》

父亲为我订了一份文学杂志，上海办的《朝霞》。《朝霞》是我少年生活里的另一个世界，我在这里遇到的人和事，几乎都是成人世界里复杂的斗争。但我沉浸其中，乐此不疲。

有一篇小说，我忘了题目。主人公是一个扎羊角辫的女孩。羊角辫，是很有含义的符号：尖尖羊角，略略弯曲，一种战斗的姿态。女孩子扎羊角辫，显得利落、干练，走起路来辫子一颤一颤的，朝气蓬勃。好多性格活泼、敢冲敢打的女红卫兵、女团干、女突击队员都是这种发型。有的前额留一撮刘海，就有了些妩媚气。这种认知，跟时代流行语有关，像"中华儿女多奇志，不爱红装爱武装""妇女能顶半边天""男同志能办到的事情女同志也能办到"等等，妇孺皆知，不知不觉受其影响，女子打扮装束、举手投足，都有阳刚之气。这种认识左右人的审美倾向，使得我在中学阶段就特别钦佩说话干脆利落、行事风风火火的女同学。

小说中的羊角辫女孩骑单车去办事。她学会骑车没多久，车子一扭一扭地行进。一位路人好心对她说："姑娘，小心摔倒！"她回答了一句我认为非常精彩至今还印象深刻的话："大方向不错，倒不了——"我在这句话底下画了横线。凡有精彩句子，我都会做记号。记得小说的这一页还有一幅插图，女孩骑着车，身子有点倾斜，嘴角泛着微微的笑意，充满自信。

父亲问过我这句话的深刻含义。这个回答带有明显的时代特征，"大方向"是指政治方向，具体所指，无非无产阶级方向、社会主义方向或毛主席指引的方向。只要沿着这个方向前进，就不会犯错误。其实，大方向不错，并不等于就不会摔跤。我自己就有体会。初中学骑车，刚学会到大马路练习。转过弯后下一个缓坡，一群小孩子手拉手一字儿排开迎面走来，我手忙脚乱，忘了减速刹车，把龙头一摆，就朝路边沟里滚过去了——大方向并没有错。阅读时没去做逻辑推理，也没有深究的习惯，想当然它就是对的，还对这个女孩一语双关的回答玩味不已。

这类微言大义的语句很多，戏曲、小说里屡见不鲜，我一般会记下来。如"小车不倒只管拉""埋头拉车不抬头看路""莫让巴掌遮住了双眼""冲破乌云见太阳"等等。

我们家所在的生产队上报粮食产量过少，没让县里领导满意，派来了工作组调查。组长是当时的县教育局长，姓雷。我爸是教育局干部，雷局长把队长叫到我家做劝说工作。我旁听。队长坐在小凳子上诉苦。雷局长坐在床边，以平易近人的态度认真倾听，等队长说明情况他开始讲话，讲了很多，但我只记下最精彩的几句。他语速较慢，是我小学初中作文中常写的那种，"语重心长，春风化雨"。他说："不要瞒产！瞒产，就等于瞒住了贫下中农的干劲，瞒住了社会主义的优越性！"我暗自佩服：说得多好啊！这样的思想高度让人仰望。

队长不再说话，感受到了巨大压力。瞒产跟政治挂上了钩，再固执己见，就等于给贫下中农和社会主义抹黑，最后当然是再增报多交。

今天看来，局长娴熟的表达技巧，出自一套固定的话语系统，这个系统里先设定了一个无可置疑的前提，或者说是一个绝对正确的公式，如"大方向""贫下中农的干劲""社会主义优越性"，由于这个前提、公式的崇高，一旦与之相悖，不攻自败。所以，羊角辫和局长的话先天具有了千钧之力，任何质疑和辩解都是苍白无力的。

这是读《朝霞》的体会。《朝霞》订了好几年，我在上面画了很多记号，写了密密麻麻的评语。可惜，现在一本都找不到了。父亲说卖过几次旧书刊，不知是不是卷裹在里面被小贩带走了。里面的故事都淡忘了，只有这个羊角辫女孩的形象，仍旧清晰；那一句掷地有声的回答，不时在耳边回响。

读浩然的《幼苗集》

幼年的阅读中，《幼苗集》给了我美的享受。它存在很多不真实的内容，但也不无益处。在那个阅读极度匮乏的年代，我要感谢浩然。

四十年前，有两个被热捧的作家，一个死去的鲁迅，一个活着的浩然，所以有人戏言"鲁迅走在金光大道上"。《金光大道》是浩然代表作之一。

粉碎"四人帮"后，浩然遭到批判，他的创作也被否定。批判是正常的，一棍子打死有失公允。他的作品和鲁迅自称的一样，都是遵命文学，遵无产阶级革命之命，遵当时社会形势需要之命。只是时移世易，鲁迅的遵命，是一种自觉，是出于作家的使命感和责任感；浩然遵命，比较复杂，主动被动、兼而有之。

他作品中人物所思所想、所作所为有拔高，有贬低，今天看来不完全令人信服。但那时候没有孩子会怀疑书中内容，平时与人争论，相持不下时，一句"书里就这样讲的"，另一方就哑口无言了。印成铅字的就是真理，我们接受了他的作品的引导。

《幼苗集》里十几篇作品，斗争是主线，不是与敌对势力斗，就是与自己阵营中的落后思想斗。斗，反映矛盾、冲突，构成了紧张、复杂、曲折的故事。人都有好斗之心，或看人家斗的兴趣。我曾反思，为什么喜欢你死我活的斗争场面，买的连环画《渔岛之子》《海岛女民兵》，读的小说《高玉宝》《沸腾的群山》都是惊心动魄的斗争故事。意大利哲学家帕累托是这样看的："为生存或幸福而斗争是所有生物的一种普遍现象。我们所知道的关于斗争的一切方面使我们认识斗争是使种族得以存在并改良的最强有力的因素之一。"这个斗争包括对自然与人。毛主席他老人家就说："与天斗，其乐无穷；与地斗，其乐无穷；与人斗，其乐无穷。"而且更侧重与人斗，我们唱的歌"革命要斗，斗争要狠，对资产阶级就是要专政……"，歌声短促、高亢，教人心潮澎湃。就这样，念斗争语录，唱斗争歌曲，再读斗争文学，乐在其中。

集子里斗得最惊险的是《小管家任少正》。

生产队的麦子成熟了，有人偷麦穗，是谁呢？队里在查。支部书记的儿子任少正警惕性高，一天中午，他经过地主婆庄金银家门口。这位阶级斗争的弦绷得紧紧的少年，发现庄金银在晒新麦，为稳妥起见，他找了队长钱二伯一同去查看。本以为拿到了赃证，进院子看，晒在那里的是陈麦，地主婆狡猾，早把新麦换走了。第二次，任少正看到她在剪麦穗，真真切切的，可是喊来大伙去检查篮子时又不见麦子了，地主婆现场还装腔作势哭诉任少正欺负她。她把麦子藏哪儿了？后来队长和大伙一起想出了抓贼的办法，终于当场捉住偷麦子的地主婆。

故事一波三折。看的时候，恨不得一下就戳穿地主婆的诡计，心里急得很，最后人赃俱获，大快人心。以后又看过几遍，对小主人公任少正充满了敬意。

我们的小学课本有一篇课文，就真实记录了四川荣县一个叫刘文学的少年英雄，发现地主偷摘队里的辣椒，前去制止并与之发生搏斗，最后壮烈牺牲。学习课文后，我们到地里做事，会刻意留意出身不好的人，以防他们偷盗。

其实，贫下中农也有小偷小摸行为，吃不饱，生活困窘，就会去占点集体的便宜。比如生产队里扯花生，规定只准吃不准带。扯花生的日子就成了全村的狂欢节，每家大小带水带板凳去地里吃个饱。但生花生吃多了会拉肚子，人们就想办法带些回去煮熟吃。我也会在裤袋里装两把花生绕过关卡，或藏在茶壶里躲过检查。检查人心知肚明，有的查有的不查，看心情。还去扯过队里的草籽回家喂猪，几个伙伴一起，看田野四周无人，疾风骤雨般地猛拔几把，塞进篮子仓皇离去。给队里割草偶尔会投机取巧，割一担草回来称重量，学年长一点的同伴在箩筐底下放些土块，每筐草能重上几斤，多记点工分。农村墙壁上"狠斗私字一闪念"的标语并不起作用。但大家有个共识，拿私人的东西才是不道德的，集体嘛，反正是大家共有的。

文学作品描写偷盗生产队里东西的人基本上是"地、富、反、坏、右"分子，和真实的生活不完全一样。可是，我们没有去思考过这些问题，也不会自我反省，为什么对坏人偷盗集体义愤填膺，自己占集体便宜就理直气壮，毫无愧色。

《幼苗集》虽然主题先行，但作品呈现出来的农村生活的底色，是真实的，充满温情的。撇开精心设计的斗争冲突，上纲上线的评论，还能读到好多亲切的场景：爱美的小姑娘穿着漂亮衣裳挺着胸脯走路的神气样子；一个叫小花的女孩在果树园里念杀虫说明书时遇到生字的窘境；午后阳光酷热，人们在院子里歇憩，蝈蝈一阵一阵叫唤；地里的庄稼和路边的青草飘浮着淡淡的清香……这些是浩然自己的东西，是纯净的，令人愉悦的，今天回想起来，心里还会泛起一层暖意。

补注：两篇旧作，是二十世纪七十年代的阅读体验。一个时代的作品必然打上那个时代的烙印，作家们服从政治需要而虚构的故事，会比较深地影响青少年读者价值观的形成。托克维尔说，有的人的知识结构、文化水平、政治判断力和价值选择，会停留在青少年时期的某一阶段。这话不错，限于某一阶段是狭隘的、残缺的，甚至是错误的。所以人需要不断阅读，不断检视自己，更要具备批判性思维，才能使自己清醒，不被迷惑。

中学生阅读困境与建议

我认为中学生的阅读困境，首先是没有时间。

当前初中、高中的孩子，从周一到周五都被作业安排得满满当当的，周末乃至寒暑假也在上各种培训班、完成学校布置的作业。所以，时间问题是个严峻的问题。

第二个问题是阅读兴趣。其实谁都需要阅读，学生是有兴趣阅读的，但考试的压力太大，阅读的兴趣就会被逐渐磨蚀。另外，我们所说的阅读，不应仅限于阅读文学作品，而是要给学生更广泛的阅读空间，这样才可以让我们的阅读真正流行起来。

第三个问题是价值问题。我们的语文老师常说："你多读书呀，你要培养语文素养呀！"可是"多读书"反映在考试成绩上究竟有多大的用处？现在的语文高考命题虽然已经有所改进，但在当前应试的模式下，大量地刷题对提分的作用更大。当中，一些阅读面很广、阅读量很多的同学，语文可能考得很好，但也有很多考不好的，可能是答题技巧问题，也可能是独立思考而有价值的东西不被认可，等等。相反，在应试的模式下训练语文作业，得分普遍会更高。

如何解决当前中学生的阅读困境？

我想强调一点的是，我们的语文老师要先阅读起来。所以

《南方周末》举办"阅读新火种"活动抓住了根本，给2万名老师赠送报纸让他们带学生读起来。老师先读起来，通过课堂的教学魅力，让学生喜欢读书，利用这有限的时间和空间去读书。

目前，我们没有办法从大的方面提出改变中学生学习状态的措施，我们只能做好自己的事情，所以我提出三个建议：选择自由、理解自由、作业自由。

首先，选择自由。正如刚才叶兆言先生所说，让学生自己去读吧，不要有太多的限制。我们可以向学生推荐书目，学生自己也能够随时抓住阅读热点。比如好些年前我们有些学生开始读《追风筝的人》，读《一个人的朝圣》，读村上春树，也读《麦田的守望者》，这样就可以带动一批学生读起来。如果是这样，那就让他们去读吧！

其次，阅读不限于文学作品。像这个书单：《论语译注》、《孟子译注》（以上杨伯峻译注）、《论语今读》（李泽厚）、《墨子》、《理想国》（柏拉图）、《形而上学》（亚里士多德）、《政府论》（洛克）、《论法的精神》（孟德斯鸠）、《社会契约论》（卢梭）、《培根随笔》（培根）、《苏菲的世界》（乔斯坦贾德）、《圣经》、《坛经》、《人类的故事》（房龙）、《乡土中国》（费孝通）、《全球通史》（斯塔夫里阿诺斯）、《宗教艺术论》（蒋述卓）、《美的历程》（李泽厚）、《沉默的大多数》（王小波）、《万历十五年》（黄仁宇）、《大时代中的知识人》（许纪霖）、《叫魂》（孔飞力）、《古代简史》、《未来简史》、《今日简史》（赫拉利）、《走出思维的误区》（布朗、基利）、《万万没想到》（万维钢）、《自由在高处》（熊培云）、《扫起落叶好过冬》（林达）、《巨婴国》（武志红）等。

在介绍文学作品的同时也介绍一些社科方面的著作，有中国古代的、现当代的，还有外国的。如书单里有《圣经》，但并不是说读了《圣经》就会去信基督教。当今社会，在我们的生活当中无时无刻不在接触西方文明，而西方文明很重要的文化是基督教文化。假如不让学生去读一读，我们无法进入到它的话语体系里，不能更好地理解西方文明，当然也不能更好地建设我们的国家。再比如，这里也介绍了《坛经》，中国文化深受禅宗的影响，若我们不读《坛经》，不了解禅宗文化，便无法理解中国文化的深刻性和生动性。

一所学校里面总是会有一批孩子特立独行，读自己的选择。我们有大众的选择，也要让一部分学生选择他们的书单。我们要培养不同层次的人才，我们需要不同层次的阅读，我们需要不同种类的阅读，这是我们应该要考虑的方向。

第二，理解自由。一部作品放出来之后，每个人的理解是不尽相同的，如果我们经常为学生设标准答案，那学生的阅读兴趣是激发不起来的。我们要给他们自由理解的空间，无论学生如何理解，我们都应该以老师的身份去加以肯定，不设立场，也不问是非，只要学生有个人的想法。有想法，才有讨论的空间，才有教育的意义。

对中学生中借阅量很大的书籍《老人与海》，传统的主题认知无非是人在困境中，应该展示出顽强拼搏、绝不认输的硬汉精神，即原著所述：可以被打倒，不能被打败。但学生会有更加丰富的理解，而且这些理解是非常好的。比如从这里读出孤独的力量，书中的老人在茫茫大海间驾着一叶小舟，83天能坚持与鲨鱼进行顽强的搏斗，正是在渺茫的孤寂环境中激发出他个人的巨大潜能——所以孤独让人的生命变得丰富而壮丽。我们学生从这部分作品当中去接受孤独，感受孤独，利用孤独，不好吗？

我们也可以从老人的搏斗过程和结果去理解其主题：他拖回来的大马林鱼就是一副鱼骨，从物质上讲他无所收获，但当他回来后岸上的人们给了他热烈的欢迎。为什么？因为他的奋斗，就像鸟过无痕，但已经飞过，足够了。我们每个人在这个社会上不可能都很成功，甚至不成功，但奋斗过就满足了，奋斗本身是一种功业。因此看到《老人与海》最后那个老人和小孩背影的时候，觉得那个场景十分温馨，让人十分感动。这才是生活。

所以中学老师要有这样的胸怀，我们的考试命题者也要有这样开放包容的意识。

第三，作业自由。现在谈到阅读，就必然跟作业联系在一起，于是把学生给吓退了。其实，你要求学生写读后感，他可以只写眉批，可以写自己支离的议论——如果不写也没关系。"不求甚解"又怎么样？"每有会意，欣然忘食"就够了。

我读小学时处于"文革"十年时期，那时候我们读《新来的小石柱》《闪闪的红星》《红旗谱》，也有浩然的代表作《金光大道》《艳阳天》。尽管主题先行，人物塑造的时代色彩过重，但我在阅读这些书的时候也留下很多非常温暖的回忆。例如，我从《红旗谱》里面感受到那几个年轻人的美好爱情，我从浩然的那本儿童文学集《幼苗集》里面感受到了童年在农村的快乐。今天，某些片段依然存留在个人的精神家园里，没有文字的读后感，但那一份美好还在。

最后强调一点，我们要培育学生在阅读中学会思考的能力。

有一些人读了书，甚至读了很多书。但我们是否发现那部分读了很多书的人，思想却是那么褊狭、固执、保守，满脑子标准答案。所以，我们要鼓励学生学会思考，而我们现在缺乏这样的培养理念。

明代的画家董其昌说过：读万卷书，行万里路。我以为还要加上一句话：问十万个为什么。这才是真正的阅读，这才能让我们的阅读充满力量和智慧。

　　补注：以上是2021年4月下旬在《南方周末》"阅读新火种"公益行动启动仪式上演讲主要内容的实录。

汉文字的韵味

——语文课外活动的发言

今天我从一个特别的角度说说语文的趣味，认识汉语的文字之美。

2010年浙江高考语文试题出过这样一道语用题：

余光中先生说：一个方块字是一个天地，美丽的中文不老。许多汉字自身的构成就能诠释含义、激发联想。请仿照示例拆拼"尘""舒"两个汉字，并用富有文采的语言描述它。要求是：至少运用一种修辞方法。

【例1】墨：打底滋养出一个黑色的精灵，在古朴的宣纸上翩翩起舞。

【例2】鸿：江边盘旋的那只孤独的鸟啊，每一声哀鸣都在诉说游子的心曲。

汉字多有意思！汉语中析字、测字、字谜等游戏，恐怕是其他语言文字里极少见的。举两三个例子。

网上流传这样的对话："掰对分说，咋的，当官有架子了，小手还背上了呢？/口对回说，亲爱的，都怀孕这么长时间了，咋不说一声呢？/丑对妞说，好好和她过吧，咱这模样的，找个女人可不容易呀。/臣对巨说：和你一样的面积，我却有三室两厅啊。/办对为说：平衡才是硬道理！/由对甲说：这样练一指禅挺累的吧？/又对又说：什么时候整的容啊？脸上那颗痣呢？"多好玩的汉字。

传说永乐年间有人去测一"帛"字，测字先生断言此人家有丧事，问之，"帛"乃"白巾"，是戴孝的意思；时逢朱棣微服出游，也测一"帛"字，测字先生见字便拜，问何故？答曰："'帛'乃'皇'字头，'帝'字脚，阁下一定是天子无疑了。"故事真假不好说，但对汉字这番解释，既神秘又有趣。

两宋之交时有一位叫谢石的测字高手应召入宫，宋高宗书一"春"字命测，谢石见所写的字上大下小，便说："秦头太重，压日无光。"时秦桧当权，闻此衔恨于石。不久，找了一个借口把谢石发配岭南。去岭南途中，谢石看到一个依山而立的人手持测字招牌，便想一生为人测字，何不也请人给自己测测，就写下自己的"谢"姓求测，那人说："看来你也是个相人。"问其故，解释说："'谢'字拆开，不就是寸言中立身吗？"谢石又以"石"字求测，曰："石逢卒则碎，与你同行乃官府士卒，不是好事。"又问士卒的姓，回答姓皮，则惨然道："石逢皮为破，你此去不返也。"谢石也心知凶多吉少，厄运难逃，但遇此奇人，也觉快意，也想让这人写个字让他来测一测。不料这人道："我在此，即是字，何须写？"谢石一看，这人立在山旁，心中一颤，说："人立山旁乃仙字，你是仙人不是？"那人笑而不答，转瞬即逝。

汉字之奇妙，留下多少故事为后人津津乐道。

由字而句，同样耐人寻味。古往今来的名篇佳作浩若繁星，随便拣几篇沉潜其中，细加玩索，"三月不知肉味"。

看老子的文字："天下皆知美之为美，斯恶矣；皆知善之为善，斯不善矣。故有无相生，难易相成，长短相形，高下相倾，音声相和，前后相随。"长句悠扬，短句铿锵，前后对称，抑扬有致。这样的语言是美丽的，声悦耳，形悦目，意悦心，仿佛色香味俱全的菜肴，令人回味无穷。

苏轼《前赤壁赋》："清风徐来，水波不兴。举酒属客，诵明月之诗，歌窈窕之章。少焉，月出于东山之上，徘徊于斗牛之间。白露横江，水光接天。纵一苇之所如，凌万顷之茫然。"

读这些词句，想象平静的江面，风轻舟缓，作者和朋友饮酒诵诗，望明月天边，辉映万顷，似神仙一样的惬意与自在。这个时候能体会刘勰"吟咏之间，吐纳珠玉之声；眉睫之前，卷舒风云之色"的意趣了。

作家李敖喜欢自夸，但他有自夸的资本。他在电视节目中介绍自己写卢沟桥的一篇抗日纪念文章，有这样的文字："如今，中国先一代的爱国者，人已苍老、人已死去，但他们的努力、追求、寻找，他们的永不退却、不屈服，却是我们的碑记。我们怀念他们，向永定河水，向卢沟桥狮，向千千万万为战争、和平而牺牲的死魂灵，一同赞美与涕泪——中国的爱国者永生，由于他们，中国不再屈辱，中国使东方有了落日。"汉语语言在这里蓄满了感情，充满了力量，宛然一股浩然之气充塞天地，末句尤其震撼人心。日本发动侵华战争，太阳旗飘扬大半个中国，凛凛然不可一世。由于先一代爱国者的浴血奋战，这面太阳旗终于落下，日本天皇宣告无条件投降。这些文字能够刻入人的骨髓里去。

再看一件李敖有趣的事，诗人余光中有一首题为《无论》的诗是这样写的：

　　无论左转或右弯/无论东奔或西走/无论倦步多珊珊/或是前途多漫漫/总有一天要回头/回到熟悉的家门口/无论海洋有多阔/无论故乡有多远/纵然把世界绕一圈/总有一天要回到/路的起点与终点/纵然是破鞋也停靠在那扇，童年的门前。

　　这首诗直抒胸臆，耐人寻味，但在作者众多的诗篇中则不见得突出，结果被李敖逮住后恶评："你余光中写的是什么中文嘛……这什么鬼话嘛，不押韵嘛。"李敖便将余诗改成一韵到底：

　　无论东奔西走/无论右弯左转/无论前途多漫漫/无论脚步多缓/总有一天要回看/回看那熟悉的门板/我家乡那个门板/无论沧海多阔/无论归程多远/无论世界给走遍/也要回归起点/无论鞋怎么破/也要拖向那童年的门槛。

　　余光中是我喜欢的诗人，用这个例子不是对他不尊敬，是想说明汉语表达的不同韵味。
　　刘亮程的散文《寒风吹彻》有这样几段：

　　那个冬天要是稍短些，家里的火炉要是稍旺些，我要是稍把这条腿当回事些，或许我能暖和过来。可是现在不行了。隔着多少个季节，今夜的我，围抱火炉，再也暖不热那个遥远冬天的我；那个在上学路上不慎掉进冰窟窿，浑身是冰往回跑的我；那个踩着冻僵的双脚，捂着耳朵在一扇门外焦急等待的我……我再不能把他们唤回到这个温暖的火炉旁。我准备了许多柴火，是准备给这个冬天的。我才三十岁，肯定能走过冬天。

……

姑妈死在几年后的一个冬天，我回家过年，记得是大年初四，我陪着母亲沿一条即将解冻的马路往回走。母亲在那段路上告诉我姑妈去世的事。她说："你姑妈死掉了。"

母亲说得那么干涩，像在说一件跟死亡无关的事情。

这段文字是要低声诵读、咀嚼涵咏的。第一部分，那个冬天"我"冻坏一条腿，开始连用三个假设指向"或许我能暖和过来"，悔与痛一层一层递增，希望似乎也在递增，而后一转，"可是现在不行了"，顷刻陷入绝望，接下去也是三个排比，叠声慨叹，"今夜的我"再也暖不回"那个遥远冬天的我"。一首沉痛的诗，在字里行间回荡，哀婉久绝。

第二部分，母亲告诉我姑妈去世的消息，六个字"你姑妈死掉了"，另起一行，有一句补充说明。作者写这句话时心情一定是沉重的，不是母亲寡情，是这个冬天无情，是穷困的处境无情，是春风不度世情悲凉的无情；外在的无情能冷却内心的温度，麻木原本丰富的神经。这个季节这个地方死人是见惯不惊的事，即使是亲人。母亲的语调"干涩"，是天气干涩，也是心的干涩，没有波澜了，即使有，也已经干涸了，剩一层涩味，是充满绝望而顺从的无奈。这样的文字感染力极强，震荡人的心灵，唤起人对生命深沉的思考。

最后要提醒同学们，汉语需要诵读，读并且思考，才更能领会个中三昧。

阅读体会撷拾

关于读书的方法

徐复观先生区别朱熹和陆九渊的读书之法："大抵朱元晦读书。好像病人吃药，吃得进固要吃，吃不进也得吃。象山读书，好似养生家吃饭，能消化便吃，不能消化便不吃。"我以为两种方法皆可取。朱子说"读书须立下硬寨，誓以必晓畅为期""只是勤苦捱将去，不解得不成"；象山则说"未晓不妨权放过"，不过他又说"学者读书，先于易晓处沉涵熟复，切己致思，则他难晓者，涣然冰释矣。若先看难晓处，终不能达"。读书为立身处世，需要必备的学问，高考也会考，即使难也要"勤苦捱将去"；然读书也有娱心悦目的目的，尤其课外书不妨快读、跳读、选读，依兴趣展开，自有收获。

读先生《睡的人醒了》旁批

百年前，执信先生说国人怕惯了人，忽然听人说"睡狮醒了"，有人怕他，就高兴坏了。今有不少国人照样喜欢听别国被"吓尿了"的新闻，以至于稍微说下自己国家的不是便气坏了，

"卖国贼""滚出中国去"的叫骂就此起彼伏了。执信先生说不要做狮子，要做人，不要使人怕，而要使人爱。摆脱仇恨，回归人性，这是胸怀与境界，是慈悲与善良，是穿越百年的理性的回声，是人类应有的共同的价值取向，至今依然振聋发聩。在以"执信"为名的学校，更须引导学生阅读先生，知先生大爱并勠力践行。

历史教训的教训

选修二读《越王勾践世家》，勾践与夫差的较量值得玩味。朝廷的谏言被阻断，吴国内部"导谀者众矣"（阿谀奉承的人多了），夫差踌躇满志，要做盟国领袖。此时范蠡还是劝勾践按兵不动，待夫差率精锐部队趾高气扬北会诸侯而国内空虚时，发兵击之，把他的太子也给杀了。昨天又读到楚怀王被蒙蔽的故事，忽然觉得历史也不值得玩味，因为它只是拾上一段历史的牙慧罢了。故黑格尔说："人类从历史中获得的最大教训，就是人类从不会从历史中获得教训。"

如之奈何？

读《围城》的收获

推荐书目《围城》里有句话："从前愚民政策是不许人民受教育，现代愚民政策是只许人民受某一种教育，不受教育的人，因为不识字，上人的当，受教育的人，因为识了字，上印刷品的当，像你们的报纸宣传品、训练干部讲义之类。"所以，要思考我们需要什么样的教育，好的教育不是告诉你对不对，是允许你自己去思考对不对。

读萧红，是享受

我们每学期都会有书目给学生，萧红的《呼兰河畔》正在其中。萧红的文字特别有吸引力，它就是个白面馒头，绝不可以狼吞虎咽，咬一小口，慢嚼，齿颊处香甜萦回，就够了。不像读别的小说，急于知道结果，读萧红，不必如此，读一段是一段，这一段就知足了，下次再读，再享受。和每天吃饭一样。

文学价值超越年龄与时代

日本创立颁给60岁以上写作者的"晚成文学奖"，《中华读书报》记者认为这是文学的泡沫，是文学卡拉OK化。我以为大谬，文学并非少数人的专利，亦非年轻力壮者的体育项目。恰恰相反，当男女老少都热衷于文学艺术的时候，这个国家人们的生活就上升了一个层次。人工智能时代，机器将替代人类绝大多数脑力劳动和体力劳动，届时，体育、宗教、文学艺术便可能是我们生活的全部了。

《孔雀东南飞》悲剧补源

《孔雀东南飞》悲剧根源探析，直指封建家长制，焦家母亲强令儿子另娶，刘家兄长迫使妹妹再嫁，直接造成两人赴死。焦刘二人不从家长之命，以死抗争，其情感人。然此结果，亦与二人性格有关，其性格又与家庭有关，焦刘两家父亲角色缺位，一个母亲强势，一个兄长霸道，使仲卿与兰芝的性格既叛逆，又脆弱，既想摆脱束缚，又深感自卑，轻易失去信心，陷入悲观主义情绪。故此，他们不会像富贵人家的掌上明珠卓文君和豁达大度、才华过人的司马相如私奔异乡，而选择了自尽。悲哉！

古人怀才不遇者多

讲《离骚》，联系读过的唐宋时期文人诗作，问历史上中国文人怀才不遇者多，根源何在？比较一致的意见是朝廷昏庸，官员腐败，正直廉洁有才之士得不到任用。一男生从官员数量和社会人口的比例上分析，认为古代官员数量极少，而文化人多，比如唐宋两朝官民比例分别为1：2927和1：1500，往后比例增高，清朝为1：911；再加上过去读书人出路窄，"学好文武艺，货与帝王家"，只此一途，别无栖止。言之有理。

《春江花月夜》的联想

读张若虚的《春江花月夜》，中有两句"不知江月待何人，但见长江送流水"，此未必没有对未来人类存亡的担忧，不是物是人非，而是物是人空。地球气温全面上升，或许"但见长江送流水"不复存焉，而是毛泽东词所云"一片汪洋都不见，知向谁边"。故今人马斯克投资火星移民计划，目前全球报名前往火星有八万余人，来自中国报名者不下一万人，若嫦娥、屈原生在今世，财力允许，亦当在其中。

唐代典型性诗人高适

课上讲习题，说到高适《送李侍御赴安西》"虏障燕支北，秦城太白东"两句，给同学们看了唐朝地图（唐高宗龙朔年间），安东、安西、安南、安北四大都护府辖区直达当年的高丽及相当于今天越南、中亚诸国、蒙古和俄罗斯部分地区，故特别能体会"功名万里外，心事一杯中""离魂莫惆怅，看取宝刀雄"的心境。同学们感慨，唐代版图如此巨大，怪不得唐朝人都那么胸襟远大，意气风发。我说："你们小时候背《别董大》，以为诗人只是安抚朋友，实则夫子自道，道自家雄心。"

附高适《别董大·其一》：千里黄云白日曛，北风吹雁雪纷纷。莫愁前路无知己，天下谁人不识君？

《十二怒汉》的教育意义

开学第一天，给学生看了《十二怒汉》，对比张玉环案，给我们很多的思考。学生讨论后认识到，如果没有认真和执着，如果没有理性和良知，如果没有正当程序和监督，每个人都会心怀恐惧，无有宁日。每一个公民被尊重，被平等公正对待，这个国家才会真正强大。暑假作业中我们有观看电影的作业，《放牛班的春天》《肖申克的救赎》《美丽人生》《阿甘正传》《芙蓉镇》《霸王别姬》《我不是药神》等等。由此，又有一想法，要读的书太多，读不过来，可以选择看些名著改编的电影。

圣贤难免有过，知过是智，改过是德

宋明儒者使劲捧周公、孔子，将其形塑为英明崇高毫无瑕疵的圣者，人家自己倒不这样看，孔子学生子贡就说了，"君子之过也，如日月之食焉；过也，人皆见之；更也，人皆仰之"。日月尚有蚀，况于人乎？有错不改才会坏事，甚至坏大事。另一个学生子张又说了，"小人之过也必文"。小人就会想方设法掩饰自己的错误，祸必甚焉。孔子的十世孙孔安国做了解释："不欲改过，故于人之责之也。则为文饰之言以自解说，若为无过者然。"那些不改过的人，面对他人的责难不仅置之不理，还会强辩为善举、良策、明见。曰：不知过者愚，不改过者贼。宜乎后人之以为鉴！

杜甫的《秋雨三叹之三》

长安布衣谁比数？反锁衡门守环堵。老夫不出长蓬蒿，稚子无忧走风雨。

雨声飕飕催早寒，胡雁翅湿高飞难。秋来未曾见白日，泥污厚土何时干？

抄杜诗，巧见《秋雨三叹》，与当下疫情下活动受限的情境有几分像。诗作于天宝十三载，诗人自称一介布衣，叹无人与之往来，门外都长出蓬蒿来了。他把自己反锁陋室，感慨天气早寒，自己仕进不顺。当时长安下了六十多天的雨，《资治通鉴》记："天宝十三载八月，上（唐玄宗）忧雨伤稼，杨国忠取禾之善者献之，曰：雨虽多，不害稼也。上以为然。扶风太守房琯，言所部灾情，国忠使御史推（推掉）之。是岁，天下无敢言灾者。"杜甫在"二叹"中有"禾头生耳黍穗黑，农夫田妇无消息"的叹息，故在"三叹"中有"雨声飕飕"句。诗的最后期待天晴，问何时土干，这正好说中了此时人们盼望疫情快点结束的心思。在全诗低沉的氛围中更有一抹生动鲜明的亮色，诗人的小儿子在风雨中无忧无虑，勇敢前行。孩子们总是充满勇气，暖人心窝，给人希望。

皇帝不能重用海瑞

原布置学生读《万历十五年》，现在的高二应该可以读了。海瑞这样坦荡刚直的官员罕见，但再多的海瑞也不可能遏制官僚集团的利益索求，连张居正都觉得如海瑞之躁进执拗并不利于稳定平衡和管控。怎样的官场环境才能容下海瑞？这里的奥秘作者有所揭示，海瑞当然不能跨越时代，现代人如果不能从中得到启发，则难有进步。最近执信罗燕媚老师在做"读原著识历史"的教学尝试，让学生沉浸于历史现场，感同身受，这样的历史教学更有生命力。

后人哀之而不鉴之

讲完贾谊，突然想起来教材中史论不少，《过秦论》《阿房宫赋》《伶官传序》《六国论》等，还有选读本的文章，教训不可谓不多，但都如杜牧说的"后人哀之而不鉴之"。黑格尔说的"历史最大的教训就人们从不吸取教训"这句话，原来是抄小杜的。有论知而不鉴，此其一。史论大多讲前朝帝王不仁，横征暴敛，严刑峻法，皇帝家族和官僚们贪污腐败，荒淫无耻，其实这都是现象，从未触及本质。有论破而不立，此其二。限于时代，囿于传统，也只能如此，可当郭嵩焘出使英国回来，告诉朝廷"立"的办法，却反被诬为国贼。郭嵩焘还是清醒的，他自评：流传百代千龄后，定识人间有此人。

忠者不忠，贤者不贤

讲《屈原列传》自然要谈到"忠"。什么是忠？《说文解字》曰："忠，敬也，尽心曰忠"。尽心，竭尽心思使之向好。再从字形看，中在心上，不偏不倚，诚实正直之谓也。司马迁在《屈原列传》中忍不住站出来批评楚怀王的朝堂："其所谓忠者不忠，而所谓贤者不贤也。"怀王以为的忠者，是上官大夫、靳尚、子兰之类，献媚争宠，争权夺利，以国君之非为是，还要大力执行错误决定，最终毁了楚国。真正的忠者是批评者，屈原便是，"余固知謇謇之为患兮，忍而不能舍也"。他知道直谏招祸，但也不放弃；而这样有远见的耿介之士却不为所用，反被流放。多少人读《离骚》，读《屈原列传》，然知而行之者，寥寥无几。

教材别解

孔子"与点"的原因

孔子这样一个主动挽救世道人心的社会活动家，怎么会给曾皙逍遥自在的理想点赞？这是很多同学的疑惑。

《子路曾皙冉有公西华侍坐》记载，在孔子要求下，子路、冉有、公西华各自说出了志向，曾皙一旁鼓瑟，似乎不太上心，等老师提醒，才停止弹奏，且有所迟疑，怕自己说的"异乎三子者之撰"，不符合孔门弟子认同的主流价值，幸有孔子这样的教育家给他鼓励，他说出了下面这段话：

> 莫春者，春服既成，冠者五六人，童子六七人，浴乎沂，风乎舞雩，咏而归。

前面三位说完，孔子不置一词，独对曾皙的回答长叹一口气，大赞"吾与点也"。

孔子为什么大赞曾皙，一说曾皙描述的融入自然、享受自由的快乐生活，展现了孔子所期待的太平盛世的场景，是孔子礼治的政治理想。这样解释能圆其说，但在情理上说不通。前三子所言"知方""足民""宗庙之事"，都是实现孔子终极目标的必由之路，孔子为什么不当面肯定，背后应曾皙之请才加以说明？

难道说出结果就比谈论手段好？倘如此，孔子也不会背后对三子大加肯定。他老人家只是嫌子路"其言不让"，对后两位的评价则连用几个反问句，颇为不平地为他们的才华和理想背书；何况孔子说的"吾与点也"，特意说出"吾"字，强调私意所向，有排他性。显然这应该是指当时的个人生命形式的选择，不是政治理想，否则就自相矛盾了。

一说孔子周游列国，推行其学说不遂，心灰意冷，便有了退隐之意，契合他"道不行，乘桴浮于海"的主张。此说有一定道理，却片面了，与后面老人家生气地为三子辩解的态度相悖，也不符合孔子坚毅好勇的品性。我以为，他在《公冶长篇》说他的主张行不通就坐木排到海上漂流的话，是气话，也是为了教育子路，特意说"从我者其由与"。子路姓仲名由，这话的意思是敢跟随我漂浮于海的，恐怕只有仲由了。坐木筏子到海上浮沉是有生命危险的，需要勇气，所以孔子觉得敢跟他去冒险的大概是子路，子路"闻之喜"，孔子就马上批评他，"由也好勇过我，无所取材"。"无所取材"，李泽厚先生解释是子路"不知道如何剪裁自己"，就是说缺乏自我约束的能力，言下之意太冲动了。可见老夫子当时是气不顺，顺便教育一下子路。

我们来看这次侍坐发生在什么时候。从《史记》的记载我们得知公西赤小孔子四十二岁，而要说出"如会同，端章甫，愿为小相焉"这样定位明确的理想，年纪不可能太小，已入弱冠之年的可能性大，由此可以推知"侍坐"当在孔子65岁左右。孔子55岁去鲁适卫，开始了14年访问诸侯列国的活动直至68岁回鲁国，这期间碰了很多钉子，发现自己的愿望难以实现，心态变了，问诸弟子："吾道非邪？吾何为于此？"颜回说："夫道既已大修而不用，是有国者之丑也。不容何病，不容然后见君子！"虽然颜回的话给了老师无比欣慰，但不容于世的事实难以改变。尽管如此，此后孔子面对楚国隐士接舆的冷嘲热讽，还是鼓励弟子们："鸟兽不可与同群，吾非斯人之徒与而谁与？天下有道，丘不与易也。"正是天下无道，孔子才挺身而出，救百姓于水火。尽管个人不遇，但还是寄希望于弟子们。这个心态就是侍坐中的心态，所以他不当面夸奖，知道行之不易；背后大赞，庆幸吾道不孤。

再看孔子的人生观。孔子有两个大的喜好，一是喜唱歌，而且天天唱，除非有特殊情况，弟子记录"子于是日哭，则不歌"（《论语·述而》）；二是好闲适的日子，"子之燕居，申申如也，夭夭如也"（《论语·述而》）。依此可以看出孔子骨子里的浪漫和悠然，这也是他说"饭蔬食饮水，曲肱而枕之，乐亦在其中矣"的原因，只是他有强大的社会责任感和使命感，要做天下的木铎，奔走呐喊。但是劳而乏功，便要调整心态，如他对颜渊说的"用之则行，舍之则藏"，这个"藏"不同于桀溺他们躲得远远的，而是暂时潜隐，收起来，有机会还可以展开去。孔子在68岁回鲁后还是发挥了余热，只是当时的人终究不会接受他的思想。

孔子"与点"除了际遇、人生观的因素，还有一个原因，跟他年龄有关。前面说侍坐之事发生时孔子65岁左右。孔子说过"三十而立，四十而不惑，五十而知天命，六十而耳顺，七十而从心所欲不逾矩"，立、不惑的阶段，做事效率高，头脑清醒；到知天命之年，知道上天赋予自己的使命，这个天命是指推行仁政、挽救世道人心的大事业，这是六十岁前；六十岁后，遭遇太多挫折，精力不比从前，从耳顺到从心所欲，处于舒缓、自在的生命状态，需要方式的转换了，这时选择"与点"是自然的结果，只是想的和做的没有完全一样，此后，还删《诗》《书》，定《礼》《乐》，修《春秋》，专心从事文献整理，继续聚徒授业。但毕竟不在朝堂，会有更多自由支配的时间，"冠者五六人，童子六七人，浴乎沂，风乎舞雩，咏而归"，就是可以实现的愿望。所以在周游列国后期的这次侍坐，孔子吐露了心迹，想回归到生命的另一种状态。这也是人生的目的之一，由此知孔子不仅可敬，亦可爱。

司马迁和夏四奶奶的耻辱感

　　《报任安书》应该是中国书信史上最有名的一封书信，刘勰称它"千古压卷之作"。每回阅读，都感叹不已，为司马迁说理陈事的详密和气势，为他朝中处境的艰难和无奈，为他对朋友的坦诚和初衷不改的忠直，为他隐忍于痛不欲生之际依然执着于未竟之业的意志；当然，还为他郁结于心不能释然的一种情绪。这种情绪就是司马迁的耻辱感。

　　对这种耻辱心理我们深为同情，设身处地，感同身受。但有一点困惑，司马迁之于受辱一事反应真的强烈，以至扭曲了自己的心态，"居则忽忽若有所亡，出则不知其所往"。

　　被处以腐刑，"大质已亏缺"，身为男子，辱似乎莫逾于此。这种结果，是最高统治者的残暴、变态所致。李陵战败而降，你为他辩护，以后谁还会死命效忠朝廷，大汉威严岂不扫地？当治重罪！司马迁了解李陵其人，在转战歼敌屡建殊勋的最后，救援不至，寡不敌众，降乃权宜之计。司马迁之辩，既为李陵，也为免除人们对朝廷调兵不当的指责。忠臣是信任和理解之下造就出来的，反之，为渊驱鱼，变忠为逆，不是自作自受？事实上，李陵最后放弃归汉之想就是朝廷不留情面杀害他的母亲并全家人后的结果。所以司马迁在满朝文武不敢发声甚至附和皇上的时候，犯颜直谏，希望保存忠良种子，维护国家正大光明的形象。但统治者少有这样的自省，帝国形象在他们的眼里耳里总是"百兽率舞，凤凰来仪"，不会到民间去做货真价实的民调。这位武帝自恃开疆拓土，壮大了祖业，性格乖张暴戾，晚年尤甚，他偏要羞辱这位太史公，逻辑是：投降，就是懦弱，就不算男人；为投降者乞请，也不是男人，我就处你腐刑！他嘲弄一个勇敢的男人，用他的权力和地位。东汉学者卫宏在《汉旧仪注》补充了一条理由："司马迁作《景帝本纪》，极言其短及武帝过。武帝怒而削去之。后坐举李陵，陵降匈奴，故下迁蚕室。"汉武帝的肚量确实不怎么样。

在至高的权力位置上专制惯了的人，一有逆耳之言就会触发他的雷霆之怒。武帝在位五十四年更换了十三任丞相，多数不是被杀就是被迫自杀，有的还被灭族。所以，对司马迁处以腐刑不足为怪。这种刑罚对一个受儒家文化影响至深的人来说，耻辱感尤为强烈。儒家宣扬"身体发肤，受之父母，不敢有伤"，否则是对父辈祖辈不敬不孝，何况还有"不孝有三无后为大"的律条在前。司马迁有点想不开！

在论战中，以个人的权力与地位压制对手的意见，是无赖行为。如果再向对手施以肉体折磨，除示其残暴之外，还宣告了自己辩论的失败。权力不应该用来决定是非，但在权力至上的帝国时代却被大多数人无奈默认了，接受了。司马迁不可能完全摆脱这样的认识，即便个人能够摆脱，但是摆脱不了整个官僚机构和整个世俗社会的价值取向。试想，司马迁若是在攻城野战中受伤造成"去势"的结果，他大概不会有这种羞愧感，或不会有这么大反应。在他看来，尽管都是尽臣子之责，来自战场的创伤是一种荣誉，而来自皇上的处罚就代表了是非判断的结果，且昭告了天下，洵属羞辱。面对武帝羞辱性的惩罚，司马迁原应该面无惭色，理直气壮。男儿身去了，充塞天地之间的浩然之气却更加充沛了。他没这样想，还是感慨"行莫丑于辱先，诟莫大于宫刑"。

有了这种自觉不自觉地把皇权当"天理公理"的社会意识，做起事来就会思前想后，谨小慎微。

朋友任安希望他能够"推贤进士"，而他自我贬抑，变得保守起来，拒绝朋友请托。自己被迫成了"刑余之人"，就跟宦竖同列了，也就低了人一等，这是世俗的认知，司马迁陷入了这种偏见，进而认为自己不配荐举天下豪俊；还认为他是赖先人绪业，得以继续在朝廷任职，现在一事无成，真成了"于国于家无望"的多余人了。躯已残，功未立，如何好意思"仰首伸眉，论列是非"，那不是对朝廷和世间君子的轻视和羞辱吗？司马迁自视如此，实属无奈，这也是他无法超越时代、无法对抗强大的文化压力的结果。

司马迁的悲剧是专制主义的悲剧，传统文化糟粕的悲剧。但我们还是钦佩这个英雄，他是"士不可不弘毅"的典型代表，隐忍苟活，从神情恍惚、痛苦抑郁中摆脱出来，完成《史记》的写作。

从司马迁的羞愧，我想起鲁迅小说《药》里面夏四奶奶的羞愧。

夏四奶奶给她儿子夏瑜上坟时，"忽然见华大妈坐在地上看他，便有些踌躇，惨白的脸上，现出些羞愧的颜色；但终于硬着头皮，走到左边的一座坟前，放下了篮子"。她脸上现出了愧色，是愧他的儿子被衙门砍了头。衙门的权力行为总是正确的，与其作对，就是罪恶。夏四奶奶不知道儿子是革命者，是要推翻晚清帝制政权的。就算知道，她也不明白这里面的道理。所以，她羞愧了。在皇权神圣的传统认识底下，绝大多数人都是思想的弱者。小说里二十多岁的人、红眼睛阿义、壁角的驼背、花白胡子都对夏瑜义愤填膺，他们代表了大多数人的认知和情绪。

这是从个人到社会的悲剧。几千年来，这种文化心理左右着人的心理和行为反应，加深了悲剧的色彩。

司马迁和夏四奶奶感受到了这种耻辱，并且想要摆脱。不同的是，司马迁著《史记》"偿前辱之责"，夏四奶奶看到儿子尖圆的坟顶围着一圈红白的花，她说："瑜儿，他们都冤枉了你，你还是忘不了，伤心不过，今天特意显点灵，要我知道么？"老人不相信儿子会犯罪，所以她有了这种心理上的自我暗示，儿子是冤枉的，以此减轻愧色。

汉武帝遂其所愿，泄了恨，耍了威风，让太史公难堪了；但他又失败了，从某种意义上说，这次事件更坚定了作者秉笔直书、不讳言功过的原则，以及要证明自己问心无愧最终没有被击垮的志气，使《史记》变得更加成功。而夏四奶奶的自救只有寄望于神灵，可是，中国的神灵是游医，病人对此半信半疑。

我想过，要学生以任安的身份给司马迁写封回信，看来，是不合适的。任安是史公的朋友，同处那个时代，他理解受宫刑的司马迁，能说些什么？何况他是即将要被处以腰斩的"罪人"，恐怕会唉声叹气一番，必不敢流露对今上的不满。读罢朋友的复信，任安一定会泪流满面。也许，学生该以自己的身份写封信给史公更加合适。

《项羽之死》的三个疑惑

项羽何以"愿为诸君快战"

项羽困于垓下，东奔西突，剩二十八骑，无力回天了。但他还是说了几句很霸气的话："今日固决死，愿为诸君快战，必三胜之，为诸君溃围。"

对"快战"一说，有人认为他不负责任，逞匹夫之勇。这个说法武断了。

"快战"是痛快地打一仗，不再是"决战"，因为无关胜负了。项羽自封霸王，有睥睨天下之气概，这个时候要去面对失败，大有不甘之心，不服之气。刘邦这小子，算啥呢？鸿门宴上不听范增杀之的意见，是他并没有把刘邦放在眼里的心理作怪，也是他觉得利用那样的机会做掉刘邦是不义不仁的事。可眼下落败的事实又不得不接受，便以"快战"宣示他的英勇和才略。说白了，还是骨子里的傲慢。所以他说"此天之亡我，非战之罪也"。

其次，也是项羽性格中自由意志的体现。项羽任性、豪爽，此刻奋力搏杀，源于一种快意恩仇的意气。具有英雄气质的人在别无选择的时候更能迸发出英雄的气概，这个时候没有得失计较了，项羽在乎的是生命活力的释放。这是他的舞台，他注定是活在战场，死在战场。"三胜之"，是补充说明，何等自信，何等气魄！有的人，换一种背景生活就没了光彩，与其在自己不擅长的领域里猥琐活着，不如在你合适的时间和地点去尽情绽放。这当然是读者、旁观者的审美判断，而于项羽，其所具备的人格魅力，一直为后人津津乐道，不正在于此吗？臧克家的诗《有的人》写道："有的人活着，他已经死了；有的人死了，他还活着。"拟诸项羽，并无不妥。

还有一句话感人，"为诸君溃围"。这是"快战"的实用价值。司马迁懂项羽，写得真实，传神。项羽有刚硬、强悍的一面，亦有仁厚的宅心。江东弟子随我南征北战，出生入死，落入今日这般窘境，项羽心中有愧，他稍后对劝他东归的乌江亭长坦陈了这种心迹。他希望跟他到最后的几位勇士义士能够脱身而去，为此也要痛快一战，以突破重围。

刘邦违约，后世何以无人骂他

当年，楚汉以鸿沟为界中分天下，项羽、刘邦各归东西。不料刘邦掉转车头，追击项羽，还纠合了韩信、彭越，致项羽垓下自刎。刘邦背弃鸿沟之约，历史上却没有留下骂名。不奇怪，历史偏离了原来的价值轨道，刘邦不是违约，是权变，是智慧。一千多年后，毛泽东批评项羽不该机械遵守鸿沟之约，反过来是对刘邦不讲信用的批判。

中国早先是有过贵族精神的，至少有这种公认的价值取向，如荣誉、规则、信用、担当、勇气、悲悯、自律、人格尊重、平等意识，而至春秋，至战国，后世逐渐破坏之，刘邦是最大的破坏者。刘邦在家便不事农耕，游手好闲，且贪恋酒色，乱世中混得风生水起，违背与项羽的约定，是他无赖本性的表现，尤为恶劣的是做皇帝后大举杀戮功臣。这种做法完全不讲道理，为保江山永固，信用尽失，仁义无存，搞得朝廷内外人人自危，不反的都要反。他还用叔孙通制定了一套朝仪，其实质是剥夺了臣民的尊严。看《史记》这段描写：

> ……皇帝辇出房，百官执职传警，引诸侯王以下至吏六百石以次奉贺。自诸侯王以下莫不振恐肃敬。至礼毕，复置法酒。诸侍坐殿上皆伏抑首，以尊卑次起上寿。觞九行，谒者言"罢酒"。御史执法，举不如仪者，辄引去。竟朝置酒，无敢喧哗失礼者。

凡此种种，历代统治者莫不仿效，怎么会去批判他呢？长期浸润在这种文化中的民众也以非为是，欣然受之，经千年浑然不觉。

有一个被后人嘲笑的故事非常经典。宋襄公在泓水与楚军作战，令部队在岸上排开阵势，等楚兵渡水后一战，部将子鱼建议趁楚兵半渡以铁骑冲之，可操胜券，但宋襄公认为君子不困人于厄，不能以诡计破敌。楚兵上岸后，子鱼又建议趁对方队列不成形时一鼓而进，宋襄公又搬出"君子用兵，不鼓不成列，不杀黄口，不擒二毛"的规矩拒绝了。

宋襄公遵守的是规则。"不鼓不成列"，对方还没有列好阵势就击鼓攻打，不公平；"不杀黄口，不擒二毛"，不擒杀未成年的人和老年人，是人道的表现。但其他人不这样看，楚国军队不跟他玩这一套，宋襄公就成了另类，成了失败者。于是有人评论，泓水之战标志着自商、周以来以"成列而鼓"为主的"礼义之兵"退出历史舞台，新型的以"诡诈奇谋"为主导的作战方式开始崛起。

《宋书·袁粲传》有一则故事：

> 昔有一国，国中一水，号曰"狂泉"。国人饮此水，无不狂，惟国君穿井而汲，独得无恙。国人既并狂，反谓国主之不狂为狂。于是聚谋，共执国主，疗其狂疾。火艾针药，莫不毕具。国主不任其苦，遂至狂泉所酌水饮之，饮毕便狂。君臣大小，其狂若一，众乃欢然。

我们是否还在"饮毕便狂"的欢然中？

虞姬是李清照的前世？

虞姬是李清照的前世吗？一句戏谑之言，却道出两个女子相通处。

项羽自为诗曰："力拔山兮气盖世！时不利兮骓不逝！骓不逝兮可奈何！虞兮虞兮奈若何！"歌数阕，美人和之。

美人和之的内容司马迁没有记录。《史记正义》引《楚汉春秋》记载，虞姬作歌曰：

> 汉兵已略地，四面楚歌声。
> 大王意气尽，贱妾何聊生？

歌罢，虞姬仗剑而起，自刎身亡。

好一个重情义的烈女子。她把自己的生命寄托在项羽的功业上，这是义；也寄托在与项羽的爱情上面，这是情。"贱妾何聊生"，人要有精神的支柱才能活下去，没有了项羽，对虞姬来说，生命无所依托，也就黯淡无光了，不如死去。

一千三百年后，李清照写了一首诗，名《夏日绝句咏项羽》：

生当作人杰，死亦为鬼雄。
至今思项羽，不肯过江东。

李清照算是项羽的隔代粉丝。她赞赏项羽"不肯过江东"的选择。

项羽对乌江亭长说："籍与江东子弟八千人渡江而西，今无一人还，纵江东父兄怜而王我，我何面目见之？纵彼不言，籍独不愧于心乎？"这是仁心。他和刘邦打了这么久的仗了，胜负已判，再做一番卷土重来的大梦，受害的还是天下生灵。人说项羽妇人之仁，至关键时刻不能当断则断，贻误良机，其实是他骨子里的悲悯。"泽国江山入战图，生民何计乐樵苏。凭君莫话封侯事，一将功成万骨枯。"唐代曹松对战争反思的这层意思，依我看，彼时的项羽心里也是有的。这是李清照认可项羽的第一点。

其次，在李清照看来，项羽不肯过江东还有更重要的一层理由，是虞姬的死。虞姬自刎，这对项羽来说是一个巨大的打击。我们可以推想，项羽往来沙场，虞姬始终跟随，非一般的红颜知己，而是生死相依的至交了。斯人已去，孤身岂可独活？李清照是一个感情极为丰富的女子，与丈夫赵明诚恩爱有加，推己及人，怎会不戚然于心？

最后一点，是项羽的大气魄感动了李清照。李清照婉约，也刚烈，读她这首诗，就知道她大气豪迈，"生当作人杰，死亦为鬼雄"，不看作者，就以为是辛稼轩那般的烈士了。项羽昔日所向披靡，战无不胜，迨强秦已灭，自命"霸王"，分封天下，一时志满意得，而今若听亭长之劝，偏居江东为王，他岂会受此憋屈？他不屑于小，不甘于下，既如此，就离开，彻底离开！就此，与他轰轰烈烈活过的世界别过，留给历史的还是一尊巍峨的背影。

当然，项羽的自刎毕竟决绝而残酷，但因为有了这两位女子的诗，他的选择显出了无比明亮的光芒，给后世读者温暖的慰藉。

曹无伤的悲剧

由于曹无伤向项羽告密，说刘邦"欲王关中"，项羽大怒，欲发兵击刘。鸿门宴就是刘邦集团面对这次巨大威胁做出的一次成功的外交努力。文中绘声绘色的场景描写，惊心动魄，使人如历其境，但是于我而言，掩卷后萦绕于脑海的却是那个曹无伤。

选文写曹无伤，就三句话。

事因他而起，"沛公左司马曹无伤使人言于项羽曰：沛公欲王关中，使子婴为相，珍宝尽有之"。

两军交战，临阵易主并不鲜见。曹无伤向项羽告密有两种可能。一是当时项羽势力强大，投靠项羽可能有一个美好前程，而自己的密告又是首功，届时宠命优渥，富贵尽享。这是人之常情，无可厚非。二是仰慕项羽英雄，驱百万甲兵，纵横驰骋，所向披靡，如此厉害的角色，古今罕有其匹；出于一个"粉丝"的心理，曹无伤要为"偶像"做一点事，也在情理之中。当下好多粉丝要为偶像寻死觅活的，尚且有人理解，况于曹氏所为？

然而，曹无伤不了解项羽的另一面——太相信人了，做事全无遮掩，说难听一点是"轻信浅谋，不识大体"。这怪不得无伤先生，他没和项羽共过事，或许就认同项羽的这种性格，同声相应，同气相求。但还是要责怪项羽，刘邦一番逻辑缜密的花言巧语，他觉得入情入理，便极为草率地说出了己方最高一类的军事机密：

"此沛公左司马曹无伤言之。不然，籍何以至此？"

听罢，刘邦一干人心底肯定又惊又喜，原来是这个王八蛋，他自己还是军法处的领导，回去请君入瓮。一个有功于楚军、将来或可再立新功的地下工作者就永远要躺在地下了。

我们看国共双方交战，间谍作用很大，因此间谍身份要极为隐秘，只有极少数高层甚至某个人知道其真实身份，以免泄密造成巨大损失。可怜曹无伤，遇上这么一个没有心机的上级领导，真大不幸也。此时还在沛公军中的曹无伤全然不晓，恐怕正翘首等待对面传来好消息呢。

唉，曹无伤哪，项羽受刘邦蒙骗，你派人去告诉他；你被项羽出卖，又有谁来告诉你啊？

最后结果，是选文的最后一句话："沛公至军，立诛杀曹无伤。"

怒不可遏，所以刻不容缓，杀！

无伤，名字取得好。人取名字，图个吉利，申不害、霍去病、辛弃疾等。有的有用，有的也没用。无伤乎？不也！其伤也巨，伤及者，命也！父母寄寓"无伤"的殷切期盼，成竹篮打水，空留后人无限感慨和哀伤。

项羽泄密，也自断了天下豪杰投奔之路，"为渊驱鱼，为丛驱雀"。是非成败，人心向背，此时不亦了然？杜牧说"卷土重来未可知"，于此一事，便胜负已判，安有卷土重来之万一？是项羽的悲剧，还是时代的悲剧？怕永远都是一个争论不休的话题。

曹无伤让历史变得惊心动魄，但历史并没有关注他，连司马迁对他也是简单带过，不置褒贬，诗人们也没给他留下几行文字。我今为曹无伤而伤：

　　一腔热血报项王，使人密往说端详。
　　汝有诚意鉴天地，彼无心机固寻常。
　　唯恨霸主不霸主，应怜无伤非无伤。
　　冤魂千古今谁吊，霸上啼鸟断人肠。

《祝福》中的平庸之恶

祥林嫂悲剧的原因是什么？

这是课堂上一定要探究的问题。比较一致的看法是，祥林嫂是被封建礼教包括宗法制在内的制度迫害而死的，其中封建礼教的代表人物是鲁四老爷，因此，鲁四老爷是害死祥林嫂的元凶。

这样说似乎无大问题，但仔细推敲一下，不够严谨。对经典课文的传统解读，也应该要从自己对文本的阅读和思考中去辨别接受。实际教学中，由于提示学生梳理情节时要自觉分析祥林嫂的悲剧根源，主动找出依据，所以还是有对上述结论的质疑。

先说礼教杀人。礼是世俗活动的制度和规范，从狭义的范围看，文本具体体现在祭祀上，而且是在祥林嫂再度回到四叔家帮佣的时候，"死尸似的脸上又整日没有笑影"，四嫂便不让祥林嫂沾手祭品器物，由此认为两次都接受了身为寡妇的祥林嫂来家做工的鲁四老爷代表了封建礼教，是害死祥林嫂的罪魁祸首，有些勉强。

再说一个属于礼法范畴的封建宗法制杀人。此说依据也不够充分。一说婆婆抢人强嫁，此举的确蛮狠，但结果倒是好的，重新有了丈夫，又生了儿子，日子好了起来，那么把祥林嫂的死因直接与婆婆挂钩与事实不符；二说大伯收屋，虽说"出嫁从夫，夫死从子"，丈夫儿子都死了，再无倚靠，但屋子还是自家的，尤其是主张"饿死事小，失节事大"的礼教时代，得留下屋子让人家守寡，而大伯完全不顾及兄弟分家各有其份的约定，强收老弟的房子，这并不为宗法制所认可，罪在这个大伯个人的贪婪和霸道。

那么，还有没有其他因素在起作用？

我在2018年4月的《语文月刊》上讲过"对立中心""多个中心"的概念，启发学生对文本做异质化的思考和分析，鼓励他们独立思考，在阅读中就出现了与既定认知不同甚至对立的看法。上述分析的礼教、宗法制不是祥林嫂悲剧原因的全部，甚至不是最主要的原因。为什么？那么给她最大的打击又是什么？

权衡比较，依先后次序看，造成祥林嫂死亡的原因，首先是命运捉弄，出之偶然，即第二任丈夫贺老六和阿毛的不幸。贺老六吃了一碗冷饭，复发风寒病死了；儿子阿毛出门剥豆子被狼叼去了。原本可以好好过日子的祥林嫂转眼陷入了绝境。莫泊桑在《项链》中这样去评价路瓦栽夫妇命运的转折，"倘若当时没有失掉那件首饰，她现在会走到什么样的境界？谁知道？谁知道？人生真是古怪，真是变化无常啊。无论是害您或者救您，只消一点点小事"。偶然性是事物发展变化中一种客观存在，一些人身上会发生，一些人身上则不会发生，无论是封建社会，还是资本主义社会。祥林嫂偏罹其祸。

其次是鲁镇各色人物的平庸之恶，包括鲁四老爷、四婶。

平庸之恶这个概念，是犹太裔著名政治思想家汉娜·阿伦特1963年在《艾希曼在耶路撒冷——关于艾希曼审判的报告》中提出来的。二战时期艾希曼是纳粹高官，受命负责屠杀犹太人的最终方案，将犹太人移送集中营并屠杀的大部分作业都是他负责完成的。被抓获审判时，艾希曼彬彬有礼，反复强调作为一名军人，他只是在服从和执行上级的命令，但最终这个同时是一个"好丈夫""好父亲"的艾希曼被处以了绞刑。汉娜·阿伦特认为艾希曼的行为方式表现为"平庸之恶"。这种恶是把个人完全同化于体制中，默认体制本身隐含的不道德甚至反道德行为，从而成为不道德体制的当然实践者，或者是行为者出于自私、胆怯或无知，对体制以及观念之恶放弃思考或不懂思考，做出不顾责任后果的行为，而使自己成为间接的暴力者。这种平庸之恶在社会生活中广泛存在。鲁镇上的人们难辞其咎。譬如，"我"对祥林嫂生死问题的避而不答，听厌故事的鲁镇男女对祥林嫂的嘲讽捉弄，柳妈宣扬迷信对祥林嫂捐门槛赎身的劝告，四婶对祥林嫂参与祭祀动作的大声喝止，都在精神上给祥林嫂叠加一次又一次沉重的打击，使之茫然无措、痛苦绝望。

当然，我们会说这些平庸之恶的表现还是源于礼教规矩、封建迷信等等。毫无疑问，礼教中很多规矩是落后的，甚至不可理喻，比如认为寡妇是不干净的，不能触碰祭祀用品。这个规矩又是依据男尊女卑等观念制定的。历代统治者为维护其统治秩序，倡导礼教，塞进了很多违背人性的条规，贻害甚深。封建迷信同样如此，可以作为统治集团利用的工具，使之影响人们的意识和行为。然而，我们也必须看到事物相关的两面。汉娜·阿伦特认为罪恶分为两种，第一种是极权主义统治者本身的"极端之恶"，第二种是被统治者或参与者的"平庸之恶"。其中第二种比第一种有过之而无不及。之所以这么说，是因为极端之恶的结果是由平庸之恶去实现的。祥林嫂正是在众人自觉不自觉的为恶行为中走向死亡的。

这种解读使学生转而进行反思。很多恶是我们不以为然的，赵高指鹿为马，群臣点头称是；纳粹建集中营，当地人竞相应聘；日寇修筑工事，不乏村民抢着报名……这些人并不认为自己作恶。平庸之恶也非旧时代独有，"文革"中红卫兵揪斗"走资派"、打砸文物古迹；现在有见老人摔倒视而不见，参与网络上快意一时的道德围剿等，包括对显而易见的错误行为不加限制和制止，都属于平庸之恶。

看过一个视频，某地农民为了让蘑菇长得又大又好看，喷洒大量有毒药剂以防止病虫害。暗访者问："这样不怕危害消费者健康？"他们回答："蘑菇不好看他们不买啊！""大家都这样做。"并好心对来访者说可以给他们提供没有撒过农药的蘑菇。人们没有去思考为恶的后果，或同化在一种不健康的环境中理所当然地同流合污。

孟子说人有四心，即恻隐之心、羞恶之心、辞让之心和是非之心，而贤者勿丧。贤者不丧的原因，是能独立思考，保持判断力，并坚守正确的态度和立场。这是我们读《祝福》应该得到的更重要的教育。

《琵琶行》中反映的马斯洛理论

文章常读常新，常教也能常新。《琵琶行》教了多遍，有不一样的感悟。

这一课有一个很有趣的问题，老师备课、学生讨论都有过疑问，只是未加深究。一个女子，丈夫外出做生意，自己孤身在家，夜里竟接受了两个陌生男子邀请，弹琴唱歌、自诉身世、坦露心曲，放在什么时候看都未免轻浮，至少会被视为举止失当。所以有人认为诗里所叙之事，并非实遇，乃香山居士的梦录。也有人说唐代社会相对开放，且琵琶女一教坊女子，惯见风月场的人，此举不足为奇。从文化传统、社会环境以及人物身份上分析，都有理；若从人性的角度探讨，还会有另外的认识。

1943年，美国心理学家亚伯拉罕·马斯洛在《人类激励理论》（《人的动机理论》）论文中所提出人的需求层次理论，将人类需求从低到高分为五种，分别是：生理需求、安全需求、社交需求、尊重需求和自我实现需求。这五种需求像阶梯一样逐层上升。琵琶女受邀出场，到最后"满座重闻皆掩泣"，是在较高层次上的需求实现。

琵琶女才貌双全，红极京城，但终究敌不过岁月吹打，年长色衰，便择富而嫁了。其生理需求，吃穿住行等，皆无须挂虑。

于是就有了更高的追求，如安全需要，包括人身安全、健康保障、婚姻稳定、财产所有等。这一层琵琶女择偶中早有考虑，嫁一个有钱人，住的环境会比较好，生病也有钱治疗；至于婚姻，虽然"商人重利轻别离"，但诗中看不出他会像那些花花公子一样朝三暮四，所以基本无虞。人从生理需要、安全需要的控制下解放出来时，就可能出现更高级的、社会化程度更高的需要，如社交的需要，或者说是爱和归属感。人是群体性动物，希望和他人来往，获得友谊，得到信任和友爱，渴望有所归属，从而成为群体的一员。因此，当白居易一行"移船相近邀相见"的时候，尽管还有女子本身的羞涩感和身历沧桑后的淡漠心理，琵琶女还是出来相见了。

有人会问，一个女子固然也需要交往，可家里不是有公婆、婶娘、妯娌、小姑子们吗？干吗夜深江船私会外人？其实，交往也分层次，与家人、亲戚的相处、往来，是建立在血缘、姻亲基础上的基本需要，除此之外人还会渴求更为丰富的交往内容，或是家庭关系中不能满足的需要，好朋友间的私密、相同志趣者的爱好、不同地方人的见闻、外出共事的话题、不能与家人言说的事情等。美国社会学家马克·格拉诺维特于1974年提出弱连接理论，他把个人与亲人、熟人的接触，称之为强连接。这种圈子里的人可能相互认识，接触频繁，彼此交流的信息总是重合冗余；而与此相对的是一种关系较远的社会关系，则属于弱连接，通过弱连接可以知道很多不同情况，满足多种需要。放诸琵琶女身上，一个曾在京城走红的歌女，远来九江，这个时候听到有北方口音的邀请（弱连接），会产生下面几种心理需求：一是建立在语言基础上的地域归属感，尽管不是同乡；二是对他人身世与经历的好奇心；三是对故地京城而今如何的了解欲望；四是由同地区或同职业的生活经历激发出来的往事记忆，更何况这种回忆本来就有，夜深会梦见过去前呼后拥花团锦簇的少年事，今天这情形好歹算是粉丝围观，虽然就两个，也是旧梦重温的好机会啊。基于上述种种，尽管男女有别，还是在对方千呼万唤之下出来了。

伴随社交需要而来的是尊重需要。琵琶女曾经受到巨大的尊重，出嫁以后社交需要中的友情匮乏，爱情也得不到充分保证，丈夫"前月浮梁买茶去"，自己只能接受"去来江口守空船"的现实。现在进入了交往环境，会更希望受到别人的尊重、信赖和高度评价。所以，她演奏特别给力，开始三两声的转轴拨弦就展现出"名属教坊第一部"的风采来，弹到最后，她知道自己的演奏获得了极大成功，"东船西舫悄无言，唯见江心秋月白"，是艺术家企望达到的效果，比起满堂喝彩声更能使演奏者受到鼓舞。马斯洛认为，尊重需要得到满足，能使人对自己充满信心，对生活充满热情，体验到自己的存在价值。因此，琵琶女把自己在京城的前后际遇和盘托出。

诗人于琵琶女的弹奏和自诉中产生了强烈的情感共鸣，也把自己的经历和感受坦诚相告。无疑，琵琶女感动了。"感我此言良久立"，不是一般感动，不唯"同是天涯沦落人"的惺惺相惜，还有诗人对一个陌生女子倾吐心声表现出来的极大信任和尊重，恐怕远胜过"五陵年少争缠头，一曲红绡不知数"的热烈。"良久立"，仿佛石化，琵琶女内心五味杂陈，有些不知所措。再弹一曲的"弦转急"，似乎要施出浑身解数，急着报答诗人的知遇之恩，以至于"满座重闻皆掩泣""江州司马青衫湿"。至此，完成了自我实现的最高层次的需求。在琵琶女身上，表现为把个人的音乐才能发挥到了最高程度，从而使自己在精神上获得了极大满足。我相信，浔阳江头的这次弹奏，才是她生命中最成功的一场表演，也将会成为她今后岁月里最美好的回忆。

我在《语文月刊》发表的《"去中心化"阅读，构建思维新机制》一文，有如下几行文字：

> 从马斯洛需求理论的角度解读（《琵琶行》），我们的视角不会只停留在对白居易无辜被贬的愤懑上，对官僚腐败、民生凋敝、人才埋没等不合理现象的批判上，还有诗人对琵琶女的同情，不止同情，还有尊重，对一个由京城入僻境、从荣华到冷清的艺伶的尊重，是诗歌对人性的尊重。高山流水，听曲知心，最后的"莫辞更坐弹一曲，为君翻作琵琶行"，不是悦己，而是利人，是让琵琶女尽散块垒，再展绝艺，从而最大获取双重（人格尊重、价值实现）的慰藉。联系白居易自己最看重的讽喻诗来看，对《卖炭翁》中"半匹红绡一丈绫，系向牛头充炭直"的愤懑，对《伤友》中"曩者胶漆契，迩来云雨睽""昔年洛阳社，贫贱相提携"的不满，都体现他对公正、平等的追求，甚至在《长恨歌》中批判荒淫误国的同时又表现出对李隆基、杨玉环爱情的尊重和歌颂。同样，对《琵琶行》中闪烁出来的人性的光芒也不应视而不见。

我觉得这样去读琵琶女和白居易，别有意趣。

《琵琶行》问题的补充探究

　　关于琵琶女的形象塑造，《唐诗鉴赏辞典》里霍松林先生评价道："女主人公形象塑造得异常生动真实，并具有高度的典型性。通过这个形象，深刻地反映了封建社会中被侮辱、被损害的乐伎们、艺人们的悲惨命运。面对这个形象，怎能不一洒同情之泪！"人教版的教学参考书选用了霍先生的评论。

　　这个结论并不符合诗歌描写的真实。琵琶女身份低微，但表演技巧高超，深得听众追捧，"五陵年少争缠头，一曲红绡不知数"，可谓红极一时。她自己在叙述时有一种巨大的满足感，所以才会说"今年欢笑复明年，秋月春风等闲度"，当时沉浸在灯红酒绿、欢声笑语之中，时光不知不觉就过去了。以至于后来，"夜深忽梦少年事，梦啼妆泪红阑干"，这是在今日孤独、凄凉的境况下产生的对过去生活的怀念，和对今天处境的失落和哀怨。由此看来，在长安的那段时间，谈不上"被侮辱、被损害"。今天不少演艺明星，圈粉千万，日进斗金，花天酒地，风光无限，与琵琶女当时的荣光和收入仿佛，能说他们是被侮辱和损害的形象？

　　有人或许会说，琵琶女还是有不同的地方，她受着"阿姨"的控制，有可能遭受经济盘剥和人身自由的限制。其实不然，唐代开设教坊，是专门管理宫廷俗乐的教习和演出事宜的，教坊的女乐主要服务于宫廷和达官贵人，弟与阿姨应该是音乐机构中的管理人员。只不过这种职业除了技艺优秀外，颜值也很重要，年长色衰必然会面临淘汰，不只封建社会如此，任何其他时代都难免。再者，这也是人生的自然规律，所谓"世上新人赶旧人"，每个人都应该直面现实。当今明星过气，上电视的机会就少了，出场费也低了，还会流落到三四线城市演出，或者干脆择富而嫁，过安逸的生活去了。琵琶女嫁了一位商人，衣食无忧，算是有了一个较好的归宿，只是对比从前，五陵年少的追捧没了，丈夫重利轻别离，缺少浪漫的情调，会有很大的心理落差，因此把积聚已久的情绪通过琵琶曲发泄出来了，感动了一位感情极为丰富的诗人，诗人再用文字感动了当时和后世千千万万的读者。

依我看，琵琶女的遭遇就是生命荣衰的自然表现，读者感受到更多的是人生的无奈。《百年孤独》里有这么一句话，大意是生命中曾拥有过的所有灿烂，最终都会用寂寞来偿还。宿命也好，规律也罢，人都躲避不了生命本有的孤独。教学中与其把责任全委之于所谓的"封建社会"，不如让学生讨论在不同的人生际遇中如何面对现实的低谷和寂寞，以及如何提振自己，去寻找新的自我。

还有一个问题，浔阳江头这场艺术家与诗人的相逢，对前者是旧梦重温，是心灵慰藉，对后者呢？诗人在诗的后半部分发出了"同是天涯沦落人，相逢何必曾相识"的感叹。其实，是一个人用自己的痛苦去唤醒了另一个人的痛苦。这是悲哀还是欣慰？是无奈还是庆幸？

白居易受皇帝赏识在朝廷任左拾遗，遂频繁上书言事，还当面指出皇上的过错，以为这是报答君王的知遇之恩，殊不知端坐金銮殿上的人心里很不痛快。平时，白居易不仅不歌颂领导和当时的行政集团，还写下大量的政治讽喻诗，直接为老百姓叫屈，矛头对准了宫廷以及达官贵人。这般行为表现，当权者们对他自然不待见。有一次，唐宪宗直接向宰相李绛抱怨："白居易小子，是朕拔擢致名位，而无礼于朕，朕实难奈。"元和十年（815年），另一位宰相武元衡被藩镇李师道派人刺杀，白居易又积极上书请捕刺客，进一步冒犯了权贵集团，被指责越职奏事，贬为江州刺史，后又改贬江州司马。司马就是个闲职，可以说把诗人的职位一撸到底了。这种打击沉重，但白居易心情没有太差，他在《琵琶行》的小序中自陈"予出官二年，恬然自安"。此非虚言，看他被贬途中写的《仙娥峰下》："我为东南行，始登商山道。商山无数峰，最爱仙娥好。参差树若插，匼匝云如抱。渴望寒玉泉，香闻紫芝草。青崖屏削碧，白石床铺缟。向无如此物，安足留四皓。感彼私自问，归山何不早？可能尘土中，还随众人老。"还有《垂钓》："临水一长啸，忽思十年初。三登甲乙第，一入承明庐。浮生多变化，外事有盈虚。今来伴江叟，沙头坐钓鱼。"人生本有盈虚，不必强求，赏景钓鱼，不亦快哉！就这样不为被贬的境遇所困，过着一种庸常、闲淡的生活。可是，琵琶女的出现，使他"始觉有迁谪意"，对当下的处境发生了不同的认知。"其间旦暮闻何物？杜鹃啼血猿哀鸣。""岂无山歌与村笛？呕哑嘲哳难为听。"最后听完一曲，悲苦到极处，竟至"江州司马青衫湿"了。

白居易的痛苦被唤醒，但从审美和哲学的层面看，他得到了满足。

释迦牟尼说，认识到痛苦的真性，才能超脱痛苦，享受生活美好的一面。被贬途中，白居易说"最爱仙娥好"而羡慕"四皓",要伴江叟钓鱼,都还是自我宽慰,"恬然自安"也只是暂得欢颜,唯有到这个时候,看清了生活真实的一面,才有了真正的醒觉。

对《六一居士传》再理解（外一篇）

欧阳修《六一居士传》教过几遍，每次有不同看法。较早时候觉得作者暮气过重了，后来有改变。不在其位，未在其时，不一定能理解。人需要生活积累，才能读懂古人的某些文字。我还不到欧阳修写作此文的年纪，但慢慢有些新的切身体会。如下：

再读《六一居士传》，阅人及己，感慨良多。彼"既老而衰且病"，更醉翁号为六一居士，乃思想、观念之大转变也。醉者，缘情而饮，饮之忘情，觥筹不断，酒精摄入过量致也。公值不惑之年，好饮，撰《醉翁亭记》，陶然山水，既有遇谪去愁之意，又有宽政自得之态，以期卷土重来遂其心志。而今已逾花甲，力有不逮，况庙堂无意，宿怨不化，故乞退自安，以保天年。虽为智举，亦属幸甚，犹已晚矣。

人多揽权不释，恋位不退，贪财而手段不择，好名而廉耻不顾，及至怨谤四起，身心俱疲，进退失据，骑虎难下，卒以声名狼藉，或染疴不起，时瞻望前路，唯顿足自恨。清智若公，殊途亦不免此叹。

文忠公云"吾家藏书一万卷，集录三代以来金石遗文一千卷，有琴一张，有棋一局，而常置酒一壶"，并谓"以吾一翁，老于此五物之间"。我观世人，亦各有数一，只是居之不甚惜，用之不在意。过矣！吾亦自问，查有六一抑或七一。宅子一套，堪可容身；藏书一屋，足以自适；花卉一隅，偶以娱情；清茶一壶，颇能养性。尚余二一，则同虚设：围棋一副，黑白尚如新，少有手谈之惬意；音响一套，尘积早有寸，罕得耳明之欢愉。不善珍摄，何其愚也。

　　推窗举目，阳光明媚，映照窗台，鸟雀欢腾叫嚷枝头；羽毛球场青壮赤膊上阵，小区长椅翁妪含饴弄孙。何不暂辞经纶事务之劳，且息鸢飞戾天之志，得意于六物之间，岂不快哉。

　　对我这番言论，课堂上自然会有不同意见。不同意见的出现反倒引发出更多的讨论，对塑造个人的人生观极有帮助。人的每个阶段都有自己的"几个一"，像同学们半认真半调侃列举的"几个一"，什么眼镜一副，钱包一个，手表一块，单车一辆；"五三"一套，《红楼梦》一部，《鲁迅全集》一套，听课本一摞，打球崴了脚的拐杖一双，还有手机一部则被禁了。各自有"一"，或珍惜，或利用，或舍弃，或更换。人到不同年纪，这个"一"大不相同。

　　后来我又补记一段对"六一居士"的理解：

　　反复吟咏文忠公"以吾一翁，老于五物之间，是岂不为六一乎"句，始悟公之特识。公何以不言五一居士？若此，则我与五一乃主从之分。五物，我之属；我，五物之宰。我赖五物享其乐，五物因我得其用。则我心中有物，生有所托。如庄子云"有所待"。

然文忠公名六一，谓列其身于五物间。我与五物皆为其一，物即我，我即物，物我不分，又物物各别。即彼此独立存在，互不依赖；无有高下，更无贵贱。谓我"老于五物之间"，即我有之，而不以为己有；我乐之，而不以为心安。超然于物，又融之于物，犹隐之市野无别，以唯净心，恬然自安。故曰：与之俱老。庄子言"处阴以休影，处静以息迹"，故"物物不为物所物"，则"无所待"，能为逍遥游。既如此，方解居士云"名不可逃，亦不必逃"，名之有无何有于我哉；亦知"六一"真义也。

但是，很多时候，人的认知达到了某种境界，但未必行动相随而至。"知易行难"，修行者对这句话体会最深。

《游褒禅山记》是变法的预演

《游褒禅山记》，是王安石做县官时回家省亲的路上所作，时年34岁。

这篇文章教过好多遍，解字论理，每次大抵相同。前几日再读此文，至"……可以无悔矣"，不禁感慨王安石二十年后变法的失败，此言差可慰藉之。

褒禅山一游，就是王安石整个一生的写照，就是变法过程的预演。

华山，原读花山。王安石还以正确的读音，纠正众讹。这是王安石从倒下的石碑中找到的答案，看来他比其他人细心，细心如麻者能干大事，干难事。从入洞随人中途退出，想到做成一件事要有志有力，还要有物相助，可见王安石入世情怀很深。

玩，也会想到人生、仕途，果真是做宰辅的材料。后来官至参知政事，提出变法，雄心勃勃，气势浩大，但由于朝廷上下诸多干扰，政策执行的偏差，结果并不如意，老百姓负担反而加重，以至被神宗责问何以摆个地摊卖碗面条也要缴费，苏轼等人也坚决反对了，后来他的坚强后盾神宗皇帝也心灰意懒起来。皇帝死后，保守派当权，整个变法停摆了，老王回老家休养，但心情不好，不久去世。

登山同变法，二十年前后两件事何其相似乃尔。变法之志有，"天变不足畏，祖宗不足法，人言不足恤"，但力有未逮，有自己性格原因，虑事偏执不周，还有手下的一帮人不是很得力，有的甚至帮了倒忙，或趁机中饱私囊，自家阵营分裂，李贽在《藏书》中批评王安石，"介甫不知富强之术而必欲富强"，虽曰武断，但变革的全盘规划和团队实施能力确实有极大的问题。最后，最大的"物"皇帝也不能终"相"之，偌大一个政治舞台只剩老王一只缥缈孤鸿的独舞，左冲右突，上下翻滚，最后力竭仆地，周围也没什么反应，甚至没有了一个观众。"可怜青冢已芜没，尚有哀弦留至今"，当年诗叹明妃，今日观之，亦非自怜？

《游褒禅山记》言"尽吾志也，而不能至者，可以无悔矣"。本该无悔，但王安石最终没有放下。他的那首千百年来一直为人传诵的《泊船瓜洲》似乎是他变法命运的谶言。

诗曰：

京口瓜洲一水间，钟山只隔数重山。
春风又绿江南岸，明月何时照我还？

他再次接受朝廷恢复相位的召唤，从老家江宁赶往京城，意欲完成未竟之业，可还没到朝廷就想着回家了，是家乡好景令他不舍，还是前期变法招致各种掣肘使他预知此去并不轻松？欢喜中有悲情，悲情中有希冀，希冀中有担忧，五味杂陈。不管怎样，诗中青山秀水、风吹草长的江南图景留给了后人丰富的审美享受，包括"一水"的惆怅，意味隽永，令人感慨万千。

《李寄斩蛇》《坦腹东床》问题探究

越王为什么娶李寄为后

教《搜神记》中"李寄斩蛇"的故事，让我更感兴趣的是那个事后聘李寄为后的越王。

李寄斩杀了一条为祸乡里的大蛇，越王知道后便娶她做后，这是为什么呢？如果要宣传她，号召全国人民学习，完全可以题个词"向李寄同志学习"，或给她封个"全国劳动模范""三八红旗手"之类的荣誉称号，甚至可以让李寄赴全国各地巡回宣讲她斩蛇的英勇事迹，效果也不会差。

这些招越王都没有用，原因是越王在接见李寄时喜欢上了她。这是我揣测的。

那条长七八丈、大十余围的巨蛇不满足只享用当地人供奉的牛羊，还要啖食十二三岁的女子，且已用九女，这个时候李寄不顾父母反对，应募前往。首先，挺身而出，为民除害，足见李寄必有深广的恻隐心和正义感。现实中遇有危难先站出来的不少是女性，她们身上天然具有的母性，就是一种对人类的保护欲。

其次，李寄很有孝心。她宽慰父母说："女无缇萦济父母之功，既不能供养，徒费衣食，生无所益，不如早死。卖寄之身，可得少钱，以供父母，岂不善耶？"由此见李寄之德，她比缇萦还伟大，缇萦是入身为官婢替父赎罪，李寄是没有任何压力下的主动献身，虽说这种孝的表现极端，但还是佩服李寄的胸怀。过去的人说"娶妻娶德，娶妾娶色"，越王不会不察。

再次，李寄智勇兼备，心理素质极好。到了蛇穴，先用灌了蜜的糍粑诱蛇出洞，然后放犬撕咬，自己从后面以剑数刺，卒得除之。更叫人讶异的是，李寄走进穴洞，找到那九个女子的头颅，悉数举出，说："汝曹怯弱，为蛇所食，甚可哀愍。"然后缓步而归。可以想见围观的群众无不啧啧称奇。

这样的奇女子，没有人不仰慕的。越王身为一国之君，见都尉、长吏们奈何不了一条大蛇，还多人为此丧命，必然忧心忡忡，现在一个小女子竟能立此众皆不能的奇功，当然会大喜，越王对李寄先有了十二万分的敬意和好感。及至亲睹其人，就有了娶为后的意思了。

文中没有接见的细节，也没说李寄貌美。但我们可以推想，越王妻妾成群，不用说，都是粉面蜂腰的美女。而这个时候，李寄来了。

李寄应该缓步走到了越王面前。想必她神态自若，眉宇间自有一股英武之气，使得越王眼前一亮，这大概是过去自己从未见过的一种类型的女子。一个女子要与大蛇周旋，腾挪跳跃的功夫肯定了得；能"数创"致蛇死地，力道更是惊人。越王终于心动了！

"郎才女貌"是人们艳羡的理想夫妻，但这不是定律，女才也为众多男子看重。嫫母虽丑，但有贤名，黄帝遂娶她为妻，传说黄帝打败炎帝，乃得嫫母襄助。战国时代齐国无盐县的丑女钟离春，四十未嫁、极丑无双，但她关心国事，面见齐宣王，斥其奢淫腐败，宣王深为感动，立她为后。诸葛亮答应娶沔阳名士黄承彦的丑女儿黄硕，也是因为黄硕有才。范成大在《桂海虞衡志》中记了这样一件事："诸葛亮居隆中时，友人毕至，有喜食米者，有喜食面者。顷之，饭、面俱备，客怪其速，潜往厨间窥之，见数木人春米，一木驴运磨如飞，孔明遂拜其妻求传是术，后变其制为木牛流马。"后来诸葛亮六出祁山，就是用这种"木牛流马"解决几十万大军的粮草运输问题。

有一段时间，一家报纸推出"中国最美50人评选"活动，曾获超女冠军的李宇春以其中性打扮和阳刚气派得到为数不少的网友追捧。很多人就有意见了，李宇春这样"不男不女"的装扮美吗？搬出古代四大美女的形象标准来衡量，李宇春几无是处。这话题拿给学生讨论，尽管有不同意见，但肯定李宇春者多。这里摘两位同学的观点。

一位叫漆子琪的同学说："女孩们脱下有褶皱摇摆的长裙，换下娇滴艳媚的花边小衫，剪去飘逸长发，摘掉繁缀首饰，清爽利落地站在了人们面前，展现的是一种清纯、简单的美。再分析热爱中性打扮的女孩们心理，其中还蕴含强烈的自尊自立感。她们宣示自己不再娇弱，挺直腰板，撑起曾只被男人们支撑的天地。这样看来，中性之美应当是一种简单、自强的美丽。娇媚也是种美丽，但绝不会如此有骨有肉，带有强烈的壮丽感。"

罗秦沫同学分析："李宇春以硬朗的线条与阳光的气息完美地诠释了中性美。她不拘泥于传统的审美观念，而是摆脱死板的条条框框，以独特的个性展现出美，这恰恰是她成功登上选美榜首的原因。"

李宇春之被网友追捧，李寄之被越王青睐，良有以也。

郗太傅为什么看上了王羲之

先摘下《世说新语·雅量》中这篇短文:

> 郗太傅在京口,遣门生与王丞相书,求女婿。丞相语郗信:"君往东厢,任意选之。"门生归,白郗曰:"王家诸郎亦皆可嘉,闻来觅婿,咸自矜持,唯有一郎在东床上坦腹卧,如不闻。"郗公云:"正此好!"访之,乃是逸少[王羲之的字],因嫁女与焉。

郗太傅选婿,找到了门当户对的王导丞相家。王家子侄个个俊秀,且彬彬有礼,任选其一,女儿想必不会有意见。可老爹挑中的不是"矜持"诸郎,而是那个敞开衣服,露出肚皮,躺在东床上优哉游哉的王羲之。从后来发展的结果来看,老爹果然是慧眼独具。论做官,王羲之官至右军将军,会稽内史,算是高干;论才气,其书法独步天下,人赞之"丰神盖代""冠绝古今",文章有《兰亭集序》等流誉后世;论家庭教育,培养了两个成大器的儿子,一子献之因书法成就与其父并称"二王",一子凝之则官至左将军;论夫妻情感,两人和和美美,白头偕老。若在今天,王家是一定会被工会授予"五好家庭""精神文明建设先进单位"等荣誉称号。

可是到王家择婿,郗太傅没有亲临,只是听了门生汇报。那么他是如何看准王羲之的呢?

郗太傅,名鉴,字道徽,早年博览经籍,不应朝廷征召,躬耕吟咏,甘之如饴。他得知王羲之明明晓得是贵为太傅的郗鉴家招婿,却不以为意,不像兄弟们那样悉心准备,恭谨以待,这样恰恰对了自己的胃口,未来翁婿性情是相投的。攀附权贵者多为工于心计、漠视亲情之辈,女儿嫁过去怕难有人伦之乐。看来王羲之不是那号人。再看这小子坦腹而卧，形迹不拘，心胸应该坦荡、豁达，不小家子气。如果他是有意于自己的爱女，不上来努力表现，自我推销，反而摆出一副不屑一顾、舍我其谁的模样，也见此人的自信。再说他一米八三（身长七尺有余）的个子不站起来作玉树临风状，偏要横陈一肚赘肉示人，肚子里没货是不敢这样放肆。更何况这小子对自己的女儿是真的有意，门生告诉我是"如不闻"而已，其实是留意得很。有资料记载，郗鉴的女儿才貌双全，遐迩闻名，王羲之不可能无所闻，不然也不会"忝列"候选人的队伍里了。

王羲之这一与众不同的形象展示赢得了未来岳父的高度认同，太傅只说了三个字："此正好！"

这让我想起了一位同学。他个子不高，面目黧黑，腰圆膀阔，嘴唇耷拉两撇胡子，有藤野先生的气质；穿着极不讲究，一个星期不换一件外套，领子袖口乌黑发亮。知道的他是一学生，不知道的以为是穿梭街头的行为艺术家。他买袜子论斤，到地摊上称半斤袜子回来，穿完这半斤大概要个把月。袜子就不用洗了，穿完最后一双，先前穿过的经风吹日晒，气味已经蒸发，再轮回穿。我羡慕他，也佩服他，不在乎人家评说，也不在女孩子面前做作，本色示人，洒脱、豁达。用王小波的话形容他合适，"一只特立独行的猪"。

后来他说了他的相亲故事。他找了一位女朋友，但女方父母见他其貌不扬，边幅不修，坚决反对。女朋友却跟定了他，非他不嫁。最后父母答应让他上门再一次接受考核，决定取舍。他还是老样子，老老实实的回答并没有令二老满意，女朋友伤心绝望，他也心灰意冷。拖到吃晚饭的时间，他一口气吃了三大碗饭。临走，女朋友的父母对他说："你俩的事我们不反对！"她和他都惊讶了。后来，女朋友告诉他，是因为他能吃三大碗饭。我们见过他的妻子，斯文秀丽。

我参加工作后，有位熟人找对象也遭对方父母反对，我把这个故事讲给他听。他很兴奋，认为父母亲给女儿找个能吃能做的人托付终身，可以理解，便如法炮制，中午吃得极少，饥肠辘辘到女友家，第一碗狼吞虎咽，第二碗细嚼慢咽了，最后忍不住打了饱嗝。回来复述，众人爆笑。

"此正好"三字，无王羲之，太傅不能语也；无太傅，王羲之亦不可得。先前那位同学差可拟之，后来这位弄巧成拙了。

《使马圉》的启示

  这次跟岗的是广州大学培训的第六批中学骨干教师，我给他们推荐了冯梦龙的《智囊》，用意是要大家在教学之余体会一下古人的智趣，轻松心情。一天在他们的微信群上看到钟小鸿和林琅两位老师聊天，说到《智囊》里的一则小故事，题目是《使马圉》。故事是这样的：

  孔子行游，马逸食稼。野人怒，絷其马。子贡往说之，卑词而不得。孔子曰："夫以人之所不能听说人，譬以太牢享野兽，以《九韶》乐飞鸟也。"乃使马圉往，谓野人曰："子不耕于东海，予不游西海也，吾马安得不犯子之稼？"野人大喜，解马而予之。

  马吃庄稼被农夫扣下，子贡前去讨要。子贡善于经商，利口巧辞，应该是与人沟通的当然人选，而且在农夫面前他表现谦卑，可农夫不为所动，不肯还马。后来派马夫去，马夫说得直接，他的意思是："你不曾在我们东海边耕种过，我也不曾来过你们西海地区游玩，但两地的庄稼没有什么不一样的，我的马怎么会不吃你的庄稼呢？"猪牛羊马的本性，只认庄稼，不论所

教材别解 161

属，农夫觉得实在，对了胃口，大喜，马上把马还了。

冯梦龙对原文有一番解读。他说：

> 人各以类相通。述《诗》《书》于野人之前，此腐儒之所以误国也。马圉之说诚善，假使出子贡之口，野人仍不从。何则？文质貌殊，其神固已离矣。然则孔子曷不即遣马圉，而听子贡之往耶？先遣马圉，则子贡之心不服；既屈子贡，而马圉之神始至。圣人达人之情，故能尽人之用；后世以文法束人，以资格限人，又以兼长望人，天下事岂有济乎！

他总结出来的是用人之术、管理之道。和一个农夫打交道，满口"四书""五经"，人家不知所云，以为你卖弄，瞧不起人，心里头还会生气，此其一。退一步讲，如果子贡套用马夫的话去劝说，农夫也不待见，一看子贡的穿着气质，就知他跟自己不是一路人，说出来的话即使有道理也不愿接受，此其二。所以孔子最后派马夫去解决问题，开始不让马夫去，是给子贡面子，怕他不服气，等碰了钉子，他才会明白其中的道理。冯梦龙最后说，圣人能通达事理人情，用人之长，后世以刻板的规定束缚人，以天赋身份阶层等资格限制人，以兼有各种才干来要求人，那么天下的事还有做得好的吗？

冯梦龙言之有理，不过我悟出来还有另外一番道理。

这是孔子给他弟子上的一节课。《使马圉》所记是孔子的教育方法，它启发我们提问时，要注意方法，先请弱一点同学答，再请较好一些的同学答，错在哪儿、对在哪儿便都清楚了。课堂应该让错误呈现，创造教学的契机，这叫发现问题、解决问题。

常见一些公开课，老师提问，下面举手一大片，学生站起来对答如流。备课设计的所有问题都流畅无碍地被解决，不是事先操练过，就是老师专挑了好的一拨同学答问，这样的课堂看起来精彩，但实际效果存疑。一个班几十个同学，肯定存在能力的差异，如果不让错的答案或不够好的答案反映出来，教学的意义就失去了大半。孔子开始让子贡去要马，等子贡受挫再遣马夫，是为创造一个教育的机会，让大家明白怎么做不合适，怎么做合适，这样教育才会深刻有效。如果越过子贡这个环节，大家就会稀松平常地看待马夫的方法，并不会深入思考个中缘由。

课堂上老师要想办法让不同学生把自己的想法展示出来，才能有的放矢，做出最有价值的教育。《论语·公冶长》里有一则：

> 子曰："盍各言尔志？"子路曰："愿车马衣轻裘与朋友共，敝之而无憾。"颜渊曰："愿无伐善，无施劳。"子路曰："愿闻子之志。"子曰："老者安之，朋友信之，少者怀之。"

子路慷慨、豪爽，是能为朋友两肋插刀的英雄，然格局不够大。颜渊说不炫耀自己善与劳，说明他既要为善、操劳，又需谦虚、恭慎，不虚夸张扬，眼界不在一人一事上，对自己有更大的期许，尤其注重个人修养。两人的志趣在孔子看来还不够，孔子在子路的请问之下，说出了自己的理想，他关注老人能安度晚年，人与人相互信任，少年得到关怀和教育。这是大的情怀和境界，《礼记·大学》里说的修身齐家治国平天下，即此之谓也。

孔子学问广博，性格宽厚，有很强大的人格魅力，故能造出宽松、随性的教学氛围，弟子们就喜欢提问。子贡聪明，勇于任事，自然也爱提问。兹举一例，见《论语·颜渊》：

> 子贡问政，子曰："足食，足兵，民信之矣。"子贡曰："必不得已而去，于斯三者何先？"曰："去兵。"子贡曰："必不得已而去，于斯二者何先？"曰："去食。自古皆有死，民无信不立。"

粮食充足、军力充分、百姓信任是执政者的追求，而三者最重要的是民信，次之粮食、军备。为什么粮食不在首位？孔子说得很清楚，失去了老百姓的信任，政府就会垮台；反之，百姓即使处于穷困，也会和政府站在一起共渡难关。《反身录》有解释："人心一失，馀何足恃？虽有粟，乌得而食诸？"政府要取得老百姓的信任，就要为老百姓着想，粮食充足也是以此为前提的。荀子记录孔子与鲁哀公的对话，孔子说："君者，舟也；庶人者，水也。水则载舟，水则覆舟。"说的也是这个道理。

子贡有多次这样的追问，最后把关键都问了出来，学生们很受用。

所以，想方设法尽量让学生多提问，多发表意见，是教学极其重要的环节。当然方法因人而异，老师可以各显神通。

"山川异域，风月同天"等留言的趣味

新冠感染疫情初期，国际社会纷纷给予中国援助，日本乃其中之一。他们在援助物资上的留言引用了汉语诗文，这种表达心声的方式引人注目，很多网友认为用得贴切巧妙，给人久违的亲切感。下面就其四则赠语赏析一二。

山川异域，风月同天

这是日本捐给武汉市物资的诗句留言。诗的作者是古时的日本王子，但他是用汉语写作的。原诗题为《绣袈裟衣缘》，共四句："山川异域，风月同天。寄诸佛子，共结来缘。"唐明皇时期，日本天武天皇之孙长屋制作了一千件袈裟，都在衣服边缘绣了这四句韵诗，送给大唐僧人，邀请他们到日本传法。这首韵诗可以说是当年鉴真和尚东渡的缘起，也是中日友好往来的见证。

两句诗意蕴深厚，说两国山河虽不一样，但人们都生活在同一片天地之间，共享一样的清风明月。话外之意是，既然"风月同天"，就应该相互关心与帮助。诗意的表达，更含真挚而美好的感情。中国文化很早就有"人类命运共同体"的理念，《弟子规·泛爱众》里就说"凡是人，皆须爱，天同覆，地同载"，同为天地生人，皆须相敬相爱。而《弟子规》是启蒙读物，国人自小就有这种意识的培养，因此对这两句诗会有特别的认同感。

再有，借"山川""风月"来表达各有其土共有其情的含意，有着特殊的修辞效果。

我们看中国古代与月亮有关的诗词，比如南朝谢庄《月赋》的"美人迈兮音尘阙，隔千里兮共明月"，唐代张九龄的"海上生明月，天涯共此时"等，都说亲友远隔千里，但可以同时仰望天上的明月，这样能在心理上消除人与人之间的距离感，加之皎洁柔和的光芒，把黑夜照映得明亮，使人的情绪变好，如此，月在诗人笔下便寄托了思念之情，或以传达问候和祝福。"风月同天"的"月"自然也蕴含了日本人民对中国人民的关切之情、牵挂之意，较之直白的叙述更有春风拂面的暖意。加上两句诗对仗工整，平仄相对，读来上口，余香绕颊。《左传》记孔子的话"言而无文，行之不远"，"文"就是这类的修辞手段。长屋王子是能深味汉语妙处的。

岂曰无衣，与子同裳

这两句是从《诗经·秦风·无衣》摘来的句子，全诗为：

岂曰无衣？与子同袍。王于兴师，修我戈矛。与子同仇！

岂曰无衣？与子同泽。王于兴师，修我矛戟。与子偕作！

岂曰无衣？与子同裳。王于兴师，修我甲兵。与子偕行！

据今人考证，公元前771年（秦襄公七年，周幽王十一年），周王室发生内讧，导致西北面的戎族大举入侵，攻进了镐京（今西安市长安区），周王朝土地大片沦陷，秦国靠近王畿（京都），与周王室休戚相关，遂奋起反抗。这首诗应该在这一背景下产生的。

那么，借用这两句诗能打动人心的原因何在？

《诗经》主要是民间歌谣，有人认为缺乏技巧，大多数直陈其事，间有比兴，韵味不足；可有人认为《诗经》才是中国文学史上最美的诗歌。如果从诗歌诵读效果和实用价值看，这种评价毫不过分。好的诗歌就是因为文字简单，通俗易懂，才口耳相传，深入人心。一首佳作不是作者一写完就能盖棺定论的，需要经过人们的传诵被时代和历史认可，才算得上伟大的作品。比如李白的《静夜思》"床前明月光，疑是地上霜。举头望明月，低头思故乡"，恐怕是天底下知道的人最多，也是国人最为熟悉的诗了，无他，乃其朴实、直白的表达风格所致。《无衣》就是这种风格，大白话叙事，开头两句就能抵达人的心底。全诗用现代白话翻译出来是：

　　谁说你没衣服穿？给你穿我那战袍。君王发兵去打战，修整我那戈与矛，杀敌与你同目标。
　　谁说你没衣服穿？给你穿我那内衣。君王发兵去打战，修整我那矛与戟，杀敌与你在一起。
　　谁说你没衣服穿？给你穿我那下裳。君王发兵去打战，修整甲胄与刀枪，杀敌与你奔前方。

另外，朗诵、咏唱时的重章叠句、回环反复，让读者感情不断递进，愈来愈强烈地感受到秦军战士出征前的高昂斗志。这些词句回荡在今天这个抗疫战场上，同样能让疫区的人们感受到一种强大力量，温暖人心，鼓舞士气。

　　此外，反问句式、人物称谓的使用产生了令人震撼的艺术效果。连续三个反问句，"岂曰无衣"，直贯而下，不断强化反问的语气，甚至成了一种责问。反问原不必答，却偏要答，而且掷地有声，"与子同袍/与子同泽/与子同裳"，传达一种义薄云天的豪迈之气，一种举重若轻的潇洒风度。或许我们会想到子路那种"愿车马衣轻裘与朋友共，敝之而无憾"的洒脱，怎么不为之热血翻涌？再看人物的称谓，"子"是尊称，显示对对方的敬重和友好，到后面"我"与"子"对举："修我戈矛，与子同仇/修我矛戟，与子偕作/修我甲兵，与子偕行。"你我已然一体，肝胆相映。

　　捐湖北物资的这则赠言，抽取的只是"岂曰无衣，与子同裳"两句，但聚拢了整首诗的氛围。我们由此能读出慈悲、勇敢和真诚；读到人的一种非常宝贵的品质。

辽河雪融，富山花开；同气连枝，共盼春来

　　这四句显然是新写的，写得好。这是日本富山县捐辽宁的物资赠言。前两句对偶，又互文，亦双关，融入三种辞格。先以河、山对举分写中、日两个地方；再言辽河、富山的雪都会融、花都会开；既道冬去春来，又寓疫情终将过去、安好的日子必将到来之意。"同气连枝，共盼春来"，这两句明确表达中日两国人民有着兄弟般的情谊，共同祈盼春天到来。整首诗色彩鲜明，透露出蓬勃

的生机，令人感奋。

补充解释一下"同气连枝"。《易·乾》云："同声相应，同气相求。"指同样的声音能产生共鸣，同样的气味会相互融合，常用来指人的志趣、意见等相一致；还指有血统关系的亲属，包括兄弟姊妹等，如曹植给魏明帝《求自试表》里说："臣敢陈闻于陛下者，诚与国分形同气，忧患共之者也。"分形同气，就是说形体不同，却是骨肉相亲，气血相同。同气还可以用来形容夫妻，如晋杨方《合欢》诗："同声好相应，同气自相求。我情与子亲，譬如影追躯。""连枝"比较好理解，谓同根所生的枝叶相连，喻兄弟夫妻关系亲密，白居易《长恨歌》里便有"在天愿作比翼鸟，在地愿为连理枝"。

短诗里把两地人拟之为兄弟，是中国文化辐射的结果。农业文明孕育中国人重血缘、以家族为中心的观念，进而在非血缘关系的群体里也常以叔伯姑嫂、兄弟姊妹相称，因此与亲戚相关的成语俗语特别多，比如指称兄弟及言其情意的，除了"同气连枝"，还有"孔怀""棣华""昆玉""跗萼""金兰""鹡鸰""荆花""手足之情""情重姜肱""四海之内皆兄弟"等。作者借兄弟关系的表达更显出捐赠者的拳拳盛意。如果说上一则"与子同袍"是朋友间的慷慨和豪气，这里的"共盼春来"就是兄弟般的温暖和柔情，两则有异曲同工之妙。

青山一道同云雨，明月何曾是两乡

与朋友告别的古诗词，有太多名篇佳作。我从"说愁"的角度将其分为三类。

第一类是不加掩饰，直接述说离别之苦，想念之情。简单说：有愁说愁。如王维的《渭城曲·送元二使安西》："渭城朝雨浥轻尘，客舍青青柳色新。劝君更尽一杯酒，西出阳关无故人。"李白的《黄鹤楼送孟浩然之广陵》："故人西辞黄鹤楼，烟花三月下扬州。孤帆远影碧空尽，唯见长江天际流。"前一首主要直抒胸臆，后一首借景抒怀，都在诉说愁肠。

第二类是调整心态，以意志力等因素抗之。可以说是：有愁不要说愁。如高适的《别董大》："千里黄云白日曛，北风吹雁雪纷纷。莫愁前路无知己，天下谁人不识君。"以及他的《送李侍御赴安西》里的"虏障燕支北，秦城太白东。离魂莫惆怅，看取宝刀雄"。前一首劝朋友不要愁，凭朋友的知名度不担心没有知己，不担心寂寞。后一首也劝朋友不要愁，把注意力放在边境建功立业的大事上。王勃《送杜少府之任蜀州》的"海内存知己，天涯若比邻。无为在歧路，儿女共沾巾"，率性相劝，不要在分别路口，像小儿女们一样掩巾啼泣，甚至含有对言愁举止的轻蔑。李白的《送友人》："浮云游子意，落日故人情。挥手自兹去，萧萧班马鸣。""挥手"的姿态潇洒，不同于折柳不舍的凄凉场景，别就别了，走吧，听离群而去的马鸣，高亢其声，奔前程去也。

第三类是超时空视野下的达观态度。换一句话表述：无愁，无须说愁。

王昌龄这首《送柴侍御》便是。全诗为：

沅水通波接武冈，送君不觉有离伤。
青山一道同云雨，明月何曾是两乡。

诗人送柴侍御到武冈任职写了这几句诗，大意是沅江水路处处相通，连接着你要前去的武冈，此时我送你远行，不觉得有离别的伤感，因为两地的青山能一同接受云的荫蔽和雨的润泽，我们同顶一轮明月又怎么会是身处两地呢？

日本舞鹤县截取后两句写在捐赠大连的物资上，这个表达与"山川异域，风月同天"近似，意思是你我虽各处一地，但心意相近，情谊不离。类似的还有宋人乐雷发的《送李焕云赴恭城主簿》，中有"恭城山水接三湘，应觉他乡是故乡。官况不妨栖枳棘，客程还见食槟榔"句，不仅水路相连，路途所食也无异，他乡能作故乡看了。苏轼在《定风波·南海归赠王定国侍人寓娘》里说："万里归来颜愈少，微笑，笑时犹带岭梅香。试问岭南应不好，却道：此心安处是吾乡。"此心安了，就是在他乡找到了归属感，愁自然消了。

这类诗，不说愁，也不想法子转移忧愁，而是没有了忧愁，干脆把他乡认作了故乡。这种超然的态度源于对人类共同生存环境的认同感，从浅处说，山水相连，往深处讲，人心相同。既然同在天地之间，又彼此心意相通，即便远在天涯，也在咫尺之间了。舞鹤人直接就把大连人当作乡人和家人了。

告别诗的第二类和第三类，用神秀与慧能的偈子差可拟之。神秀的"时时勤拂拭，勿使惹尘埃"，是心有尘埃要拂拭之；慧能的"本来无一物，何处惹尘埃"，是去掉了人的执着，自然就不见了尘埃。同理，第三类诗自然就不见了忧愁，其境界更高。

这种境界或许还与中国儒家的天下观有关系。《礼记》说"大道之行也，天下为公"，这个天下突破了中原的疆域，视天下为一体，而且认为天下是天下人的天下。儒家文化有"亲友善邻，协和万邦"的理念，其依据是人类拥有共同的本有的价值观即仁义，"天下归仁"，就有"远人不服则修文德以来之"的效果，就能形成"老吾老以及人之老，幼吾幼以及人之幼"的风气，则可使"老者安之，朋友信之，少者怀之"，最终成了一乡一家之人了。也因为这种思想的影响，大唐时期就有异邦"山川异域，风月同天"的共鸣了。

观以上几则赠语，我们体会到了借助文化力量，还能在物质之外实现更多的人文关怀。班固《汉书·艺文志》说："古者诸侯卿大夫交结邻国，以微言相感，当揖让之时，必称诗以喻其志，盖以别贤不肖而观盛衰焉。"古时诸侯国之间的交往，往往以一种微小的言辞之力，感动对方。先秦时代的大夫不熟诵《诗经》，是不敢揽"揖让"的活，《左传》就记载了不少微言相感的故事。这是一种文明的标志，即使是在剑拔弩张的对峙中，在疫情严峻的形势下，也展现出一种胸襟和风度，所谓人之贤、国之盛亦由此知之。日本的这几则赠言传递过来不只是温暖，还有提醒，我们应该把那些尘封的文化宝藏翻找出来，仔细擦拭，让它在今天再放出明亮的光来。

谈语气词的作用和地位

我以为，古人感情比现代人丰富，他们文字里面的情绪很饱满，从语气词可以窥知。

我跟学生讲《伶官传序》，说晋王李克用临终时，拿出三支箭对他儿子李存勖说："梁，吾仇也；燕王，吾所立；契丹，与吾约为兄弟，而皆背晋以归梁。此三者，吾遗恨也。与尔三矢，尔其无忘乃父之志！"

"尔其无忘乃父之志"的"其"是加强语气的副词，绝不可以省。省了，深长的意味就没了。现代汉语在主谓之间通常没有这样的语气副词，而用意义比较实的副词替代，可以说成"你千万不要忘记你父亲的心愿"！"千万""一定"之类的词意比较明确，有一定力度，但生硬，给听者的压力简单直接，不及"其"的意蕴深厚。

"其"字在主谓之间造了一个时差，先慢上一拍，给人警醒；接着，这个拉长的字音能传达出殷殷劝导之意，切切期待之情，听者更容易受到感动和鼓舞。你试着读读便知。现代汉语的语气词可以放在句末，但效果差了，如"你不要忘记你父亲的心愿啊"显得无力。放在中间，可以说成"你呀不要忘记你父亲的心愿"意思就更不一样了，这个"呀"字可能传达一种批评的意味，甚至有点不放心，听的人心里不一定痛快。

再来看《鸿门宴》里这段话：

> 张良曰："谁为大王为此计者？"曰："鲰生说我曰：'距关，毋内诸侯，秦地可尽王也。'故听之。"良曰："料大王士卒足以当项王乎？"沛公默然，曰："固不如也！且为之奈何？"张良曰："请往谓项伯，言沛公不敢背项王也。"

"谁为大王为此计者？""者"字不要，不影响意思的表达，无非是追问谁替刘邦出此计策的。但加了这个"者"，语气由简促变得沉重，夹带强烈的埋怨情绪，现代汉语里的"呀"无法替换。"呀"音可以拖长，像射出去的箭，箭尾还在颤动；"者"不会的，像小李飞刀，扎进去就稳稳不动了，透出极深的恨意，怪不得刘邦立马斥出此计的人为"鲰生"。

张良那句"料大王士卒足以当项王乎"的"乎"比我们今天说的"吗"语气重得多，"吗"大致等同于"耶"，属于一般疑问语气词，如《促织》里的"得无教我猎虫所耶"上句如改成"料大王士卒足以当项王耶"，似乎张良真是不知内情，确有疑虑在心而讨问刘邦，"乎"字则不然，虽非反问句，但完全能体会出张良的意思，刘邦军队肯定敌不过项羽，这个响亮的"乎"字含有指责的意思。后来有个情节，项羽对闯进军帐里的樊哙大为欣赏，在他喝了一坛酒，咬了一条生猪腿肉后，问他："壮士，能复饮乎？"不用"耶"，用"乎"，问得豪气，樊哙配得上这个"乎"。白话里似乎找不到这样高傲、大气的疑问词。

原文三个"也"字也各有意趣。鲰生劝刘邦："距关，毋内诸侯，秦地可尽王也。"自负得很，做王不在话下了。张良问刘邦军队能否抵挡对方时，刘邦说："固不如也！"满含无奈，语气蔫蔫的。张良建议刘邦，实际是指示刘邦："请往谓项伯，言沛公不敢背项王也。"语气十分肯定，不容置疑。同为"也"字，第一个"也"的傲气，第二个"也"的低落，第三个"也"的果断。《史记》的好读，引人入胜，与司马迁善用语气词也不无关系吧。

古人还喜欢连用语气词，加强说话人的感慨程度。

子路、曾皙、冉有、公西华围坐在孔子身边谈各自的志向，谈完后曾皙落在后面，问老师怎么看其他三人的回答，孔子说："亦各言其志也已矣。"有个"矣"字似乎也够了，但孔子为了不使曾皙多虑，连用三个语气词"也已矣"，包含的意思是，这不过就是说说自己的志向罢了，没什么的。这种没有实意的虚词连用，能强化说话人的态度，孔子的目的是要让言志这件事显得轻描淡写，营造了一种轻松的氛围。曾皙的心事较多，言志在三人之后，而且还要迟疑一番，孔子和他说话就会舒缓、轻柔些，曾皙便有了后面的追问，于是孔子说出来了自己的观点："为国以礼，其言不让，是故哂之。唯求则非邦也与？安见方六七十如五六十而非邦也者？唯赤则非邦也与？宗庙会同，非诸侯而何？赤也为之小，孰能为之大？"

若非孔子对学生性格心理的体察入微，讲究说话的艺术，便不会使学生说出自己的疑惑和思想，教育也就无法展开。

梁惠王和孟子对谈。梁惠王很沮丧，自己为国家尽心尽力，但还是不比邻国发展得好，所以见孟子的头一句话就发牢骚："寡人之于国也，尽心焉耳矣。"翻译成白话文是："我对这个国家可算尽心了啊。"文言文和白话文的语气仿佛，但还是前者的"焉耳矣"表现力度大。前面分句一个"也"字做了铺垫，最后三个字"焉耳矣"，每个字都是一声叹息，一字比一字的音拉得长，又各有侧重，痛心、无奈、失望，尽在其中。你把"啊""呀""啦"组合起来，没这个效果，现代汉语这些词的语气相近，拼在一块，反而显得滑稽。当然我们现在也有语气词连用的，比如"哎哟喂""哎呀呀"，还有后起的"哇"等，这些只能单独使用，仅表示惊叹而已。

古人也有这种单独使用的叹词。如，《庄子·养生主》里梁惠王感叹庖丁的宰牛技艺："嘻，善哉！技盖至此乎！"《师说》中韩愈感慨："嗟乎！师道之不传也久矣！"李白在《蜀道难》里劈头就喊："噫吁嚱，危乎高哉！蜀道之难，难于上青天！"这里的"嘻""嗟乎""噫吁嚱"，都是叹词，变化比现代汉语还是多一些。

语气词丰富跟情感丰富是有关系的。越现代化，人的情感需要越简单。一是忙碌浮躁的生活状态容不得你细致品味人生，二是电话、微信、QQ、微博的使用使人的交流极为方便，因而也变得随意和粗糙，语气词的使用也就越来越少，需要强化一下感情的话，就用表情符号替代，很多时候发出去一个笑脸，其实自己根本就没有笑。

文言文里的虚词，有两则陈旧的感想，附在这篇文章后面，可以补充说明一下语气词的某些特点。

有一位同学问我：老师，"者"为何不能做主语？我愣了一下，突然觉得"者"好委屈，挨着动词形容词使其华丽转身为学者、富者之流，当然也敢于定性不好的群体，如"恶者""肉食者"，但自己只是个附庸，什么也不是。有的字词孤单，它便去陪伴，"今者、昔者"。句子长它挤进去让人缓口气："吾二臣者皆不欲也。"跟在最后帮人压阵："然往来视之，觉无异能者。"这个毫不利己专门利人的"者"却不能单门立户。人生如"者"，悲哀乎？崇高乎？

有人认为"者"之本义是楮，一种常绿乔木的树名，后世所用之义乃是假借。《山海经》郭注"楮"：冬夏生，子可食，做屋柱，难腐。原来人家是一条汉子，后为他人作嫁衣裳。

还有一位同学追问：同为虚词，"其"做主语却不居句末，"者"不当头而常列句尾？我只能说这是命。语法乃社会缩影。词有分别敬谦褒贬，人有等次贵贱尊卑；词有实虚各司其职，人有分工各谋其事。无怪乎仓颉造字时"天雨粟，鬼夜哭"。鬼之哭，乃因字开民智，知有上下内外穷达显隐，遂起争夺杀戮，世间再无宁日。

其实，人家"其"，本字为"箕"，扬米去糠的器具，每家每户必备。它还是二十八星宿名之一，身份显赫，东汉蔡邕《独断》称，"风伯神，箕星也。其象在天，能兴风"，却无奈沦为虚字，与"者"命运仿佛。

这大概是这些语气词给我们的另一种启发吧。

      ·   ·

补注：问"者"字的同学叫早裕，人较瘦小，眼睛很亮。名字特别，我就记了下来。估计乃父受启发于邓小平"让一部分人先富起来"的名言，简而言之，"早点致富"，叫"早富"俗了，"早裕"则雅正，有文化品味。姑妄猜之，是否缘此，待求证本人。

招聘老师的两道题

招聘语文老师，我出过两道小题，从《桃花源记》里找的。

渔人一番周折，闯入了桃花源，见到了良田美池，黄发垂髫，这和老子"甘其食，美其服，安其居，乐其俗"的理想差不多，应该是《诗经·硕鼠》中劳动者们呼唤的"乐土"。

桃花源人诚实、热情，把他们来这里的原因告诉渔人，并轮流邀他到家吃饭喝酒，还住了好些天。渔人离开时，此中人说了一句很重要的话，离开后渔人做了一件很重要的事。原文这么说的：

> 自云先世避秦时乱，率妻子邑人来此绝境，不复出焉，遂与外人间隔。问今是何世，乃不知有汉，无论魏晋。此人一一为具言所闻，皆叹惋。余人各复延至其家，皆出酒食。停数日，辞去。此中人语云："不足为外人道也。"

> 既出，得其船，便扶向路，处处志之。及郡下，诣太守，说如此。太守即遣人随其往，寻向所志，遂迷，不复得路。

第一题问：桃花源中人为什么对渔人说"不足为外人道

也"？这样说似乎自私了点，会有损桃花源人们的形象吗？对主题表达有无影响？

第二题是，最后渔人没有遵守此中人的叮嘱，将其所见报告给了太守，渔人做法是否不厚道？作者这么写的用意何在？

这两个问题教参没怎么深究。

从原文看，桃花源有三个特点。第一，环境优美，人们生活富足，幸福指数高。这样的社会人皆有良好的道德品质，福利制度也健全，不然不会有"黄发垂髫，并怡然自乐"的和谐景象。第二，人人平等，自由度高。渔人到来后，不见有官员身份的人过来问话，以及安排渔人食宿。"村中闻有此人，咸来问讯"，是自发的；"设酒杀鸡作食"，宴请渔人也是自愿的，没有任何人干涉。第三，应该建立了比较完整的规章制度，或曰乡规民约。比如田地开垦、沟渠建设、物质交易、贫困救济、纠纷处理、奖善惩恶、对外关系、主事人选等等，都有公众的讨论和选择。这不是臆想，他们"先世避秦时之乱"，历经五六百年都安居乐业，必然改变了秦时的专制暴政，拥有一个稳定的社会形态，这种稳定且不是压迫形成的，要不然，他们听渔人说改朝换代的事，就不会"皆叹惋"。"叹惋"就是叹息，表示遗憾和同情。

基于此，"不足为外人道也"可以理解，把外面那种混乱的场景搬进来太可怕了。本来就为避秦时之乱集体隐居于此地，岂可回到从前受二茬罪？再说，拥进来的人太多，资源紧张，势必带来利益的重新分配，难免冲突，桃花源的安宁幸福马上就会失去。因此，说桃花源的主人们自私，不公允，这种所谓的"自私"，是出于保卫自己生活的想法，无可厚非。

从作者写作意图看，不告诉外人还表达自己对当下社会现状的极大不满。渔人若广而告之，必定会招惹来那些有野心的军阀，这块净土就不复存在了，因此作者要维护他的理想社会的纯净与美好。如果天下太平，处处皆桃花源，你与外人道不道都没关系。所以，这句话不会影响主题表达，反而加强了对现实的批判性。

当然，你处在外人的角度看，说桃花源人有点不近人情，也无不可。人都向往自由自在、幸福安宁的生活。你的向往，他的婉拒，都可以理解。

至于渔人向太守报告这个所在，不排除有请功领赏的想法，这是有点不厚道，但也不排除渔人怀有美好愿望，让领导干部去参观取经，回来好好学习。不过，我想"报告"这个细节更大可能是作者特意为之，哪有"处处志之"还找不到的，连那个叫刘子骥的隐士也没找到，还落下一场病，死了。真是奇怪，除非渔人闯入的是另外一个维度的空间。其实，写到这里，作者又明白过来了，这样的桃花源在一个统治集团专权荒淫、内部互相倾轧、军阀连年混战、赋税徭役繁重的动乱时代是不可能存在的，结尾看似给桃花源再覆盖上了一层神秘的面纱，其实是作者的自我否定。在《桃花源诗》里作者重复了这个乐土理想，同样发出"借问游方士，焉测尘嚣外"的叹息，那个桃花源不过是海市蜃楼，渺不可寻。最后两句说的"愿言蹑清风，高举寻吾契"，是不甘心之语，希望是不能泯灭的。支撑人生的是对未来的希望，并非现实，现实往往是不尽如人意的。小时候寄希望于长大，中学寄希望于大学，农村干活寄希望于城市打工，工作劳累寄希望于退休清闲，日渐衰老又寄希望于转世或上天堂，等等。仔细想想，写桃花源文字时陶渊明是快乐的，也是痛苦的。

写作漫议

《老照片的故事》序言

　　"老照片"，应该是有一定年纪的人喜欢提起的话题。像我，就喜欢翻老照片，趴在故纸堆里回味过往的生活，发发感慨。我想过一个问题，人在当时行动过程中的感受，与时过境迁的当下会有差异，过去的无论是快乐、得意、骄狂，还是窘迫、失落、忧伤，通过照片、影像、文字、口头交流回过头去看，都值得回味。这是为何？我想大致有三种原因。

　　一种是因为曾经美好。书中的《拾年》描述母亲年轻时在海边留下一张照片，作者问母亲当时的心情，除了兴奋还有什么，母亲说："除了兴奋，大概还有对未来的期待吧。"当年和男朋友去看大海，除了兴奋还有什么呢？不需要了，足够了，但母亲在儿子的追问之下，补了一句。这一句是今天对当时心情的回想，这种回想融合了今天为人妻、为人母之后的体会。那一年海边那个女孩或许没想这么多，但潜意识里面有，直到今天才显露，多么美好的感情。文章里我们看到母亲眼里起了"波澜"，是因为多少年过去，母亲的时间和精力被家庭和事业瓜分殆尽，甚至也没有闲工夫去缅怀一段单纯快乐的时光，所幸儿子的老师布置了这个作业，打开了发黄的相册。一打开，就是一片记忆的海。每一朵浪花，都愈发饱满，也愈发明亮。

另一种是因为时间沉淀。彼时彼地我在做，做我认为要做的事情，对或错都是当时的判断。多年以后，那些活动场景被回放，快过或慢进，自己的看法有了改变，所有的过去都是一种不可改变的存在，错也好，对也好，都属于自己，我都接受，和命运和解，即便重来一次，发生的还是会继续发生。这时对过去的回望是对人的重新审视，自然会有个人更新的感情和体悟流出。我高中毕业那年，和几个同学爬山合影留念，照片洗出后在背面无所顾忌地填了一首所谓的《卜算子》："静立池塘边，极目望远山。再无忧挂心中愁，更有志气坚。莫笑吾之志，昂欲争上游。待到花苞开放时，平步上高楼。"不晓格律，不推敲词句，就是一种少年的傲慢。有一段时间认为自己成熟了，就笑当年词作的直白、了无韵味，以及想法的幼稚、狂妄。过了些年再看，虽然还夹着些惭愧，但也能原谅年少轻狂的表现，还觉得那时的我多么纯粹和可爱。芒鞋一杖踏尽千山，轻舟一棹行遍万水，丢失多少，又捡回来多少，人在不断地成熟。人之成熟是对自己不断否定而又肯定的过程。我以为，四十不惑，是因为否定；五十知天命，是因为肯定。肯定的最后结果是"从心所欲不逾矩"。

　　还有一种撇开经历本身的对错、悲喜，纯粹在怀念青春。过去已经过去，过去不能重复，而生命的脚步不会停止，今天也将成为过去。人在这样的时间观念里看待生命，不免有王羲之"向之所欣，俯仰之间，已为陈迹"的感叹。因此，人们总对自己相对年轻时的事情充满眷恋之情。一些经历"文革"且受过迫害的老人，在公园里大唱红歌；或者一边锻炼一边听红歌。照说来，红歌难免会引发某些不愉快的经历，但他们会说"红歌好听"，这里固然有价值观的差异，但更多的是老人们在怀念曾经的自己，在那熟悉的旋律里有少年情怀、青春热血，我们断不能概言他们守旧、糊涂。

那个叫李铮蕾的同学注意到了老照片上妈妈的那条蓝裙子。二十世纪八十年代初期，人们并不富裕，一个十几岁的女孩能有这样一条款式新颖的蓝裙子，多叫人艳羡啊。二十多年过去，妈妈青春不再，或许，眼角有了鱼尾纹，头上也藏了几根白发，照片中的女孩，仿佛是另一个人，她成了一个故事，一段内容丰富、意味隽永的历史。时间流逝无情，它删减了生命；时间流逝也有情，它装饰了过去。母亲进入到自己的故事里去的时候，"脸上浮现出了不属于她这个年龄的小女孩似的兴奋"。多么珍贵的感情。人在中年陷入少年的遐想，老树新枝，给人更多的喜悦，也像远离故乡的游子，上了岁数再吃到小时候熟悉的家常菜，味觉记忆里都是母亲的温暖和童年的欢乐。

这次，初一年级开展"老照片的故事"写作活动，让孩子们阅读爸爸妈妈年轻时的照片，并记叙与照片相关的故事。爸爸妈妈乐意，孩子们好奇，两代人之间得到一次促膝并谈的机会，无论思想，还是情感，都会有交流、碰撞、融合，效果一定好。那一张一张的照片，静静地向孩子们叙说色彩已经黯淡的故事；还夹杂着大人的感慨，像播放的老唱片，咿呀声里透出多少沧桑。初一的孩子还都是十二三岁，少不更事，但我从他们的文字里面看到了几分成熟。这种成熟，是对人生也是对历史的认知。这些认知，岁月给了父母，父母给了孩子，孩子自然地会更加爱惜生活，生活也就多了许多感人的东西。

王丽丽、林沐恩、张凌云、周帆等几位老师非常用心。老师的小点子，迸发出了大能量。我们现在喜欢说"小"，人有"小清新"，歌有"小苹果"，书有"小确幸"，电影有"小时代"，"小"是一种无须宏大、不必张扬、实实在在、强调自我体验的行为和感受。语文教学也是如此，无须追求天翻地覆的改变，一些有实际意义的小活动，植入到生活的土壤里去，就会生芽、长苗、开花、结果，给人"小"的惊喜。这些小，其实很大。

我相信，每一位家长阅读到孩子的这些文字，都会很开心。这些文字或许还有些幼稚，甚至也可能有"为赋新词强说愁"的痕迹，但它是可爱的，也是真诚的；是猜想，也是渴盼；是疑惑，也是感悟。这段文字，就铺垫在了他们前行的路上。它的作用，以后会显现出来的。有时候，人生的高度就取决于是不是有这样的一层铺垫。小与大的道理就在这儿。

给学生写作的自由

有一位刚毕业的学生对我说："老师，高考结束后，我觉得自己又找到写作的感觉了！"听罢，我大为感慨，这无异于告诉老师，平时高考作文训练是在禁锢思维，扼杀灵感。仔细想想，简单固化的作文训练模式确实难辞其咎。

我在这里说的写作有两种形式，写作和被写作。前者是内心驱动，因事而议，有感而发，观点自由设定。平时老师提供话题或学生自寻素材写评论，属此类。后者出于外部要求，在给材料甚至给定观点、主题的情况下完成给特定读者阅读的作文。高考作文属于后者。这种作文有统一要求，考生必须在相同材料（题目）相同规定下完成写作任务，再由阅卷老师分出高低。此乃选拔人才所必需，但近年来写作限制增多，思维腾挪的空间太窄，学生写作的兴趣越来越低。比如2018年写给2035年18岁少年的信，具体内容依时间顺序列了出来，主题也替考生设定，"你和新世纪的中国一路同行成长，与中国的新时代一起追梦圆梦"；2019年写一篇倡议劳动的演讲稿，材料介绍了劳动的作用，提供了不重视劳动的几种具体表现，然后要求考生发出"热爱劳动，从我做起"的倡议，并提出希望和建议。同样立场，同样内容，同样结构，个人发挥的余地极其有限。

由此，作文训练变得简单。开头根据文体格式要求写好称呼，接着概述材料，概述材料相当于做压缩题；接着直接点明主题或表明写作者的立场态度；然后排列论据，最好两三条论据，用句式相近、字数几乎相等的句子简括，放在每一段的开头，接下去举个例子，再做个扣题的小结；结尾再总结全文，重复前面的话，至多引用一条名言装饰一下。负责任的老师还会细化每一段的内容，一段写几句，分别写什么，用什么句式，类似标准化流水作业。效果都不差，如果卷面整洁的话，都能拿高分。

我曾请一位高考成绩名列全省前茅的同学写一段考场作文的感想，给学弟学妹参考。寄来的文字是这样的："作文，哼哼……耿耿于怀啊，简直是扭曲人性。不过也因为被狠狠扭曲过一下，心得倒是丰富。作文其实很简单，800字，最标准的格式是五段式，开头结尾文笔动人一点，前后注意呼应；中间三段的句式简直都不用变，叙述的人和事变一变，从不同角度不同层次列举就OK了。高考时依此办理，结果好像还不错，不知道这两年有没有变化。还有，瞎编时编得像一点，基本上不会有问题，改卷老师不会有心情去考证的。"不得已而为之。在联考、模拟考中，不少思维活跃、写作能力强的同学喜欢独辟蹊径，结果不妙，改弦易辙后，才迎来"柳暗花明"。

一位写作能力很强的同学参加市区一模考试，作文不及格。其实这篇作文意蕴深厚，就是写得含蓄，没有一目了然地分论点列队。阅卷老师没有耐心琢磨，判了严重偏题。后来参加高考，采用格式化写作，拿了很高的分。这种反差并不鲜见。

除了按模板填充外，填充的内容多假大空。因为考生对某些材料内容缺乏切身感受，写不出真情实感，只能罗列冠冕堂皇的话语。受高考题影响，各地模拟的作文题有思辨性的也不多，喜欢宏大主题，颂扬所谓的"正能量"，考生的豪言壮语也多了起来，像开闸泄洪一样波涛汹涌，的确让人"鸡血"沸腾。所以有人讽刺高考作文是"青楼卖笑，献媚争宠"。话虽粗鄙，但不无道理。

如何改变？首先是命题，应该切合学生的生活实际，让他们写真情实感；不要规定方向、主题，给学生自由思考的空间。2020年有些题目值得肯定，比如全国I卷题，提供管仲、鲍叔牙、齐桓公的基本情况，问哪一位给考生感触最深，以此作文；上海题提了一个问题，世上许多重要的转折是在意想不到时发生的，这是否意味着人对事物发展进程无能为力？浙江题告诉考生个人愿望与家庭预期、社会需要之间的落差或错位难免会产生，就这现象谈自己的看法。这些题目能考出学生的认识水平、思考能力。其次是改卷，创造让学生说真话说心里话的氛围。比如浙江题中个人愿望与社会期待错位，怎么办？不一定非得个人改变以适应社会，个人利益服从群体利益。2018年的"我"写给2035年18岁青年的信，材料列了十多件大事，问："以上材料触发你怎样的联想和思考？"不一定要求考生写好几件事，单写一件自己有真实体验的即可，写一些自己不熟悉的事情那就要说假话空话了。我曾给高二同学写这个题目，一位女同学写自己离开老家到广州读中学，一次回去探亲，发现家乡小县城发生了很大的变化，她很有感触，写出了自己的真实感受和对国家发展的认知。看这样的作文，如春风拂面，亲切自然，但少有人这样写了，怕不够高昂，不够宏大。

胡适先生说过这样一个观点："共产党里面，文章写得最好的是毛泽东。"写得好的原因很多，但肯定有一条，写作的自由。只有不受限制的独立思考，文章才会有真知灼见，语言风格才会或尖锐辛辣，或风趣活泼，不拘一格，不至于像穿三寸金莲走路，颤巍巍的，怕摔倒了去。今天的考场作文也要尽可能地创造让学生自由思考的条件。开头提到的那位同学还不错，有反省意识，好多孩子走出校门就可能会依照中学阶段的训练模板去作文做事，乃至于做人了。长此以往，人会不会变得越来越呆板呢？

想起小时候游戏时唱的一首儿歌，"我们都是木头人，不许说话不许动。……"

怎么能把游戏当生活呢？

仿写课文是有趣的作业

仿写课文或课文的某些片段，是有趣的学习活动。我会和学生一起做这样的文字游戏，说游戏是因为"戏"的成分重，能觉得汉字的趣味，且在这类游戏中师生可以观照自我，观照现实。

人教版选修课文《种树郭橐驼传》里面有这样一段文字：

> 问者曰："以子之道，移之官理，可乎？"驼曰："我知种树而已，官理，非吾业也。然吾居乡，见长人者好烦其令，若甚怜焉，而卒以祸。旦暮吏来而呼曰：'官命促尔耕，勖尔植，督尔获，蚤缫而绪，蚤织而缕，字而幼孩，遂而鸡豚。'鸣鼓而聚之，击木而召之。吾小人辍飧饔以劳吏者，且不得暇，又何以蕃吾生而安吾性耶？故病且怠。若是，则与吾业者其亦有类乎？"

郭橐驼借种树之理批评当时社会管理的弊端，官府喜欢发号施令，烦政扰民，老百姓不能自由安排农活、饲养牲畜、教育孩子，结果生活窘迫、精神颓靡，了无生趣了。同学们讨论时，觉得这与我们时下的教育有些类似，于是师生模拟写了下面一段对话：

师曰："以驼之道，移之学理，可乎？"

生曰："彼不唯知种树而已，学理虽非其业，亦可推知一二。吾辈求学，见师者好烦其令，若甚怜焉，而卒以祸。旦暮师顾而呼曰：'官命促尔预习，勖尔听讲，督尔作业；早学语数，午诵英政，晚习理化。'鸣鼓聚之专家讲座，击木召之领导训话。吾学子辍蹴鞠急飧饔以应命，且不得暇，又何以致吾性而养吾能耶？故病且怠。若是，则与种树者其亦有类乎？"

这些文字多少反映了学生们复习备考的紧张生活。在各级压力下，老师们用上课、考试、作业、辅导把学生的时间安排得满满当当，在不同场合反复叮嘱督促他们，以至于"辍蹴鞠急飧饔"，没时间参加体育活动，吃饭速度还不能慢，自主学习、自由思考的时间被挤占，也就谈不上发展个性、挖掘特长。尤其是某些超级中学被曝光的备考手段，这些文字未能尽其万一。

粤教版说明性文章《说数》，里头有两首小诗，分别写圆周率和零，颇有些意味。

《圆周率》：像一篇读不完的长诗 / 既不循环也不枯竭 / 无穷无尽永葆常新 / 数学家称之为无理数 / 诗人赞之为有情人 / 道是无理却有情 / 天长地久有时尽

《零赞》：你自己一无所有 / 却成十倍地赐予别人 / 难怪你这样美 / 像中秋夜的一轮明月

上一首化用前人诗句，理中有情，情中有理，可谓妙合；后一首以中秋明月比喻零，皆为圆形，得其形似，又因"成十倍地赐予别人"，月亮把光芒洒向大地，得其神似，可谓形神兼备。通过文学性的语言说明数字、符号的特点，融感性思维与理性思维于一体。我让学生自己选择一个数字或一个数学符号，仿写一首小诗。收上来给了我惊喜，不少习作质量在我看来，不仅不逊于原作，还胜之许多。我自己示范的两首就不敢拿出来献丑了。

这里推荐几首。

尽管蹲在不起眼的角落里 / 但数字会因你而变得更加精确 / 尽管你的个儿是那样细小 / 但你却像星星一样美丽（《小数点》，陈书中）

你，未必高大、壮实 / 却凭一根横梁 / 扛起分数大家庭 / 尽管肩上的重担成倍地增加 / 你瘦小的身躯却能爆发出更大的力量 / 难怪别人称你为母亲 / 孩子们不能没你的存在（《分母》，董晶晶）

一位臂膀宽厚的守护神 / 海纳百川，无论善恶 / 谆谆教化，修出正果 / 山穷水尽疑为负 / 柳暗花明竟为正 / 问它哪得妙如许 / 谓我就是绝对值（《｜｜》，黄敏华）

没有起点 / 没有尽头 / 永远舞动着的冰上芭蕾 / 因了你的存在 / 留给人们无限的遐想 / 悠悠乎与数轴俱 / 而莫得其涯 / 洋洋乎与造数者游 / 而不知其所穷（《∞》，梁诗著）

或许别人的世界都是加加减减 / 有你没你 / 并不会发生任何变化 / 但我的世界是乘乘除除 / 有了你便全是你 / 除掉你我将失去全部意义（《零》，黄韵琪）

有两首都写平行线，各自悟出来的是不同的情境，值得玩味。

> 繁星随天河涌动 / 浪涛和江水奔腾 / 相聚　在天地边际
> / 我说　你是这么固执 / 让彼此近在眼前 / 却孤独前行 / 成
> 对帆船来了又去 / 两岸杨柳枯了又绿 / 都道　距离是美丽 /
> 我说　你是这么无情 / 只空留栏边佳人 / 两行泪无尽（《平
> 行线（∥）》，林齐萱）

> 诗人这样守望爱情 / "两条平行线，也会有交汇的一
> 天" / 而我却宁愿平行线永远不要相交 / 相交之后 / 两根线
> 注定要越分越远 / 唯有平行 / 才拥有守望彼此的永恒 / 正如
> 倘若失去天河的阻隔 / 便不会有牛郎织女传说的美丽 /　美
> 丽是因为距离的存在（《平行线（∥）》，罗俏缤）

还有一位同学，叫余泽斌，模仿李白《蜀道难》作《函数
美》，大妙！

> 噫吁嚱，美哉美哉。函数之美，美于大晴天，正弦及余
> 弦，交错坐标轴。尔来上下五千年，函数助人解难题。指数
> 对数幂函数，直插天际复旋转。两轴垂直原点出，然后一次
> 函数入云天。上有一二象限之并列，下有三四象限之交锋。
> 二次函数尚未发威，对勾函数却先逞能。函数何美丽，万点
> 散花函数现。各路函数出绝招，使人拍手直赞叹。

> 问君函数何其美？又奇又偶复单调，但见函数显神通，
> 左右延展求答案。又望函数上下伸，动点滑。函数之美，美
> 于大晴天，使人见此喜开颜。连作几条双曲线，盛赞函数如
> 此妙。前解买卖之难题，后破增幅之奥秘，其美也如此，嗟

尔不识之人鄙视函数哉？

函数美丽而神奇，一用函数，万难皆破。值域定义域，化为各区间。上解难题，下练思维，从此世间，再无难题。函数虽困难，用途何其多。函数之美，美于大晴天，原点四望八方线！

模仿方式可以灵活，仿其话题，仿其思想，仿其角度，仿其句式，不一而足。高考有过这样的仿写题目，一次我搬用原题，结果令人喷饭。

山东2013年的考题，给出某中学庆祝教师节文艺演出的一句主持词："加减乘除，算不尽您付出的辛劳"，要求考生仿照这个句式，书写对老师的赞美词。样板句的前四字是各自独立的联合短语，后句是动宾短语。有一定难度，当然难不住这些训练有素的孩子。列举学生一些好玩的答案，不过有点肉麻。

笔墨纸砚，写不尽您给予的教导。
说学逗唱，演不完您带来的欢乐。
吹拉弹唱，诵不完您教会的知识。
行楷隶草，书不尽您传授的智慧。
横竖勾点，写不尽您给我的关怀。
一二三四，数不完您谆谆的教诲。
平上去入，念不尽您传授的知识。
哆啦咪发，唱不完您给予的恩惠。

这类考查比较呆板，比不上平时课文的仿写那么自由、开放，以至于有些答案因形害意，言过其实，担心养出假大空的文风；还有的生拉硬扯，如"锅碗瓢盆，装不完您滴落的汗水"，这是要老师挥汗如雨；还有一位学生的神作，"毛邓三科，比不上您精神的伟大"，这回老师真的汗如雨下了。

一道高考作文题的趣想

2007年的某一天，时任中国总理的温家宝抬头看天，然后写了一首诗，发表在国家发行量最大的报纸上："我仰望星空，它是那样辽阔而深邃……"时隔三年，北京的教育工作者们念念不忘，让北京广大考生写了一篇作文，题目是"仰望星空与脚踏实地"。

我想，如果请古希腊哲人泰勒斯写这篇应试作文会写成什么样子。

先看一个小故事：

> 有一天夜晚，泰勒斯在旷野行走，抬头仰望头顶的星空，不留神掉进了一个土坑。旁边的侍女嘲笑他说："你认识天上的东西却不知道脚下有什么东西。是不是你的学问让你掉进坑里去的呀？"泰勒斯反驳说："只有站得高的人，才有从高处掉进坑里去的资格。"

侍女是聪明的，她开了一个意味深长的玩笑劝诫主人。泰勒斯反驳的意味更加深长，处在土坑里的人，虽然不会发生掉进土坑里的事，但那是因为他没有立于土坑之上的能力；掉下土坑的人还会回到土坑上面来，而且当他回来时，就有了更深一层的智慧。

一般的说法，泰勒斯是古希腊也是整个西方第一个有记载的自然科学家和哲学家。泰勒斯测量和计算出了太阳的直径约为太阳运动轨道（太阳运行之路）的七百二十分之一，这个数字与当今所测得的太阳直径相差很小；他在当时没有任何天文观察设备的情况下观察和研究日月星辰，确定了三百六十五天为一年；他还解释了日食的原因，并成功预测了一次日食。我怀疑他是上一茬人类留下来的种子。

他像故事里说的真的是在仰望星空。作文里的"仰望星空"还赋予抽象的意思，比如对宇宙的认知，对人类命运的关注，等等。这个，泰勒斯先生也有。

他研究数学、哲学。他发现了不少平面几何学的定理，利用日影测算出了金字塔确切的高度。他告诉人们"水生万物，万物复归于水"，并提出"万物有灵"的观点，认为整个宇宙都是有灵性的，草木、土石，无不如是，正是灵魂的存在，才使这个世界充满生机。他还创办学园，教授学生，对后世影响深远。

脚踏实地的事情泰勒斯也做了不少。泰勒斯做过商人，航海到东方会用其所学测算海上船只距离；人们耕种或出行，会以其掌握的天文知识预测天气好坏。他还脚踏实地做了两件好玩的事。一件事是赚钱，他凭自己天文、农业的知识推断第二年雅典的橄榄会丰收，便廉价租下全城所有的榨油机，橄榄入库时抬高价格租给榨油的人，大获其利；一件事是教育，用骡子运盐，骡子在实践中知道了过河时盐遇水会被溶解一部分从而减轻负担，遂每次驮盐涉水都会打滚减负，泰勒斯为改其恶习，让它改驮海绵，骡子故伎重演后发现重量倍增，就不敢再造次了。

综合起来看，其立论是"既要仰望星空，又要脚踏实地"，内容充实，有创意。泰勒斯用他的一生写了一篇满分作文。

或许有老师不愿意给他满分，比如脚踏实地部分不够充分。这么说似乎有些道理。

泰勒斯本是商人，却不务正业，喜欢探索些没用的事，所以穷。有富商就嘲笑他，泰勒斯就用租榨油机的事证明自己的智慧，只是他不屑于经商这样的俗务，要去做更重要的事情，甚至连结婚的事他都不考虑。年轻时，母亲劝他娶亲，他说没到时候；年纪渐长，母亲劝他，他说过了那个时候。

两千年后，德国哲学家黑格尔说，一个民族只有有那些关注天空的人，这个民族才有希望。如果一个民族只是关心眼下脚下的事情，这个民族是没有未来的。

从这个意义上说，更应该给泰勒斯满分。

作文题和泰勒斯的表现，让我想到中学生写作的困境，没话可说，事例都是报纸杂志上介绍的屈指可数的人物和事件，老师一般要求学生背熟这些资料，结果写出来的作文内容相似度有七八成。缺乏"仰望星空"的思考，"脚踏实地"的实践，就没有自己的东西。

我记得有这么一件事，一个考生在市一模二模和高考中都拿了作文高分，她说得益于几年前的西藏之旅，这三次作文恰好都能用上她在藏区亲身经历的事情及其感受。这种个性化的写作往往具有真情实感，也会有些真知灼见。它来自生活。

因此，青少年学生多利用寒暑假出去看看，不要停留于走马观花式的游览，要深度接触所在地的人们，了解地方的风土人情以及生产劳动的状况，甚至参与他们的某些活动，感受到实实在在的人和事，对自己写作，包括今后做事，都会有意想不到的收获。

学生的对联

对对子是一种智力与文化的游戏，充满了乐趣，我把它与围棋相比。围棋雅称"手谈"，两人对弈，一黑一白，你一子，我一子，黑白相间，形状万方，输赢在其中，乐趣也在其中。对对子亦如此，两人一出句一对句，也是较着劲的，内容须相合，结构须相同，平仄须相对，此间许多讲究。当然，对联独撰亦可。

给同学们布置了作业，要求给学校正门、图书馆、食堂以及自己的书房（或卧室）写一副对联。

这里抄录几副给学校正门用的。

笃学求思创佳绩，崇德瀹智育新人。

"崇德瀹智"是校训，据说是原校董，曾任广东省政府主席、国民政府主席的林森先生拟定的，意为崇尚道德，通达智慧。此联对得比较工整、规矩，看得出作者也是一个严谨、听话、认真的孩子。我看署名，果然。

执书执笔执天下，信亲信师信未来。

这是很有气魄的对联，却出自一位女同学之手。学校名执信，是孙中山先生为纪念他的同志朱执信而亲手创办，首批校董包括汪精卫、廖仲恺、于右任等国民党元老在内，因此学校与生俱来带有浓烈的政治色彩和革命色彩。一直以来，学校就是教导学生要秉承先烈精神，以"修身齐家治国平天下"为己任，读书，立人，做事。上联，很有李白"安得倚天剑，跨海斩长鲸"的气概；下联，又显出了真诚、踏实、自信。上下联嵌入校名，"执信执信执信"，铿锵有声，气势昂然。我想，她写完这副对联后，应该会像解牛后的庖丁，"为之四顾，为之踌躇满志"。但愿这副对联能让今天的学生找到些昔年"同学少年""指点江山"的"书生意气"。

这种嵌字联我跟学生介绍过，自己也写过。有一年学校同时举办科技节、艺术节，要我帮着写一副对联。这两节硬拼在一起，不好写，开始拟了"艺术之花，盛开执信桥畔；科技之光，朗照世纪钟前"。执信桥、世纪钟是学校颇具代表性的景点，两处咫尺之遥，相映成趣，放进去有寄托之意；但作为对联忌同位重字，再拟为"执掌未来科技牛耳，信步明日艺术殿堂"，和上面介绍的思路一样。

正门联有的写得很直接，如：

入斯门，可以成桃李；出此校，能够做栋梁。

写图书馆的有两副很有些意思。

光阴渐蚀墙瓦旧，岁月不减书香浓。

上联原作"光阴日摧春颜损"，意思不够明确，帮其改成"光阴渐蚀墙瓦旧"。图书馆红墙绿瓦，历经八十余年，色彩略显黯淡，有些地方还有缺损，但那种特有的阅读氛围没有减退，反而因前后榕树和木棉树荫覆的面积阔大，而愈发浓郁了。只是

"墙瓦"属于联合结构，"书香"是偏正结构，不够严谨，"书香浓"改为"诗书香"要好些。改了后又想，原来的上联或许更好，用"春颜损"这种比拟的手法较之直陈其事会更有韵味。

> 红墙绿瓦寻寻觅觅馆内别开天地，白纸黑字林林总总书中自有乾坤。

此联对得巧，也有韵味。然"林林总总"似比"读读想想"之类的动词性短语好。

给自己卧室、书房的对联有庄有谐。

> 睡够八个小时，养足十分精神。
> 好书多读，书中乾坤大；闲话少说，笔下天地宽。
> 藏书虽少盛多学问，陋室纵小载大山川。

给学校食堂的褒贬都有，有的把吃饭学习联系在一起了。

> 饭堂饭菜香喷喷，学校学习顶呱呱。
> 品东西南北菜，读古今中外书。

有一位同学大概不满食堂的饭菜，写了这样一副对联，还做了一篇小序。照录如下：

> 愚以为饭堂员工绝对有化学家之创新精神，晌午所剩饭菜经其混合再加工，即可成为晚餐新品种饭菜，颇似两原子核相撞而生成新元素，吾深感敬佩，故作此联勉之。

甜菜咸菜荤菜素菜，菜菜合炒；热饭冷饭干饭稀饭，饭饭同煮。

横批：艰苦奋斗，勇于创新

情况是否属实未确认，但转告相关部门之后，学生的意见得到了重视。

有位同学超出作业范围，特意为广州市的交通状况拟了一副对联：胖人瘦人人挤人人人臭汗；大路小路路挨路路路红灯。对联所讽虽不免夸张，然皆有感而发，非空穴来风，谋事者宜闻戒之。有些对联有模仿痕迹，但还是很不错的，抄录时未记其姓名，殊为遗憾。

写诗吧，同学

　　前些时候，听王晓哲老师讲公开课《为你写诗》，课上展示了初一小朋友创作的诗歌，没想到十二三岁的孩子能写得这么自然、真挚，意味深长，令人喜不自禁。

　　我自己十二三岁时也写诗，受时代风气影响，多半写些口号诗。如粉碎"四人帮"，华国锋担任国家最高领导人，我就填过一首词《清平乐》："大江东去，浩荡谁能拒！英明领袖指航程，巩固万代幸福。日出东山霞红，竹笛高奏乐曲；欢呼特大喜讯，神州热烈庆祝！"纯粹是报刊词语的集合，但也得到了老师的表扬。词和近体诗这类体裁不太适合中小学生，一方面我们对平仄、对仗和调子了解不多，写出来没有那个味道；另一方面字数和句式的限制，不能完全真实地反映作者的想法，往往削足适履，弄巧成拙。现在看到同学们这些新诗，自由、活泼，流淌出来的是内心真实的声音，真的很感动。感谢林洁、杨青、王晓哲、欧阳怡几位老师这么用心指导。

　　过去的读书人是要把《诗经》背得滚瓜烂熟，它不仅陶冶美好情操，也教人立身处世、齐家治国，那句"腹有诗书气自华"说的就是这种效果，我从课堂同学们的活动就体会到了。此前，我们也选印了好多新诗给历届的同学阅读，在那本诗集的扉页上写过这么一段话："这里有花，美丽，芬芳；这里有剑，锋利，刺眼；这里有水，甘洌，灵动；这里有山，挺拔，深沉。置身其间，修我菩萨心肠，养吾浩然之气……"今天我们不仅读，还写，又上了一个层次。写的过程，就是回想你的见闻和作为，是画面再度呈现，是情感反刍，是认知提炼，是心灵净化，在诗意中升华自己，臻于一种美好的境界。当然，开始学写诗，难免稚嫩、粗糙，不要紧，只要言为心声，就可以是诗。诗不神秘，正如宗白华先生《美从何处寻？》里写的："啊，诗从何处寻？从细雨下，点碎落花声。从微风里，飘来流水音。从蓝空天末，摇摇欲坠的孤星。"诗就在我们的身边，举头日月星辰，俯首花鸟虫鱼，无不是诗。南朝文学家鲍照曾说谢灵运的诗如"初发芙蓉，自然可爱"，就是喜欢他的质朴，无须珠玑锦绣的铺设。所以，不要以为诗歌写作高不可攀。

一个带孩子去学乐器的家长说，学一门乐器有一个爱好，以后心灵就多了个寄托，如果生活中遇到困难挫折或感到寂寞无聊，音乐就是最好的抚慰，不至于沮丧、抑郁不能自拔。我觉得很有道理。唐代大诗人白居易《琵琶行》里的琵琶女，空船独守，于是自弹琵琶，消愁解闷。她原来红极京城，年纪大了嫁给一个商人，商人经常外出买卖，她一个人便与琵琶为伴了。写诗也是如此，所思所想注于笔端，就是一种倾诉，是与自己心灵对话，可以得到情绪的释放，愉悦身心。孔子说诗可以兴观群怨，作用可大可小，现在阶段先取其小。

欧阳怡老师邀请我为同学们的诗集写一个序，限时作文，只好趁着开会，在下面写，终于交卷了。写这么多，目的一个，鼓励大家继续读诗、写诗，从小处着手，从心出发。我们有一位女老师的儿子喜欢摄影，他很特别，所有的镜头都对准小，没有磅礴，没有辽阔，他的理念是"大是一种束缚，小才是无限的"，正同丰子恺在散文《渐》中所引英国诗人布莱克的诗句："一粒沙里见世界，一朵花里见天国；手掌盛住无限，一刹那便是永劫。"这位老师告诉我这件事，我觉得很有意思，为他写了一首诗，叫《寻找》，以应这篇诗序的景。全诗如下：

他端着相机寻找。

一条大街，只对着一盏路灯。

一栋高楼，只对着一面墙角。

一道长河，只对着一朵浪花。

一棵大树，只对着一片叶子。

他在最小地方聚焦，

却给读者最大空间去驰骋想象，

超越一街一楼一河一树。

他在镜头捕捉的细微处，

浓缩了自己无限广阔的人生。

他寻找了很多很多，

但谁能找得到他呢？

在最细微的地方他把自己藏了起来。

学生的诗歌作业

"不学诗，无以言。"这是孔子的观点，到唐代，不学诗便无以仕了。中国是一个诗的国度，过去的读书人都会吟几句诗，今天不怎么提倡了，高考作文一般都有一个规定："除诗歌外，文体不限。"原先中学语文教材选的诗歌也少，尤其是现代诗，诗歌教学当然也不受重视。其实读诗写诗，学生的积极性很高。陶冶性情、愉悦身心，是益事也是乐事，所以我会时不时地让学生写写诗。十几岁正是写诗的年纪，他们心里都有诗，给个题目就像给了一把铁镐，随处一挖，就有泉水涌出。

读了《苏武传》《谭嗣同》，布置写一首歌颂两位英雄的诗作，写出来稚嫩，但情意真切，能感动人。如"忆苏武"一首：

> 茫茫白雪覆千里，萧萧悲风未曾停。本为中郎宣汉谊，却陷胡地阻归程。
> 刁难百般不屈折，节旄落尽岂移情？今念苏武凛然气，故国荣辱心中铭。

一个文静的女孩写的《苏武吟》，凝重、深沉。

胡地冰冷的雪/咽下去时却有如火焰/可以灼痛心肺/朔风/倘若真能化为刀刃/一层层剔开他的肌骨/跳动在胸腔里的/也必定是一团晚霞般的火红/多少个傍晚与如血的残阳对饮/饮下一杯杯孤寂酿成的苦酒/才凝铸成这样一颗丹心/苏武的节杖孤独地伫立在荒原上/年去岁来/随着节旄一起被磨蚀的是他的青春/曾经的芝兰秀发/被风霜染成衰鬓如鹄

膏粱锦绣/风光旖旎/静看浮华如雾霭一般散化/就用这所有的失去/换心中那一份完整/曾有无数人刻画过他/或是坚忍或是依恋地/把目光投向南方/但那并不是他真正的/守望的姿态/因为故园已不在南方/只在心里

咏谭嗣同的词：《破阵子·复生赞》

天朝国运日衰，复生壮志满怀。维新变法一朝败，仁人志士遭迫害。横刀笑天哀。

难挽既倒狂澜，慨叹青史奇才。戊戌君子英气在，华夏子女向前迈。昌盛中国来！

韵密，但激昂、上口。有些诗，灵气十足，不乏隽永的意味。

谁不惧怕黑夜/那划破天际的流星/不就是你失意的泪水

清晨落得满地露水涟涟/而你却把它们擦干/化作悬浮在空中快乐的精灵

写自己的现实感受、生活期待，反映他们对生活的思考、感悟。

一切路，消失了/一岩，一绳/便是前方的路

一切声音，消失了/溶在小溪蜿蜒中/叮叮咚咚/牧铃的歌

捎到未知的远方

有些诗，写得顽皮，情趣盎然。看这个农村孩子的生活，那可是城市里找不到的乐趣，题目是《黄昏·夕阳·草妹》。

割撮草/挑朵花/头上插

拢团黄昏/捏作纱/往后一披当外裳

装起草/留个位/割瓣夕阳装进筐/一跳一跳回到家

有表现中学生个人朦胧的情感体验的，一首题为《渐》的诗最能引发人的幽思，恬淡而美丽。

不知从何时起/竟开始留意你握笔的姿势/喝水时抿嘴的动作

不知从何时起/竟为你思考的神韵而感动/还有那托起镜框的一颤

不知从何时起/竟不断地反问/爱与喜欢的距离可以有多远

也许待我发现时仍尚未明白/但甜蜜/却在不知不觉间/侵蚀着/心底设下的那一道防线

曾布置写同题诗，题目是"幸福"，同学们有各自不同的理解。看几首能知道他们对生活的感受。

第一首，运用诗歌中常见的铺排衬托手法，使最后一小节韵味绵绵，暖人心肺。

我问渔夫，什么是幸福，渔夫说，大海是幸福。

我问画家，什么是幸福，画家说，色彩是幸福。

我问音乐家，什么是幸福，音乐家说，音符是幸福。

我问环卫工人，什么是幸福，环卫工人说，洁净的路面是幸福。

我问老师，什么是幸福，老师说，智慧是幸福。

我问妈妈，什么是幸福，妈妈说，你就是幸福。

第二首：

儿时，最幸福的事情是睡觉

梦里，蛋糕飘香，鲜花围绕

如今，我又去梦里追寻幸福

梦里，语文卷子雪花般飘落

梦里，数学科代抱着一沓新练习册在奸奸地笑

梦里，英语老师追着落荒的我高叫："背书"

罢罢罢，噩梦缥缈

归去来兮，书桌前寻找单纯的幸福

假日里再做恬恬的懒猫，睡我的好觉

从这首诗得到同学的共鸣，看出他们的学习压力不小。当孩子们所追求的幸福只是人最基本的生理需求时，我们的教育难道不应该检讨？课本上写着的幸福观，课堂上老师宣扬的幸福生活，成了海市蜃楼，可望而不可即。

第三首：

小草的幸福，就是每天上午，许主任的一句话：请勿践踏草地！

　　这首诗是有背景的。学校球场绿草如茵，教务处许主任每天会利用课间广播、大小会议等各种机会强调"不能踩踏草地"。由于这句口号在校园反复回荡，学生们都有点见草生惧了，所以才会有感而发。

　　去年11月18日和学生去肇庆九龙山秋游，命各作诗一首，收上来看，雅俗皆备，颇耐玩味。这里录一首，虽是大白话，但师生其乐融融的情景毕见。

　　九龙湖畔，山环水绕/一群师生在打牌/四个在打，三个在看/一堆连一堆
　　近听/不闻同花顺、金刚七/为什么/原来在打拖拉机

　　同花顺、金刚七、拖拉机都是打牌的专用词语。同花顺、金刚七应该不是拖拉机中的打法。

　　补注：上学期，和2007级的学生又去了趟肇庆，这次爬的是鼎湖山。回来又要大家作诗，不乏佳作。文科班关遂亮同学的习作是其一，一位署名为"左贤王"的同学在其诗后评道："我相信仙哥绝对写不出这种水平的诗来！"实话！

　　平心而论，虽有意蕴显直、用语硬拙之处，但这首诗共50句，能一气呵成，足见其感情丰富，才思敏捷；有些句子妙出天然，令人玩味不已。如："林开密荫去，圆日正当空。两

水夹翡翠，双桥落彩虹。""远看山湖共一色，轻舟似从明镜出。""缘溪细卵通幽径，怪棱斜出笔墨玄。重岩静穆透清响，薄霭浸入露轻衔。瀑声犹在俗人远，深涧绝壁流水寒。"

读完后，自叹弗如，满心欢喜。

写诗也可拿高分

　　2022年北京高考有一道诗歌写作题，要求考生以"像一道闪电"为题写一段抒情文字或一首小诗。诗歌写作题满足了很多考生的愿望，以诗言志本来就是少年学子所好，所谓"情动于中而形之于言。言之不足，故嗟叹之，嗟叹之不足，故咏歌之"。由于高考不写，老师便不教写，学生也没动力写，"书生意气，挥斥方遒"的校园氛围也就没了。今年北京开写诗风气之先，乃大好事。题也出得好，是什么像一道闪电，主语可以是人或物，选择空间大；闪电之快之亮，能承载考生飞天遁地、快意驰骋的想象需要。做这样的题，是一种享受。诗歌得分也不难，有情或有理，有节奏韵律，就能拿高分；若得隐喻、象征等含蓄蕴藉之妙，更好。

　　部编本高中语文教材上册第一单元设置了"青春"主题。所选课文包括毛泽东的《沁园春·长沙》、郭沫若的《站在地球边上放号》、闻一多的《红烛》、昌耀的《峨日朵雪峰之侧》、雪莱的《致云雀》等五首诗歌。这些课文共同特点是反映了不同时期不同环境下青年人的追求，表现出来的特点又不尽相同，或壮怀激烈，或坚韧执着，或热情奔放，或坚定朴实，像弹奏不同的琴键发出的回响，学生感触颇深。我们便安排了一个活动：以

"青春"为主题写一首诗，表现你对青春的体验和思考。

我怕他们写些口号诗，特意示范了几个标题，如"一棵树的自述""我青春的颜色有点白""一只蜘蛛的高度"等等，让他们往自己身上想。把诗歌作业收上来看，我很满意，好几首令我连连称叹。一代人有上一代人的生命遗传，但一代人更有自己这代人的生活风貌。

夏筠霖的《青春之诗》太真实了。他们的青春是什么？不是一个腔调，也不是一种色彩，是变化的，多形态的。他们有浓淡冷热，有黑白红绿；他们有时候个性十足，有时候慵懒寻常；有后悔，有疑惑；有理想，有沮丧；拿腔拿调，又真诚乖巧。作者用"实验""花朵""这首诗"写出他们青春的真实样子，这些短句，两两相对，咚咚锵锵，你可以说是马蹄声的杂乱无章，也可以说是他们匆匆前行中的磕磕碰碰，但，这就是他们。诗中有的意象并不十分准确，或许有点费解，这不要紧，青春本来就有模糊，就有遗憾。

朱星雨的《引》有意思。人的行为会被吸引，也会被逼迫，特别是天真活泼却又深陷学习压力的中学生们。然而不管怎样，那"引"着我们的声音最终在黑暗中碰撞后变成了伞面上雨点的淅淅沥沥，我不知道是快乐还是忧伤，但它充满了美感。最后出现一道光，竟照亮了墙上被砸出的缝隙。这是什么？或许是我们生命过程留下过的伤痕。很多时候，伤痕，是一个人的骄傲。

张喆皓的《逝去的青春》，真的是少年老成啊。这么早的年纪就抱着《金刚经》念"凡所有相皆是虚妄"了？难道是"少年不识愁滋味……爱上层楼，为赋新词强说愁？"我看不出来，是人总会有孤独感，或深或浅。我相信作者偏爱一个人的独处，思考人生，思考天地万物。当人的思考不断深入的时候，会越发孤独，却也会越发喜悦。我们应该允许孩子们去想，走过山穷水尽，便是柳暗花明了。

丰洹羽的《致青春》我在班上读了，我读到后来眼睛有点湿润，只是没让同学们看到。青春是怎样的滋味？五味杂陈。在任何一个时代，青春是主动的，也是被动的，但被动是为了赢得主动。高压学习环境下我们有时候成了一片在"空中翻滚的落叶"，身不由己。然而享受快乐，飞扬自我，谁又能阻拦得住？它是冲破云层喷薄而出的太阳，无所忌惮也无所保留地放射出万丈光芒。这才是青春的属性，这才叫青春。读这首诗，我想起我的青春，是的，"青春不是年华，而是心境"了，有了这种心境，我还年轻，我还可以热泪盈眶。

写诗吧，少年！既然"诗无达诂"，写又何须循规蹈矩？凡心里话，摇一摇，倒出来就有平平仄仄的响声。

青春之诗

高一（12）班　夏筠霖

青春如实验，
浓的沉淀，
淡的透明，
热的炸裂，
冷的结冰。

青春如花朵，
在悬崖的风暴中，
在温室的空调下，

艳丽的色彩，
单调的黑白。

青春如这首诗，
平平无奇，独一无二。
整整齐齐，乱七八糟。
充满矛盾，充满不解。
删删改改，渴望不凡。
有欢笑，有无聊。
有段落，有文章。
故弄玄虚。
回首一望，这正是我走过的青春。

引

高一（9）班　朱星雨

是什么指引我呢？
是初升的太阳，
是清脆的鸟鸣，
是慵懒的猫，
是红底白条的跑道，
还是一张张印满字的纸，
一本本厚厚的书，
一支支空了墨水的笔。

一切的声音就像是扔出的石头，
在一片黑暗里不断碰撞，

传递回来的声音，
像伞面上的雨点，
淅淅沥沥。

而突然有一天，
出现了一道光，
连着墙上被砸出的缝隙都看得好清。

逝去的青春

高一（12）班　张喆皓

无关时间，距离人间岁月。
世事迷离，泡影亦露亦明。
如泡沫，转眼间，便幻灭。
风来风往，吹去过眼云烟。
独留我，菩提树下，吟饮叹月。
时间不渡，三分静，四分欲，剩得禅。
刻在年轮间，鸢尾花也乱，又如何说完？
长月弄，不断啼声唤。
却弄我，这一世孤单。

致青春

高一（9）班　丰洹羽

青春是凌晨四点的城市，
零星的灯火注视着疲惫的学子；
青春是深夜反光的铅笔灰，

试图勾勒未来的蓝图；

青春是听不懂的课，

是永远睡不醒的觉，是做不完的作业，

空中翻滚的落叶，委顿于地。

青春是操场上挥汗的少年，

看春风不喜，看夏蝉不烦，看秋风不悲，看冬雪不叹；

青春是领奖台上飞扬的目光，

满身骄傲，心怀向往；

青春是渐渐倒数的钟声，

是往上爬的树藤，是新刷出的雪白的起跑线，

绯红的黎明，正在喷薄。

青春不是年华，而是心境，

青春是深沉的意志，

是恢宏的想象，是炙热的感情

永远年轻，永远热泪盈眶

补注： 2022年6月20日《羊城晚报》登了这几首诗和老师评语，也是想鼓励学生写诗。但是很多老师不鼓励学生在考场上写诗，除非有规定。原因有二：一是诗的优劣判别太主观，张三给满分，李四打不及格，并不奇怪；二是情感抒发也很主观，写不好得低分，写好了人家看不懂，还是低分。这就要讨论考场诗歌该怎么写的问题了？高考写诗歌得高分的也不少，可以找来学习，包括上面四首。

人物纪实

记我的一位班主任老师

　　我的小学四年级是在离家二十里地的荆林附中读的，附中有初中、小学。爸爸原是县文教科干部，因为在"文革"中受到批斗，被排挤到乡下教书，辗转几个地方，到了荆林附中，他教初中，我就在附中的小学部读书。教师住宿条件较好，可以单独住一间房子，约15平方米。

　　我的班主任李继英老师，个子不高，薄嘴唇，颧骨有点凸，说话声音不大。李老师的太太在学校做厨师，那时候用甑蒸饭，甑是用木条围成的圆桶，很大，有两三层高。中午一餐，不只蒸老师的饭，还蒸部分远道学生的饭，学生自带米、带钵子或瓷杯来学校，第三节下课后自己把放好米的饭钵或瓷杯放进笼屉里去，这时李老师会过来帮忙，和师母一起抬笼屉，一层一层放到大锅上去，放上一层，就给每个学生的米里加水，吃得干还是吃得稀学生有交代，师母都能记下来。李老师有个女儿，已经参加工作了，经常到学校来，她留长发，穿着明显与村里女子不一样，会引起大家注意；他还有个儿子，来过学校，有城里人的派头。

　　李老师当我们班主任外，还教我们语文，又兼了学校总务，事情很多，但他有耐心，每件事都做得仔细，井井有条，班里的纪律、学习常得到表扬。在我的记忆里，他几乎没有向我们发过火，很慈祥。小学一至三年级我挨过老师的打骂，有时是迟到被老师严厉指责加罚站，有时候午睡时间趴桌上看书，鞭子会突然落在脖子上，火辣辣地疼。

李老师在班上不止一次要求我们，要成为无产阶级革命事业又红又专的接班人，因此，每个月去村里请一个年纪大的大伯来做忆苦思甜的报告。每次请的人不一样，讲的旧社会的苦也不一样。报告中途，李老师会端一碗热乎乎的面条到教室里来给大伯吃，大伯就当着我们的面把面条吃了。那种时候，教室里鸦雀无声，只有大伯吃面条发出的嗦嗦嗦的声响。有一位大伯诉苦时泪流满面，还一边吃面条，同学们目不转睛地看着他吃完。报告结束后按惯例要喊口号，班长领喊："不忘阶级苦，牢记血泪仇！""打倒'地富反坏右'！""毛主席万岁！""中国共产党万岁！"等。

有一次出了一个小事故。这次请的是一位大妈，因为大伯不在家，大妈来了。大妈感情很丰富，说一段，停下来抹眼泪，反复几次。说着说着，她说到解放后的三年经济困难时期，她带着孩子去山里挖野菜吃，后来野菜也吃光了，就剥树皮吃。李老师听出眉目后，上前止住了她。她自己也觉察说漏了嘴，拍了一下自己的嘴巴。但李老师还是给她端来了面条。

尽管李老师是大好人，我还是给他写了一张大字报。

学校根据上级指示，布置学生给老师和学校领导写大字报，揭露他们的错误思想和错误行为。大字报产生于二十世纪五六十年代，延续了二十多年，是当时社会个人公开表达意见的一种主要方式，一般写在一张大白纸上，写好后贴在街道等公共场所的墙壁上，像现在的商品广告，以便让更多的人可以看到，造成影响，达到目的。粉碎"四人帮"后大字报的形式被取缔了。

写大字报的任务布置下来后，各班都积极响应。被贴大字报最多的是教导处主任，主任姓雷，身材高大，五官的位置并不按规范各就各位，总有些偏差；眉毛短黑，像两把匕首，很有力量；他经常斥骂学生，这个时候他眼睛放出来的光使人不敢和他对视。学生怕他也恨他，趁着写大字报的机会报复，他的房门以及门两边的墙上，还有床头蚊帐都糊满了大字报，成了学校一景，学生远远地看，掩饰不住心里的快活。

被点名批判的人不允许私自揭下大字报，否则被视为对学生革命行动的抵触而遭遇来自上级严厉的处分。过了一个星期，雷主任房屋里的大字报还在飘荡，有的皱缩、残破了，像招魂的旗幡，没精打采地摇晃。我亲见他在床上找东西，佝偻着腰，从大字报的缝隙伸进头去，小心翼翼地。那时候，就觉得雷主任有些可怜。

小学生不比中学生积极，李老师在课上动员大家写，劝大家不要有顾虑，可以对任何一个老师和学校领导提意见，学校还要统计每个班大字报的数量，评选写大字报的优秀班级。同学们受了鼓舞，都想表现自己，为班上争荣誉。我写什么呢？所有任课老师和校长、主任都在我脑海里转了一圈，没觉得他们有什么做得不对的地方。想了很久，终于想到李老师曾在课堂上说，上课前文娱委员不要发长的歌曲，唱短一点歌就可以了，免得耽误老师讲课。我们读书那个时候，每节课课前学生要合唱一两首歌，让学生收拢心，也振奋精神，唱完歌后老师才喊"上课"。

我在大字报上批评了老师的讲话。我的理由是首先唱歌是同学们喜欢的活动，有些长歌很好听，想唱就应该唱，不要禁止；其次长歌也是革命歌曲，都有教育我们的作用；再次为了增强火药味，模仿当时的套话，上纲上线，说老师走白专道路，对无产阶级革命歌曲缺乏感情，对学生唱歌的热情泼冷水。这些话是受了其他大字报的影响，也有要显示自己有觉悟的心理，写完后很得意。

大字报贴出去后，李老师找我谈话了，耐心说明他的本意；爸爸也知道了这件事，说李老师是为同学们好，要我把大字报揭下来。我很不开心，既然鼓励大家写，写了又被说三说四。我没有去揭大字报，李老师也没有再在班上讲不唱长歌的事，但文娱委员做了改变，发长歌就唱一首，发短歌就唱两首。看来，还是根据我的意见做了改变。

由这件事我想到后来读初一的另一件事，极富戏剧性。当年我反驳李老师的用词被我的初一音乐老师拿来批评我。课堂上老师教唱一首知青上山下乡的歌："春风送我到农村，广阔天地任飞翔……"我在底下嘀咕了一句："不好听！"老师听到了，当场义正词严地批判我："无产阶级革命歌曲，你说不好听？这是什么态度？什么感情？"老师责成班干部课后找我谈心，同学们说他自己就是班干部，老师说："你自己打自己的屁股吧！"全班同学大笑，我脸涨得通红，不敢吭声。

以后我还写过几次大字报，有自己想写的，有同学撺掇我写的，情绪饱满，慷慨激昂，很有鼓动性。那些红色词汇，本身就是理由，充满了力量，任何反驳在这套话语系统里都不攻自败。这种文风到现在还在某些报纸文章和学生作文中看得到。

大字报事件后，李老师并没有对我另眼相看，照旧信任我，和我点头微笑，我继续做班上的干部。

荆林村西边是钟水河，河水很宽，我们周日下午返校和周六下午回家都要乘船渡河，每周如此。李老师是城里人，住县城南街，同样要渡船来回，但他全家住学校，就很少回家了。有一次，他也回去，说家里有急事，我们同船。时值春汛，水涨上了河岸，船工叮嘱大家坐好。船到河心，水流更急，船被冲下去一二十米，大家有点慌，李老师镇定地对我和我爸说："我在这里久了，这样大的水坐船过河碰得多了，没事的。"李老师在荆林附中教书多年，荆林村的人都把他当村里人了。果然有惊无险，船工动作很快，使劲摇橹、撑篙，三下五除二，把船头掉转回来，回到原来的水域后，船又变得安稳了。上岸后，李老师说要快走回去，大步流星，在我们前头很快消失了。

父亲在荆林附中教了两年书，就调回了县教育局，我也离开荆林附中到别处就读了。

记不起是哪一年，突然听说李老师因病去世了，开始不敢相信，李老师怎么会不在了呢？心里惘然。写大字报的事，本应该跟李老师道歉的，主要是说了些过分的话，但当时觉得不是个事，还有怨气在心，这个时候想来十分愧疚。那次李老师为回应大字报的意见找我谈话，他说我没有错，大字报是老师让你们写的，每个人有自己的看法，就算错了也没有关系。

多年后，一次跟父亲经过城里南街，特意找到了李老师的家。他家的房子是旧式深宅，大门发黄了，拉开门会发出吱呀的响声，前屋有点暗，往里走有天窗的缘故，才亮堂起来。李师母一个人在家，样貌没有怎么改变，但皱纹多了，头发也花白了，精神大不如前。父亲问他孩子，她说女儿嫁人了，儿子也不常回家。李老师的遗像挂在中堂的神位上方，眼睛有温和的光，安安静静的，一如他生前。

老师家门口有一条横贯城区老街的河，终日潺潺。河上面间隔一段距离会架一座石板桥，供住户进出，有的石板桥上还搭了棚子，热天人在上面闲坐纳凉。老街我走过很多次，竟没想到李老师家是在这么热闹的地方。

　　星移斗转，往事萦回，写下这点回忆，谨以此文纪念敬爱的李老师。

回忆石玉叔叔

　　今年5月，得知父亲的挚友李石玉叔叔病逝，心里极难受。因父亲与石玉叔叔年轻时就是密切交往的一对好友，我幼时即能亲炙，多领教诲。往事至今历历在目，不能忘怀。

　　石玉叔叔的经历十分坎坷，"文革"时因言获罪，身陷囹圄；后虽得平反，然郁郁不得志，常抨击时弊，入木三分，可惜鲜有和者，形单影只。他是这块土地上孤独的行者，高低不平的马路，长满杂草的阡陌，叫卖喧嚣的街道，人头攒动的广场，都可能看到他的身影，但他个子矮小，毫不起眼，常穿圆领汗衫，深色裤子，人造革凉鞋，有时会拿一把蒲扇。在中国，在县城，有很多像他一样普通得不能再普通的老师，可是他又是极不寻常的一个。每次和他对话，我都会觉察自己的浅薄，就是现在回忆旧事，除了对他的怀念，就剩下惭愧，无边的惭愧。

　　我回老家总要登门拜访。他一直蜗居在县进修学校那套旧房子，光线昏暗，一屋子都是书，满目狼藉。书生一世，冥顽一生，自然也是悲苦一生了。这一生又如此短暂，尚未至古稀。平生无数藏书，满腹才学，都只做了那东流的春陵江水，一去不复返了。

　　我在广州，未能回去给他烧点纸钱，当夜拟写了一首古体诗,以寄我的哀思。

> 玉碎石焚果为真?心肺痛彻我哭君。
> 读书反被读书误?谁怜人间有此生。
> 独栖寒夜一悲鸟,呕哑古木向天鸣。
> 风啸雪虐不折腰,如石之顽如玉清。
> 从此謦欬不在耳,但无声处亦有声。

落笔前,我无意嵌其名诗中,当默念着他名字的时候,便感觉这个名字的特别了,于是,大胆犯讳。在他生前,我们不会也不敢去琢磨长辈的名字如何如何,而且他这个名字太普遍,李姓辈分有"石"字辈,"玉"不止宝玉、黛玉用,山沟沟里也有"红玉""玉生",一堆一堆,像旅游景点的珠玉售卖店,琳琅满目,不足为奇。可这个时候一念叨,才发现名如其人,丝毫不爽。这名字真的贴切。

我把诗编入短信发给小妹,她读了后给我回复:"石玉叔叔对我们其实是极好的,他是玉壶冰心的人。得知他陷入昏迷已无计可施的时候,我后悔前几年都没去看他,没给他带去过一些慰藉和谢忱。或许潜意识里觉得他比父亲年轻,总是有机会的。建议以后给他刻个碑,把这首诗放上去,寄托活人的一点哀思。"

父亲喜欢给我们找榜样,书上的、身边的。他说石玉叔是个书痴,县中读书他们俩同班,石玉叔家远,我们家就在城边,父亲经常邀请石玉叔来家里玩,来了石玉叔就坐在一个角落或去后院的菜地选一个地方看书,大半天不挪动一下身子,爷爷奶奶都夸他。他数理化成绩很好,几乎门门功课满分,后来偏做了语文老师。父亲说,当时继续读高中还要一大笔费用,家庭困难的人家一般都让孩子直接去读中专，报读师范还不用交学费，石玉叔就考了中专，考上全省最好的中专长沙第一师范。父亲说，石玉叔如果考大学读理工科，会有一番大的出息，不会像今天这样倒霉。所以，父亲都不希望我们兄妹读文科，说容易招惹是非。

四十年前石玉叔和父亲都被卷入那一场史无前例的运动中去，受到不同程度冲击。石玉叔在一次全县教师参加的大会上发表了一篇讲话，他说"出身不由己，道路可选择"，并用了最高领袖的例子，说他出身剥削阶级家庭，但选择了革命道路。这话本没有错，《毛泽东自传》里说："我家有十五亩田，成为中农了。……不久又买了七亩田，使我家达到'富'农的状态。这时，我们可以每年在田里收获八十四担谷"。后来他的父亲贩卖粮食，家里雇了长工，再后来"这个老人继续'积聚财物'，在那个小村里可以说是大富了。他自己不再买田，但是他向别人押来很多的田。他的资本增加了两三千元（银圆）"。按当时成分划分的标准，归之于剥削阶级家庭算是合理的。但是人们并不承认这点，有人去告了状，于是石玉叔被抓去审问，他怎样辩解都没有用，法院认定他污蔑了伟大领袖毛主席，判了八年徒刑。好多人叹息，在县城一所小学教书的女朋友也离开了他。粉碎"四人帮"前两年，石玉叔被释放出来，政府恢复了他的名誉并安排了工作，让他去乡下一所学校教书。他的这位女朋友造访过我们家，她已经是某所著名学校的校长了，儿女和我们差不多大。母亲悄悄告诉我，这位是石玉叔曾经的对象。她知道父亲与石玉叔是极要好的朋友，便问及石玉叔的近况，看得出来她对石玉叔依旧保留着极大的敬意。他们没有谈及当年的那件事。大人物捉弄历史，小人物被历史捉弄，人在一个思想失重的环境里，很难自主把控自己的行为。

不久，石玉叔结婚了。对象是一个农村女子，婚前石玉叔带她来过我家，她和石玉叔差不多高，梳着长辫子，脸较城里妹子黑一些，但透着红光，眼睛亮堂。那天父亲母亲很高兴地准备午餐，庆幸石玉叔找到一个大方礼貌、充满活力的伴侣。我们喊她婶婶，婶婶贤惠，知道石玉叔嗜书如命，几乎承揽了家里所有的家务活，任由石玉叔拿出工资的大半买书，她自己去隔壁的幻灯制片厂兼职，赚点钱补贴家用，还去附近农村荒地种点蔬菜，省下一些买菜的钱。他们的日子过得像平静的河水，两个儿子都有成就，但是没有承继他们父亲的衣钵，不知道是因为父亲的经历使他们对这个行业有所疑忌，还是随个人兴趣做了自己喜欢的事情。

　　石玉叔送过我几本书，其中有一本《辞海》。好贵！我很惊讶石玉叔怎么这么破费？他自己工资微薄，负担不轻。这件事小妹竟记得十分清楚，她发给我的短信说："我记得他以前送你的一本书（还是一本笔记簿）扉页上的题词：'到处留心皆学问，三人同行必有师；书山有路勤为径，学海无涯苦作舟。'虽然思想语句皆非原创，但却是长期激励我的人生信条之一（无论收效如何，尤其前面两句）。越是年纪幼小的时候，你所崇敬的人在你思想上的烙印越是深刻啊。"

　　我参加工作后，石玉叔常来我家坐坐，和我谈论政治，谈论现实，谈论历史人物。他对近现代的历史有很多颠覆性的认知，如二十世纪八十年代中期，对洪秀全的看法还没有出现异议，公开的资料都是对太平天国运动的全面肯定，他给我一些资料，则记录了太平天国带来的巨大破坏，以及洪秀全个人生活的腐朽，我很吃惊。诸如此类的话题很多，让我有了看世界的第三只眼。

　　一次，我们讨论余秋雨，我欣赏《文化苦旅》的写法和作者独特的感受，也介绍给学生看。他承认这本书有特点，但不认可余这个人，说他在"文革"中某些做法为人不齿，即使在《文化苦旅》中也显出他矫情的本性，以及飘浮的人生态度。我不置可否，不过，后来余先生的一些表现，包括他出的新作，都遭到了诟病。

有一家著名的电视台在内地收视率很高，我们从这家电视台的节目上了解许多鲜为人知的国内外新闻事件，评论员的评论也不是一个立场、一个腔调，经常有个人独到的认识，能给人启发。可能石玉叔要求更高，他不满意，我说能有这个程度的报道和评论不容易了，想一口吃成个胖子，可能被胀死。他叹一口气，不说话。

曾经很长一段时间，甘肃出版的《读者》杂志在全国大卖，不只学校，其他各界人士都爱看。客观讲，《读者》推介的人物故事、学者观点，对相当部分国民素质的提升起到了一定的作用，我听人谈话、看学生作文，发现不少内容就是从《读者》裁剪过来的。石玉叔对我说，对高中生来讲，《读者》太浅了，应该介绍一些中外名著给他们看，尤其是外国书。他主张多读历史，而且要读读野史，他的书架上有不少名人的口述史。这观点可能是从鲁迅那里来的。老爸有一次和我讨论，他说："你石玉叔叔的看法是不是偏激了点？"我说："可能吧。"老爸自言自语："他经历的磨难比我大，对很多事情看得透彻。"父亲对石玉叔更了解。受石玉叔的影响，我也尝试阅读更多领域的书籍，并选出比较合适的推荐给学生。

石玉叔还有一个很大的特点，对字的读音、字的书写要求非常严格。他生气地说，现在的语文老师不是写不好字的问题，主要是还写不对字。他举例说，"考"字下边是"丂"字，横竖折折钩，很多人写成横折折折钩；肺，右边是"巿"（fú）字，不少人都写成"市"（shì）。这么小的地方有必要如此讲究吗？我佩服他，也有些不解。父亲告诉我，石玉叔坐牢那几年只能看两种书，马恩列斯毛的著作和《新华字典》，他在监狱里熟读了上述几位的大部头，还把《新华字典》背了下来，对汉字读音、字形、字义都烂熟于心。

一个人知道得越多越细，对人和社会就会有越多的批评，自然也容易遭致某些人的不满，使自己吃亏。于我，他却是一座宝库，每次谈话，我总有收获。所以，我总期待他傍晚散步时顺路到我家坐坐，每次结束，我送他到门口，他走出几步，就会立住，转过身来，说："回去吧！"我说："好的！"他摇一摇手上的蒲扇，一步一步向前走，不紧不慢，永远是安然、沉稳的节奏。有时候太阳还没有落下，把他身影拉长，人和影子就像是一本摊开在地上的书。

今年回家过年，再也见不到他了。唉！

油印室董师傅

一所学校最重要的岗位是哪一个？我在老家一中教书，教体育的周老师说："最重要的岗位是打铃的师傅。"过去没有现在这种自动响铃的控制系统，需人工操作，花白头发、佝偻着腰的李师傅从早到晚就在教务处隔壁的小房间待着，整个校园从喧闹归于寂静，由寂静转向喧闹，都掌握在李师傅骨节凸显的手里。周老师继续说道："校长主任消失十天半个月，不见人影，学校教学秩序不受半点影响，只要老李的铃声在，老师们都会规规矩矩上课，老老实实下课，中考高考还是往年的样子。"大家意味深长地笑了，估计当时全国的中小学老师都有可能会心一笑。

来执信后，早年有一个类似的讨论，老师们则认为最重要的岗位是油印室的师傅，尤其是复习迎考的关键期，油印机出故障，或师傅生病，教学几乎不能进行了。手刻蜡板的时代，找题、组题、手刻，出来一套试卷花很长时间，油印室不是很紧张。近十几年来，科技进步飞快，互联网提供了全国各地海量的试题，教师找题、组题太容易了，油印量变得越来越大，油印室的机器和人都不堪重负，但俗话说"办法总比困难多"，新的机器比过去更加牢固快捷了，油印任务也可以承包给外面的公司。但负责油印的小伙计还是会被大家哄着宠着，好话软话每天能把耳朵灌个半饱。

一个时代有一个时代的故事，上一个时代的执信油印室在我们的记忆里复印了一个人物的形象。这个形象给我们的印象十分深刻，我在微博微信里有所记录。现在摘下几则，以为纪念。

油印室阿董

执信油印室工人阿董，个子中等，寡言少语，少正眼看人。早逾半百，无家室，鲜与人游。交印资料无论官阶高低，面孔生熟，身相老嫩，一视同仁，不待见特权，校长吩咐印的资料也要排队。偶尔会优先女士，吾谓之怜香惜玉，他笑笑而已。油印小屋机器哐当哐当，不急不缓，整日不息，仿佛阿董其人，在自我的节奏里按部就班，不知尚有他人在。

不屑冠师之名

第一次去印资料，张黎力老师嘱我称其"阿董""董师傅"；并告诉我曾有人尊其为"董老师"，两页资料延迟一周未印。人称老师，原为尊敬，却遭此"善待"始料未及。时下"老师"滥用，主持人、演员、歌手、官员、传销人员等皆乐见人称呼自己为老师，以显其高雅博学，阿董不屑冠之，还原工人本色。阿董不说话，却把世道看得分明。人生来平等，无论出身和职业，都不应该人为地分出贵贱高低。你是老师，称油印师傅为老师，看似抬举了他："阿董师傅，我把你当老师尊重了。"实则先把自己高看了一等，然后把"老师"的称呼当作是对他的施舍了。阿董心里明白，厌恶你那个混杂着媚态和傲慢的称呼。

苔花开自香

微博名"大葱小蒜忙忙忙"者道:"在董师傅自我的小天地里,时间也有了自己的步调,忙乱心烦时来此,闻着墨香,听着收音机古旧的曲调,看着窗边那几盆小植物自顾自地生长,人也平和起来。其实生活就是如此简单。"这位叫"葱蒜"的老师(或许是学生)细心,老师们大多匆匆来去,心思全在油印的资料上,很少去关注阿董的情调。阿董在单调乏味的重复劳动中别寻了一番自在。罗丹说生活中有美,只是缺少发现。阿董在他这个偏僻灰暗的小天地里有所发现,外面狭长的走廊东面,有一扇逼仄的窗子有时会照进来几缕阳光,冬天的早上他沐浴在微薄的温暖中,一副惬意的样子。不只如此。从这个窗子望出去,就是高远的天空,我以为就是这片天空给了阿董自我创造的欲望,于是他养植物,听粤剧,有时还能听到他哼哼几句。阿董是一个会生活的人。人只要不是关进监狱,再小再偏的地方都能看到天空,有了天空,你就可以极目骋怀,就可以想象创造,你的面色就会有蓬勃的生气。像米粒般大小的苔花,接受了阳光空气和水,它就会开放,就会散发独特的清香。阿董的油印室是"世外桃源小屋"。

本色做人

前两月听说阿董心脏犯病住院,油印暂停。弹药不继,众人叫苦不迭,方知阿董的重要性非同寻常。听说此后出院养病,未几,又闻阿董再次病发,送院不治。消息意外,全校师生无不讶异伤悲。回想阿董为人,益发难过。我们备课组请他吃饭,坚辞不受；曾拿一两包烟送他，不要，冷落在资料架上，后再三劝说，才勉强收下，令我等狂喜。

总其为人：一根傲骨，两只冷眼；有爱事业，无愧执信。

敬业者人敬之

众人悲痛纷传董师傅离世消息。阿董小人物也，身为"下贱"，心比天高，遂多愤世嫉俗之语，有时殃及无辜，我亦屡遭其白眼："要得那么急，印不出！""不行！明天来拿。""你以为我闲着的？""机器也经不起你们折磨！"但是，卷子又常常在你不抱希望的时候已经端端正正完完整整放在资料架上了。其敬业自守的工作态度，令人肃然起敬。转述一位同学的话："想起过去高中三年数也数不清的卷子都出自学校这间小小的油印室，师傅功不可没，未及言谢便道离别，祝一路走好。"

时间过得快，转眼九年过去了。已选了几篇人物速写编进集子里，突然想起董师傅来，一个很重要很重要的"小人物"。说重要，是站在那个时期一部分人的角度来判断，在他个人看来重要不重要意义不大，人做了自己本分的事，心安理得足矣。小人物也是一部分人的看法，来到世间的生命都很大。六祖慧能回答五祖弘忍的话，说出了人的生命本质："人虽有南北，佛性本无南北。獦獠身与和尚不同，佛性有何差别？"

为《感动"许"久》又感动了"许"久

看到学生的一篇文章《感动"许"久》，写执信原德育主任许志强，经典话语、经典服饰、经典神态，可谓穷形尽相，入木三分。其实，我也很想写许主任。到了执信，无人不谈许，怀疑他、讥笑他、埋怨他、佩服他、夸奖他。毫不夸张地说，他做德育主任的年代，执信这所学校的精神风貌打上了深深的许氏烙印，他也成为执信好几代人特殊的回忆。我相信他的经历将成为执信历史上永不乏味的谈资。

许主任，中等个子，平头、方脸；见人微笑，牙齿不露，脸颊绯红如两朵桃花；白衬衫扎进灰裤子，配三节头皮鞋；走路腰板挺直，上身基本不动、下肢快移，仿佛移动的一尊雕塑。

初进执信，就听说许主任的三大趣事，落笔时只记得两件。

第一件是在全校运动会上发生的。教师有一个4×100米接力赛，以年级为单位选四人参加，许主任被选为高一年级的代表跑第一棒。他之所以被选上并委以重任，是因为他平时坚持晨跑，清洁工人总可以在每天清晨发现东风路上一个结实的身影在快速抖动，那就是许主任；遇上雨天，他也不间断，在自家楼道口高抬腿，原地跑。因为他的参与，这场接力赛备受关注，赛道两侧站满了观众。

比赛开始，一声枪响，运动员个个如离弦的箭，冲了出去。但奇怪的事发生了，二道没有人影，运动员怎么啦？近旁观众目瞪口呆，远处观众引颈期盼。

其实二道运动员是在的，他是许主任。这时，许主任在跑了，牙齿紧咬，身边呼呼风起，但没有越"雷池"半步，原来在高抬腿原地跑。

旁边人叫唤了："许主任，快跑，往前面跑！"他如梦方醒，原来不是下雨天，也不是在自家的楼道。但这个时候冲出去，晚矣！

第二件事是去日本，他照家里的习惯早上出去跑步，大概是把日本街道当作广州东风路了，跑啊跑啊，跑出去结果跑不回来了，这儿怎么没有东风大酒店，怎么没烈士陵园，醒悟过来才知身在日本，他老人家直把东京当广州了。另一说，是夜里独自逛街，迷不知所往。不管哪一个版本，相同的是，"有困难找警察"，许主任到警察署求助，据他自己述说，语言不通，叽里呱啦，鸡同鸭讲。最终，日本警察还是想了很多办法帮迷失在异乡街头的许主任找到了集体。有老师转述许主任和日本警察的对话，比较符合许主任的风格，询之本人，不置可否，所以此处不录。

所有人在学校的存在感数许主任最强，从早到晚，他的声音要在校园的上空回荡好多次，身影在走廊、球场、大道、小径频繁出现。你低头疾行猛一抬头，十有八九是许主任始终挂在脸上的微笑与你迎面相对，你叫一声"许主任"，他不以声音回应，报之以微笑，像画一样固定；有时候微微颔首，显出无比慈祥的神色，目光所及之人莫不受宠若惊。

作为德育主任，许主任很在乎学生外在形象的塑造，他发起了剪发、束衣运动，要求所有男女学生发不过耳，衬衫扎进西裤。值日班级早晚巡查，凡不束衣服的勒令即时改正，头发超标的告知班主任批评教育，择日剪短，否则"八项评比"扣分——很可能因个别同学失范的表现，该班无缘"先进班级"的光荣称号。有同学会有情绪，尤其是喜欢留长发的女同学，但慑于许主任执法时的包公作风，也不敢以身试"法"。校园里由此保持着清爽、精神的风貌。

到上午第三节下课，学校喇叭就会准时放出震耳欲聋的音乐，令拖堂老师心烦意乱，赶紧收嘴，还想撕开喉咙喊几句的，也敌不过稍后许主任的大嗓门："请各班同学迅速跑步到球场集合！"班干部怕迟到扣班级评比分，也催上课老师"做操了做操了"。紧接着，许主任站在操场主席台，举起大喇叭，反复呼喊，每天一律的进场倒计时像战鼓紧擂："还有三十秒，还有二十秒，还有十秒，九秒、八秒、七秒……"楼下脚步声杂沓，千军万马奔涌而出。"三秒、两秒、时间到！"音乐声停，学生们气喘吁吁，惊魂甫定。做完操，许主任开始总结："今天表扬的班级有高一（1）班、（2）班、（5）班、（10）班、（15）班，高二（3）班、（4）班、（9）班……突出表扬的班级有高一（3）班、（4）班，高二（13）班、（16）班……""特别表扬高三（15）班，达到了速度与队形的完美结合。"

各家学校的课间操基本上是昨日录像的重播，音乐、广播、做操、总结，但许氏特色可能别无分店，他每天一样的穿着——白衬衣深色裤子，一样的语速声调——从容而高亢，一样的内容模子——"表扬的……突出表扬的……特别表扬的……"。在许主任的字典里，"突出表扬"优于"表扬"，"特别表扬"优于"突出表扬"，班主任期待本班有"表扬"，"表扬"前面如果还有

"突出"，就可以"突出"高兴一下，若有"特别"，就能"特别"高兴好一阵子。一个人拥有了大的话语平台，是可以在一定范围内赋予词语和句子特殊含义的。许氏表达还是靠谱的，他还把用于形容书法、文字流畅自如的成语"行云流水"用在做操动作的描述上，我觉得贴切；他把好人好事成风说成是"一道靓丽的风景线"，似乎并无不妥。

广播操后，班上的广播继续响着许主任的声音，其中表扬好人好事的内容关注度最高。一段时间学校丢钱的现象特别多，而且丢的多半是五毛，拾获者都交去德育处，且无一留下姓名。因此几乎每天都有许主任一字不改的表扬通知："下面表扬好人好事。一位不愿留下姓名的同学在校园拾得人民币0.5元，丢失者请到学校德育处认领。"钱继续丢，同学们继续拾，继续在许主任不在办公室的时候交德育处，许主任继续准时地万分认真地中气饱满地满怀深情地念拾金不昧的表扬通知。有人透露，有些学生是自掏腰包想听许主任一丝不苟的嘹亮的播报。许主任不知其中有诈乎？他心里明白，但不能不念，恐漏掉真正拾金拾物的人，唯其如此，善行才会受到鼓舞，风气才能端正向上。何况，少年顽心，偶尔为之，不计较则无市场，听着许主任把自己作假的"好事"念得那么字正腔圆、抑扬顿挫，重复得那么严肃认真、不知疲倦，过后会不会起一丝歉疚之意而谨言慎行起来？许主任是智者，更是仁者。

我与他比较私人的相处，只有两次，两次也是偶遇。

一次在厕所。我进，有人跟着，扭头看是许主任。我问他："听说你们河水村三居室的房租都在1500元以上了，你租给人的却还是600元。怎么不向其他房东看齐啊？"他说："新签的合同加了，加了，加了一百元。"然后微笑，牙齿不露，脸颊绯红如两朵桃花。"为什么没有多加一些?"他没回答,只是笑。

一次在行政楼。2008年4月底的一天,我去行政楼办事,许主任看见我,认真地叫了我一声:"曾老师!"许主任的神态、语调总会让人觉得有重要的事情发生,果然重要的事情发生了。他继续道:"曾老师,五四快到了。下周一升旗仪式上我想请你做一个纪念五四的报告。""我?你想请我做一个怎样的报告?""你看着办吧,不超过15分钟就行了。"我有些疑惑,纪念五四是政治色彩很浓的活动,要我这样一个无党派人士去做报告,而且不规定主题,他居然不怕我出"格"。我想了想说:"你既然放心,那我就去讲吧!"

2008年5月5日星期一,我台上慷慨激昂了十几分钟,学生似乎颇受鼓舞,走下台我也没去看校长、许主任的反应。过了两天许主任看到我,向我竖起大拇指,说:"曾老师,我特别赞同你的观点!"他喜欢用"特别",沉吟后又说,"五四除了爱国精神外,个性解放、人格独立、思想自由的精神更值得我们今天去继承啊。"

听罢许主任的话,我呆了。将近十年,许主任给我的印象的确是照章行事、不苟言笑。我不由得细细看着他微笑的脸庞,打了个响指,大拇指朝向他。

现在,他已辞去了主任的职务,专心教书去了。每天可见他骑一部旧单车,上班下班,仍挂着许氏特有的笑容,牙齿不露,脸颊绯红如两朵桃花。

有人说他是契诃夫笔下的套中人,把整个执信装在许氏制作的套子里。

有人说他还生活在色彩单调的过去,自足、自得、自我封闭。

有人笑他，刻板、木讷，被学生耍弄还蒙在鼓里全然不知。

也有人赞他，真爱教育，真爱学生，霹雳手段，菩萨心肠。

我说他呢，说不出来了。

他依然是他，做他认定的事情。他像一棵孤独而挺拔的树，哗哗自语。他真的成了执信"一道靓丽的风景线"。

许主任退休后，数年未见身影。一次回家坐地铁，近烈士陵园后门，看一人影颤颤悠悠地移将过来，似曾相识。走近看，是许主任！

"许主任，您好！"

他站住，看我，脸有点僵硬，没有从前的微笑和两朵桃花似的脸颊。

我问他做什么去了，他说去中山医院拿了些药。说完，颤颤悠悠地向前走去，也不再理我。

我好生诧异，几年时间，许主任身体差了许多，当年喊口令，声振屋瓦，现在走路都趔趄了。他退休那年，在台上说了一句意味深长的话："我终于安全退休了。"安全，是他对自己的评价，问心无愧。

我看着他不再挺拔的背影渐渐远去，心里有些酸楚。

传达室两公

传达室有两门卫。

两位不是亲兄弟，却像，差不多高，一米七五上；都胖，而且很胖。传达室不到九平方米，两个身形硕大的男人挤在一室，起身走动都要选择时机、方位，不然容易碰撞。我存心不良，蛮希望他们碰撞一番，像两位相扑运动员的扑打。

人们戏言，一山难容二虎，除非一公一母。两位都是公，倒能相安无事，早晚走过，都能见两人谈笑风生，状甚亲密，颇有陶潜"倚南窗以寄傲，审容膝之易安"的通脱。有一次我见他们大笑，一伏案不起，一仰坐靠窗的木沙发上见牙不见眼。我问他们为什么笑，皆不能答，继续笑，笑声是粗重的，把空气都摇动了起来。稍后，我再问，还是不能答。留小分头的康师傅干脆起身，走到上行政楼的台阶上，狂笑不止。

我只好走了，走出十几米远回头看，两人捂着肚子蹲在地上喘气。

两人之间处得不错，但待外人却少有好脸色，有时包括老师。

好几次路过听两人操着广东话骂人。我听得不甚懂，不知骂谁，也不知骂的内容。有一回见两人一脸的义愤，你说一句，我和一句，慷慨激昂，唾沫飞溅；骂完后站在那间斗室里，很久都不言语。的确是生气了，多半是关乎个人的事情。如果是骂美国或贪官，不该生这么长时间的气。

早时，信函、邮件都放传达室，老师进去签名取物，会遭遇不冷不热的尴尬。所以我们进去拿了东西立即退出，不愿稍留。一是受不了二位的"严肃"，二是里头确实太窄。冬天穿多点，进去就呼吸不畅了，像置身下班高峰期的公交车；暑天，虽然单衫短裤，但两公喘气声重，汗淋淋的，蚊蝇却步，而况人乎？

校外人员若要进来找人，特别是属于教师个人私事的，恐怕比办去伊拉克的签证还麻烦。我两位朋友怀着对执信中学美好的向往和崇高的敬意，特意过访。没想到在门口受阻，盘问登记出示身份证还不算，要打电话与我确认，等我说明此两人千真万确是我的朋友，并非闲杂人员企图混进校园图谋不轨，方才放行。手续烦琐点也罢，社会治安形势严峻，提高警惕理所当然，但两人声色俱厉，像盘查恐怖分子似的，让二位访客极不舒服。我朋友面相和善，文质彬彬，是大学里的教员，一贯受学生的尊敬，没想到在另一块地方斯文不保，憋气，进来后愤愤不平地对我说："如果不是要见你，老子掉头就走。中南海也没这么难进。"我心里大为不安，只好反复着"算了""算了"两字，我又告诉他们我经常出入其他兄弟学校，同样面对"信臣精卒，陈利兵而谁何"的场面。他们在校园转了一圈后气也消了，可出校门时笑容又僵住了。两位"守门员"的眼睛又直勾勾瞪着这两位朋友，看得我心里也很不自在。

还有一次，有人因公事找我，两人要我亲自到校门口去确认，我下一节有课，来不及前去"认领"，在电话里斗胆发了脾气，"铁面包公"钟师傅很不客气地回敬我："这是学校规定，你去找校长！"字字铿锵，不容含糊。后来改当面确认为电话确认，但两位忠于职守的师傅脾气丝毫没有改变。我觉得，他们把学校当球场了，防守意识堪比尤文图斯队的守门员布冯。

其实，天下守门，脾气生硬、蛮狠的不在少数。究其原因，安全压力还是很大的，一旦有外人进来出了事，首问其责，难脱干系。再者，此守门，不同于布冯们的光彩。每天进出，有规定时段，有手续登记，来访者不是脾气都好，有的不尊重守门行业，有的嫌手续太多，有的不按规矩企图硬闯，总之会惹两位老员工冒火，久而久之，二位很有可能把每个要进来的人都当作假想敌了，于是乎，雷锋日记里"对待同志要像春天般温暖，对待敌人要像严冬一样无情"的后一句就被他们贯彻落实了。

后来我听说两位师傅的一些情况，才明白两人的"牛"脾气还另有一层原因。

康师傅原是学校饭堂主管，亲掌大勺，手下几十名员工唯其马首是瞻，也算处在"鸡口"之位。后来进一厨师，技艺不凡，渐与之分庭抗礼，久之，势力坐大。于是两人之间有了隔阂，愈演愈烈。矛盾解决最快捷最有效的办法，就是使矛盾的一方避让，如蔺相如主动避让廉颇，康师傅被动避让去了传达室。原来"鸡口"，后来"牛后"，有些落差，进出校门的普通民众就要和他分担若干负面情绪了。道听途说之事，待考。

钟师傅的来头就更不寻常。据说其父乃南下干部，是革命功臣。功臣们的儿女因其父荫，多半在商界渔利或政坛得势，钟师傅却屈居一学校的"阍者"，尔等校长书记还不是在我老爹那一代人打下的土地上做的官儿。如此想来会有不快，所以更不会把出入人员放在眼里。或许我小人之心，度钟师傅君子之腹。

我与人处的原则是，人予我善，我亦善之；人予我恶，我即避之；避之不及，姑且忍之；忍无可忍，方与理论。两公并未恶我，只是严肃有余，拒人于千里之外，所以少与谈笑。可是，有一天，我改变了对他们的看法。

一段时间，我回老家侍奉病中母亲，请了两周的假。假后回校，进传达室看有无邮件。康师傅突然对我说："曾湖仙，很久没有看到你了。"钟师傅也疑惑地盯着我。我心里一惊，两位心细，全校教师好几百号人，进出若织，我只是十数天不在，他们便有了察觉。见他们黠笑的神情，以为我去哪里公干游玩了。我说，母亲病重，回老家照顾母亲去了。他们俩不约而同地"哦"了一声，脸上凝重起来，点点头，不再吱声了。母亲的病一直不见好，我回家次数更多了，每次回家前，我去学校上完早上的课，箱子先存放传达室，上完课取了箱子去赶火车，他们会问一句："回去了？"有意无意的一句话，突然给我感动。

从此，经过传达室有不一样的感觉，知道有两个同事守在一个普通甚至是"卑微"的岗位上，虽然冷脸、寡言，可他们的心一样柔软、热乎。两位退休好些年了，想念他们。

我认识的阿胡

阿胡，全名胡传新。我们俩臭味相投，有三样同好，看球赛、下围棋、唱歌。

看球赛，主要看足球。我偏爱意大利足球，因为二十世纪八十年代看有"小世界杯"之称的意大利联赛，感情建立已久，所以凡意大利籍教头执教的球队我都会关注，如安切洛蒂执教过的皇马、巴黎、拜仁甚至埃弗顿，又如意大利籍教练维亚利、拉涅利、迪马特奥、安切洛蒂、孔蒂、萨里都执教过的切尔西，他们执教期间我都会支持这支球队，如果他们走了，我也会掉头而去。阿胡则独爱巴塞罗那，是梅西的铁杆粉丝。说两件数年前的事。

2015年欧冠赛事中，巴塞罗那3：0赢了拜仁，梅西进了两个球，而晃过对手博阿滕进的第二个球，堪称艺术，在赛后被各大媒体奉为经典，天空体育台竟然这样评价："梅西第二个进球，对博阿滕所做的事几乎就是犯罪！"第二天中午，在饭堂，传新兄端着垒满饭菜的盘子，"啪"——往桌上一放，说："我们来谈谈梅西吧！"我们说："谈过了！"他说："继续吧！"不得已，我们把上述内容复习了一遍。

2018年4月11日，阿胡一整天情绪低落，因为他的巴塞在欧冠1/4决赛中0∶3输给罗马，尽管首回合主场4∶1赢了罗马，但罗马有客场进球，晋级了。没有什么好的办法安慰他，我只好跟他说我喜欢的尤文图斯也被逼到了绝境，第一回合主场0∶3输给皇马，逆转难度如同登天，他赶忙握住我的手，使劲摇晃，似乎找到了沦落天涯的知音。

下围棋没啥可说的，极少下。记忆里只有一次去学农与阿胡手谈过几回，两人半斤八两。但关于围棋的故事我比他多，吴清源、林海峰、聂卫平、大竹英雄、加藤正夫、小林光一、武宫正树、马晓春，我都能说出一二。

唱歌阿胡则比我好太多，他擅长对女声的模仿，嗓子由粗转细，再由细返粗，转换自如，令人称羡。他偏爱李玉刚，尤其嗜唱《新贵妃醉酒》女声部分："爱恨就在一瞬间，举杯对月情似天……"嗓子如一根钢丝抛向空中，拔高，再拔高，尔后在天际化作一道弧线，缓缓落下。人教社旧版语文教材有《明湖居听书》描写白妞的唱功，就是他这个味。除了唱功，他还有一大特点，喜欢把双手悬在腰间，脚踩节奏，两掌由内向外送出，同时打着响指，全身上下颤抖不止，仿佛浑身沾满了跳跃的音符。周围人无不为之感染，闻"胡音"而起舞。

我们俩合作演唱过好几首歌，如周杰伦的《千里之外》《青花瓷》等，不仅在班上，还在年级、学校的舞台献丑。学生不嫌弃我们，尽管我走音频繁、配合失误，还是报以热烈掌声。我自嘲走音是改编。有位同学对此也做出过非常正面的评价，"看来仙胡组合喜欢Jay的歌吖！嘿嘿，还记得那首《千里之外》，完全突破了Jay的唱法！"这种不讲道理的维护力度，令我俩感动不已，自信爆棚。

有一次差点唱出大事。年级组织大型活动，我俩又上台了，一位同学激动得把塑料水瓶抛向空中，落下来砸在一位老师头上，头破血流了，当即送医。这事故还是后来校长告诉我们的，他说："事虽与你们无关，却因你们而起。"令我和阿胡愧疚不已，应了小品《小崔说事》里的一句台词，是赵本山角色嘲讽宋丹丹角色的："人家唱歌要钱，他唱歌要命！"被砸中的是美丽善良的郑卫红老师，好在没有造成颜值的减损，不然阿胡和我必为千夫所指。

有两首歌是阿胡的保留曲目，《两只蝴蝶》和《菊花台》。据说阿胡就是用这两首歌俘获了爱人玲华的芳心。玲华是一个温婉的女子，说话极温柔，阿胡能在众多追求者中胜出，着实不易。问他当时是如何演绎这两首歌的，他不说话，略微一笑就哼开了："亲爱的，你慢慢飞，小心前面带刺的玫瑰……"同事李穗和淑琴两个小姑娘最喜欢模仿他的动作和嗓音，甩手，打响指，唱："我和你缠缠绵绵翩翩飞，飞越这红尘永相随，追逐你一生，爱恋我千回，不辜负我的柔情你的美……"最后成了他们三人的小合唱，末了大家哈哈哈大笑一阵。这首《两只蝴蝶》是对爱情的深情呼唤，《菊花台》则是在对方犹豫不决的时候表露相思之苦："菊花残满地伤……我心事静静淌，北风乱夜未央，你的影子剪不断，徒留我孤单在湖面成双……"玲华的心遂被软化。

由此看来，阿胡的婚姻是这两首歌做的媒，得感谢词曲作者牛朝阳、周杰伦和方文山。

以上的阿胡，是好玩的阿胡，快乐的阿胡。他总是在创造快乐，吃饭、走路、聊天、上课，做班主任教导学生、布置工作，都会先把笑挂在脸上，从不着边际的话题开始，再转到正题上来，把大家拉进轻松欢乐的空气里。但阿胡还有一面，鲜为人知。

有一回办公室讨论《红楼梦》，有人又搬出结婚对象选宝钗还是黛玉的老话题，在人人争娶宝钗的热闹中，阿胡却在"灯火阑珊处"独怜黛玉。问他为什么，他说："我就喜欢！"麦当劳广告就这词，喜欢说不出理由，是因为理由太多了，或者无须说出理由。阿胡对电视剧《红楼梦》演黛玉的陈晓旭同样偏爱有加。一个为报宝玉浇灌之恩而来，泪尽而去；一个为演黛玉角色而生，剧终数载而殁。

阿胡确实有很宽阔而深厚的慈悲心，他会把目光投向悲苦和落寞。

2016年里约奥运会，羽毛球男单半决赛，第37次"林李大战"结束，林丹1：2不敌马来西亚选手李宗伟，未能晋级决赛。很多媒体和观众为林丹无缘羽毛球男单决赛感到遗憾，也向这位老将超级丹表达了充分的敬意。阿胡也超喜欢林丹，但他在微信里却发出了这样一段文字：

"林李大战酣畅淋漓！多少年来，一代伟大的运动员李宗伟却翻不过林丹这座大山，经历几多失落和痛楚！但他不放弃不言败！今天终于战胜超级丹走进决赛，我觉得这更能传递人生正能量！预祝李宗伟能在奥运会上夺得冠军，激励你我他更加坚定信念，矢志不渝，不断翻过一座座高山！李宗伟好耶！"

这是阿胡的胸怀和价值取向。

其实，最让我感动的还是他和玲华的故事。好多年前，玲华身染沉疴，去医院住院，手术后在家治疗，家人的照料要十分细致，非常辛苦。阿胡一边忙于教学，一边照顾爱人。玲华的病也奇迹般地好转了，生活能够自理，还可以简单出行。

一个阳光明媚的日子，阿胡邀我和另两位同事去郊游，我坐阿胡的车，竟发现玲华也在车上，我赶紧问玲华现在的身体状况，她说好多了，想出来走走，也想见见同事。我们特别欣慰。当时车里放着王菲的歌："宁愿相信我们前世有约/今生的爱情故事不会再改变/宁愿用这一生等你发现/我一直在你身旁/从未走远……"我不禁说道："玲华，这首歌是阿胡放给你听的，他的心里话。"玲华笑了。下车后见阿胡小心翼翼地挽着玲华，我站在他们的后面，眼眶竟湿润了。

我曾把阿胡比作水，天气晴朗时欢快活泼，面临严冬他把自己结成冰，保持先前的纯洁，但坚硬如钢，默默承受生活的苦难，不向人透露半点委屈。一个善良的普通人，如果他还拥有坚忍和执着的品质，就足以称之伟大，阿胡是这样的。

说说经常与我呛嘴的"何大师"

何大师，名跃进。"大师"是尊称，也是戏称，因他常着麻布制作的米色短袖唐装，印有龙凤、海棠、小篆等图案，且纯手工盘扣，走路生风，宛若道人。凡执信读书的同学无不知晓。因彼此观点相左，经常和我争论，我住嘴了，他还不罢休，像打水漂激起的水纹，荡开一层又一层，直到无力伸展了。争论完了后，他又后悔了，便说："我何必与你争论呢？"他是好佛的人，自然会有这种认识，《金刚经》里说"凡所有相皆是虚妄"，既然虚妄，何必执着，管什么他非我是。于是，他坐下来喝茶。

与何大师亲近，缘于他营造的办公场所典雅别致，适于午间休息，我睡眠不好，得其所哉，不亦宜乎。只是后来中午过来喝茶的人多了，各位谈兴浓，精骛八极，心游万仞，常耽误了休息。但何大师是个铁人，不午睡，下午还是神采飞扬。

关于何大师的传说很多，耳听为虚眼见为实，我还是把与他交往的事罗列起来，以为茶余饭后的谈资。

一

先说他的工作室墙面，人都要求平整如缎面，他反其道行之，要泥工任意挥洒，水泥抹在墙上高低不匀，细看如山川纵横，人说胸有丘壑，他都表现在墙壁上了。这就是大师的特点。他的摄影室插活物，也插死物。他插了几盆枯荷，样子是活着的样子，叶面舒展，筋脉分明。没记错的话，有近十年的时间了，不浇水，不培土，如果是工艺品还会擦拭一番，它们什么都不需要，只摆着。我曾给枯荷写过几句诗：

十年前/他把荷塘残剩的风景拾回了家/莲没有死，换了一种肤色活着/不碎，不腐，不屈/因为褪尽了所有的绿/风干了所有的水分/舍弃了最后一缕牵挂/所以，保持了永远站立的姿态

二

吃饭与何大师坐一起，颇有压力，他不吃荤，不剩饭菜，用餐速度飞快。他常指责我碗里剩有饭菜，因此我常避他而食，或待他吃完催他先撤。一次，我埋怨没吃好，大师肃然："那么多菜不合你口味？"他说得没错，我去看过几回医生，医生说我肠胃不好。大师不以为然，问他有何妙招，却不言语，低头大嚼，如食槟榔，热汗淋漓。余有所悟："人有选择，反有了分别心，酸甜苦辣，蒸煮煎炸，反复拣选，便徒增了烦恼。人若没了选择，反而有简单而充足的快乐。"想是这样想了，我不选择，肠胃偏要选择。

三

一年冬天，去何大师家食素。他住河水村，房子不大，布置不俗，壁画荷花，桌备纸笔，几盆滴水观音散放各处；而竹韵最为浓厚，椅子凳子竹制的，晾衣竿用的是楠竹，贴墙水管以竹包裹了一层，养的植物有竹，盆内支撑花木的是竹竿儿，日历插图有竹，悬挂什物的还是竹。问他何以爱竹如此，笑而不语。想起苏轼的诗："宁可食无肉，不可居无竹。无肉令人瘦，无竹令人俗。"用在他身上最贴切。同来者还有阿胡、小芳和她的女儿。阿胡，名传新，谈兴极浓，说这次拜谒宝地，饮茶吃粉，对大师有新的认识，思想进步很大。受其启发，嵌二位名，吟联纪之：

能跃进，小寓茶禅大意；
可传新，冬有满室春风。

四

五年前的一日午后，新加坡国立大学蔡博士来访，交流的话题我忘了，但跃进邀往东峻广场食素时的一个细节记得清楚。蔡博士与我均以茶冲洗餐具，何大师道："干净的，不用洗。"

蔡博士和我反倒生了些尴尬，不过我脸皮厚，问道："怎么就是干净的？"大师照旧说了句"干净的，不用洗"，一脸肃然。这番对话要是放在《五灯会元》里，那又是一桩令人玩味不已的公案了。那问话的和尚要么立马悟了，要么被棒打出去了。

后来我想，何大师是不是又上了一个层次了，心有不净，则疑物物皆染尘垢，心净则土净，杯盘又何用拭洗。"本来无一物，何处惹尘埃？"我没有问他是不是这么回事，因为他不会说是，也不会说不是。后来我又想，这家素食馆是某居士经营的，既然是同道中人当然信得过他们的卫生保障，何况招呼大师的两位服务小妹，脸蛋白净，嘴儿甜脆，大师还能不信任她们？

五

高二学生照例要去广州市泌冲学农基地学农，科任老师皆同往。夜与大师、海元散步，至池塘桥上，思得一联：夜深廊桥卧，水静树影清。忽见，浮萍轻颤，鱼匿其间。余叹："鱼乐。"大师曰："子非鱼。"我反驳："子亦非鱼。"大师生硬而答："这里的鱼是要被吃掉的！"我说："乐以忘忧，不问生死。"大师不答，对水凝望，脉脉不他顾。有顷，三人继续往前走，一路无语。

一日，余从侧门出，见跃进大师又一次学农归来，黑了。问他："独自怎生得黑？"他说："怎敌他早晚日晒。"大师已素食多载，仅单衣四季，望之若孤鸿缥缈，而气力不弱，面色无异。我曾引陶渊明诗拟之："东方有一士，被服常不完。三旬九遇食，十年着一冠。辛勤无此比，常有好容颜。"大师虽不及东方一士，庶几近之。

六

在何大师的摄影室午休，蚊子喜欢咬我，对何大师慈悲，偶尔叮他几口。有一天蚊子特别多，额头、手背、脚面，六七处受到重创，用掉大半瓶风油精。我愤怒赋诗一首：

床头蚊阵势汹汹，扰我清眠西与东。

猛咬狂叮支血债，寻仇举掌却无踪。

示之何大师，希望他出手清理。大师不屑一顾，冷笑道："蚊子也要活。给它们吸几口血有什么关系。"有时见蚊子叮在他手上脚上，他就耐心等候，若痒极难忍，呼气使之离开。

七

话说新学期大师兼了初中的课，他大摇其头，初中课堂的组织难度很大，吵吵嚷嚷歇不下来，后来他使出一招"弱者道之用"，闭嘴，默然以待，学生见状，逐渐静下来，及至鸦雀无声，大师的洪钟之声遂起。持续一段时间后，嗡嗡嗡的响动又从某个角落发出，顷刻，席卷全室，大师复用前招，循环数次，得以完课。跟我小时候打树蝉一样，几竿子打过去，蝉声骤停，隔一会儿，蝉声又起，打打停停，烦不胜烦。大师耐性好，乐此不疲。

八

大师好与人争，和我脾性一样，开头交代过了。关于台湾，我主张和，他认为还是要诉诸武力，并做了口头推演。他的见解和好多军事专家如出一辙，但终究说服不了我，最后，他说："不在其位不谋其政。""不谋其政"有主动被动之分，总之是一句正确的话，我们都接受，和平地结束了火药味极浓的论战。

我们的争论多半逗着玩的，不当真。话说一日教工饭堂吃饭，与大师、老赵、福楼围坐。大师照例侃侃而谈，说人要有智慧，我戏驳之："讲个故事给大家听。"说某法师言，人要傻一点才好。一日大雨，吩咐两徒弟找器物接水，甲徒弟找来一只小盆，法师责之："你真傻，拿个那么小的盆能接多少雨！"甲徒弟不乐。乙徒弟找来一只鱼篓子，举之向天。法师责之愈甚："你真是个大傻瓜！"乙徒弟甚喜，师傅平日言傻才好，乃夸我也，当下悟了。

大师知我用故事驳他的智慧说，便搬出他的理论，然后把我未吃的酸奶和他吃完的酸奶放在一起，"有有无无"解释一番。我道："大师，你的意思我明白了。你想告诉我，我的是有，你的是无，但人不要执着于有无，有就是无，无就是有。"我把酸奶换了个位，说："你就是想骗我，把我的酸奶拿去喝了！"众人笑，大师果然把我的酸奶拿去了。末了，又道："你帮我喝了吧！"我笑他："你虽然给回了我，但你说'帮我喝了吧'，还是认为此酸奶是你所有的。既然不执着，何用'你、我'的词语。分别心未去啊！"大师微微一笑，莫测高深。

九

一日，我等正讨论"祖师西来意"，有说"庭前柏树子"，有说"昨夜栏中丢却牛"，有说"你问我，我问你"，及至口渴，打算烧茶，可水挤不出来。按说明双击开关水会自动从管口流出，灿辉兄双击多次，管子无反应，众人束手。我急往隔壁课室后门，以手示意大师，大师不应，遂举钥匙以示之者三，大师起身出，进来，见状，神色肃然，并未言语，噌噌噌上前，端一锅子，啪，重扣在电炉盘上，声响管动，水应声而出。我等当下大悟。

大师问："悟了啥？"

答："要放锅子！"

十

有校友见大师在广州5℃气温下，仍着短袖单衣穿街走巷，我形容他："冬天永远一件短袖轻衫，在层层叠叠的羽绒和皮毛之间晃荡，恶狠狠地嘲笑广州的冬天。"其实这不算啥，他亲口述及去北京参加国庆大典的遭遇，令人喷饭。开始以为不会太冷，又是一件单衣短袖飘然北上，去了才知零摄氏度左右，但大师扛得住，挂着相机漫步霓虹灯下。正瞄准拍摄对象，身裹羽绒的一位大妈一把拽住大师。大师悚然，传说朝阳区大妈阶级觉悟极高，与美国中情局、苏联克格勃、以色列摩萨德、英国军情六处并列为世界五大情报机构，若见蛛丝马迹之异常，必然会挺身而出，大义擒"敌"。果然，大妈熟练地执住大师双臂拖往就近的服装店，高声道："快买一件棉衣！"原来如此，大师惊魂甫定，辩说"不冷""冷是一种感觉"之类的话，大妈不依，眼看对方要亲自破费学雷锋了，大师才不得已买了件棉衣，店内外自然充满了快活的空气。这件棉衣从未见大师穿过，但下次去北京还是得带上，要是再遇同类大妈岂不是又买一件？

十一

有位名"七小助·大门"的同学在微博上发了一张何大师

跃进晚会时工作的照片并写下这几句话：这个身影，执信人不会陌生。每次有表演或是校运会，他都无法好好坐下来欣赏。但又或许，纪录下执信人的笑颜，就是他最大的乐趣。该博引来大量转发，同学们都给予了他最热烈的赞美。学校官方微博也给他点赞：感谢何跃进老师一直以来默默地辛勤付出。我很感动，如此平常，却有如此热烈的拥戴，便写了几行，题为《感应灯》：

> 一个普通的美术老师
>
> 有点儿桀骜不驯
>
> 有点儿孤芳自赏
>
> 有点儿我行我素
>
> 有点儿超凡脱俗
>
> 或许，他永远不会站在舞台聚光灯下
>
> 接受观众的喝彩和献花
>
> 但他永远愿意站在后台的某个角落
>
> 默默调试照在他人身上的灯光
>
> 我亲见他牺牲休息时间
>
> 制作晚会广告，设计节目单
>
> 上面却没留下他的署名
>
> 今夜他站在了微博舞台的聚光灯下
>
> 我告诉他
>
> 他一笑而止
>
> 仿佛走廊的一盏感应灯
>
> 你经过，你在他的光明里
>
> 你远了，他在夜的黑暗里

在美国给我们开车的中国司机

阿黄

在美游学给我们开过车的司机有七八个，除一个墨西哥人外，全是华人。印象深的有两个，一个阿黄，一个托尼。

在旧金山段开车的是阿黄，他喜欢加入我们的讨论，常介绍当地一些风情，担负起半个导游的职责。阿黄说，华人在美有四百多万人，主要分布在东、西两岸的城市。最早就是到旧金山的台山伯，他们是十九世纪早期被当作猪崽卖到美国做苦力的，此后台山一带每村每户，叔伯兄弟，相互介绍，源源不断地来到旧金山，逐渐成了气候。

阿黄是广东河源人，八年前来美国的。他说初来美国，去旧金山台山人开的饭店找工作，开始以为"老乡见老乡，两眼泪汪汪"，好歹会留他做个小工，没想到受了冷遇。会英语，不要；会广东话，也不稀罕；你必须能讲台山话。台山人抱团，在他们经营的地盘，你会英语、普通话也是"隔"而不入的，但你会台山话，就能左右逢源，生活工作全然无碍。所以台山本地人在这里绝不会有"独在异乡为异客"的感觉。

同行杰的太太就是台山人，杰说现在台山人移民美国的还有很多，家长们都告诫自己的儿女最要紧的是学好英语，毕业后再想方设法到美国来。所以，当地中小学校非常重视英语课，英语老师课外辅导的生意也特别红火。他太太的父母就曾强烈要求女儿赴美，但最终爱情的力量战胜了太平洋彼岸的诱惑。

台山人争取美国居留权的办法很多，最常用的招是结婚移民，这边的台山男找那边台山女，这边的台山女找那边台山男，顺理成章，方便快捷。但毕竟找结婚对象的男女有限，于是乎"穷则思变"，就有了假离婚假结婚的办法。比如，美国这边的男士和太太离婚，然后娶来台山女子，等这位女子办妥移民手续后再离婚，与先前的太太复婚，男士向移民的女子收取一笔不菲的酬金。所以，有人专门干起了这个行当，离而复结，结而复离，循环往复，大赚其钱。当地政府也知晓其中猫腻，但人家依乎法律，无可挑剔。况且美国人离婚率高，见怪不怪。

一位万姓导游跟我们讲墨西哥人移民的段子，说墨西哥的孕妇们往往在临产期越境美国，美国警察出来驱逐，奋力拉扯她们离境，但孕妇们死死抱住电线杆子不放，一个拉，一个挣，一来一往，摇摇晃晃的几个回合后，"哇——"的一声啼哭，一个美国公民正式诞生了。母以子贵，按美国法律，在美国国土出生的婴儿自然成为美国公民，而这位公民满十八岁就可以以移民形式名正言顺地接母亲过来。虽然"道路曲折，但前途还是光明的"。

托尼

给我们印象最深的司机是英文名叫托尼的天津人。他在洛杉矶、圣地亚哥、拉斯维加斯这一带为我们开车。多数司机只管开车，寡言少语，起初我以为托尼也一样，可刚走一段路，导游开场白还没说完，托尼主动说："我为大家唱一首歌吧！"

我们一下兴奋了起来，见过导游主动献歌的，但没见过司机会越俎代庖，便齐声叫好。

托尼没有多余的过场，比如清嗓子，说两句话导入，开口就唱："提篮小卖拾煤渣，担水劈柴也靠它。里里外外一把手，穷人的孩子早当家……"声音洪亮、高亢，引来大家喝彩，我们几个受过样板戏熏陶的同事跟着哼，车厢气氛活跃了起来。

托尼一曲唱罢，又起一曲，京剧、评剧、现代歌曲，轮番呈献。

中途下车吃饭，我们看清了托尼的样子，中等个子，微胖，国字脸，眼睛不大，显得敦厚、朴实。托尼和导游老万是好搭档，老万热情、周到，不遗余力介绍美国社会现状、历史典故，回答各种各样的提问；托尼则插几首歌曲，补充些掌故。

托尼开车的第二天，发生了一件事情。

车里有两位同事偶尔抽烟，只在下车后找一僻静处过瘾。一次临时停车，他们问托尼介不介意在车旁边抽支烟，没料到，托尼凝住脸上的笑容，硬生生回了一句："介意，当然介意！"托尼的回答让我们诧异，随后他又补了句让我们更茫然的理由，他说："我就是躲烟躲到美国来的。"跑美国有躲债的、躲追贪腐的，没听过躲烟的。很好奇，问他怎么回事。

原来十几年前托尼供职于天津电信部门，还是部门老大的第一秘书，炙手可热，前程可期。据他说，天津最早拥有的两部大哥大，一部在他手上，一部供当时市委书记使用，书记那部还是他亲自送过去的。一时风头无两，但他有个毛病，闻不得烟味，这在官场是个致命弱点，你不抽没关系，你闻都不能闻就麻烦了。向领导汇个报，要面对有些领导的"长吐深纳"；会议室做个记录，要置身于"云山雾罩"里。身为秘书，要能忍，最好与众同乐，可托尼不愿也不能。这样子在单位上班难熬，于是他劝领导戒烟，到各办公室号召大家开展戒烟活动。起初有一些效果，过了一段时间，死灰复燃，且愈演愈烈。抑制不住怒火的托尼有一天一大早回来，把所有办公室的烟灰缸都丢到楼下垃圾桶里去了。这一举动得罪了单位所有烟民，非烟民也认为他的行为不可理喻，领导也觉得过分。从此，托尼被冷遇，单位同事视他为异类，避而远之。像他这种做秘书工作的经常要这室进那室出，上传下达，弄成这种不尴不尬的局面令他度日如年。

一个特立独行的人，要么去引领社会，要么被社会淘汰。托尼没能力做前者，于是选择出走，走到了美国。到了美国，托尼的日子过得并不太顺心。从他说的两件事可以体会到他生活的艰难。

第一件事：他到美国后打工挣钱，辛苦一年后，想给母亲寄一千美元，但这笔钱支出后，手头就紧了，他拿五百美元去赌场碰运气，结果都输了，原计划寄给母亲的美元只剩下一半，心里后悔、难过，觉得对不起母亲。这件事他重复说了两次，到后来和我们告辞时又感叹"人啊最重要的是孝敬父母"。感触何以如此深切？我不便问，怕引出他更多伤心事。

第二件事是在吃早餐时问他的。我问他在美国有没有房子，他说租房住的，租房比买房合算。说到后来，我知道了他不买房的实情。首先，托尼养有两部车，在美国没有车是无法正常生活的，买包盐也要驱车长行；其次，是房租和家里日常开销，几项合计每月需要约三千美元；再次，眼下又供女儿读大学，这笔支出不菲。托尼收入不丰厚，平时还要攒些钱，以备不时之需，所以买房的事就耽搁了。到东岸的张姓导游就不屑于托尼的观点，他说："什么租房比买房合算？"然后炫耀他在美国有两套房，在北京也有两套房。我不知道这位大爷似的张导是不是吹牛。

在与托尼的接触中，我们感觉到他强烈的孤独感。在国内，他是孤独的，不习惯多数人习惯的工作环境，被迫逃离；却又陷入了另一种孤独。虽然老婆孩子接来了美国，但人不能只生活在家庭，何况家只是个极小的单元。冰心写过一篇文章《我的家在哪里》（选入粤教版语文教材），说她住过的巴黎、伦敦、东京等地，甚至北京的燕南园、云南的默庐、四川的潜庐，都不是她的家，"只有住着我的父母和弟弟们的中剪子巷才是我灵魂深处永久的家"。比较西方人，中国人的家族观念、血缘意识都会强得多，有"根"才有心灵的安顿。一个在母文化里浸润久了的人，到了异国他乡会有特别浓重的乡愁。托尼唱歌，唱中国戏曲，很大程度上是要排遣这种文化上的孤独感。我想，他在家里，这些歌曲自个儿不知唱了多少遍。今天，他迫不及待地主动歌唱，是因为到了一个熟悉的文化"气场"，就像在山谷里呼唤，能收获回声，得到慰藉。也许新一代的移民很少有托尼这种心态了。

到拉斯维加斯，入住了酒店，托尼本可以去休息，听说我们去逛街，又和导游老万陪我们出去，带路、等候、找人，前前后后，他都在忙。回酒店的车上，我们一再感谢，他说不用谢，他乐意这样做，最后很深情地说："你们只要记住，这里的中国人想念着你们！"

不在其中，你会觉得这句话矫情，可这真是托尼的心声，语调激切，有点哽咽。告别时，托尼放了车，也跟我们到了候机厅。我们有点惊讶，一般情况下，司机不必要再跟过来的，他说不要紧，一直送我们到检票口，站在远处看我们，导游老万都离开了，他还站着，那个中等个子，那张国字脸，那双不大的眼睛，越发清晰。

早上我对他说过："既然这么念旧，就回国去吧。"他沉默不语。

一所特殊学校的校长

　　"书声琅琅"用来形容校园整齐、响亮的诵读效果，在这所学校却不合适。校园格外安静，师生对话的方式是打手势。站在走廊，看到课室一位年轻女教师和孩子们比画着，她的手柔软灵活，变化出各种姿势，引来孩子种种有趣的反应。我仿佛看到一位钢琴家的手在黑白键盘上跃动，没有声音，但那优美的旋律却在心里真切地回荡。

　　这是台北启聪学校，一所聋人学校。起初，我们觉得作为普通中小学的老师代表参观一所特殊类学校，意义不大，及至看完，才知道这是不应错过的一节课。

　　车进校门，一干人马在楼下等候，带我们进会议室。一个五十开外、中等个子、头微秃的男人站到了椭圆形桌的前面，自称是校长。我有些惊讶，他刚才是站在欢迎队伍中间的一员，谦卑地微笑。我当时想，这般年纪算是老资格的教师了，却也走到门口迎接我们这个没有官方背景的访问团。到了楼上拐角处，和几个年轻人一样，他笑眯眯地为我们指路，没想到他是一校之长。

　　校长姓叶，言辞谦和，脸上挂着笑。我记下了他讲话给我印象深刻的部分。

他说，他这个校长是本校教师、学生家长和教育局官员投票选出的。台湾的教师不太愿意做行政工作，一方面是家长要求高，另一方面行政工作本身事务多，每天都累，年纪大了就吃不消。他的行政班子站在他旁边，都是年轻面孔。他开口第一句话就是："我先介绍我的伙伴们。""伙伴"两字道出团队性质，有平等互助意识，有亲和力。

介绍学校历史时，办公室的广播响了，说的是领取药物预防疾病的事。校长中断介绍，和我们一起听完了广播，然后向我们说明学校疾病防治的事，并笑称这个播音员的声音好听。校长没有关掉干扰会议的广播，还借此机会宣传了学校的一项活动。我觉得他这个人真的随意自然。

他说了一个故事。前几年日本一所聋人学校的学生来访，和高一忠班同学开展了多项交流活动。忠班7个孩子也想回访，但一个人需要3万台币的费用，学校没这笔开支，聋人学生家里一般都比较困难，很难拿出这笔钱。后来学生提出自己创业，做糕点挣钱。学校向社会求助设备，家长提供糕点制作的原材料。我们参观了制作场地，看了记录制作过程的视频，孩子们围坐一个大台，捋起衣袖干活，脸上都是笑意。做好的糕点，形状别致，色彩鲜艳。这个做法一经宣传，人们知道了糕点背后的故事，购买热情很高，21万元新台币很快凑齐了。在图片上见他们踏上访日行程时的兴奋劲儿，心底一阵感动，他们好像是在向人们展示："我们和你们一样，都是对社会有用的人。"

去课堂听课的时候，我特别注意了老师和孩子的眼睛。平时我们看聋人的眼睛，会觉得有些凝滞，现在看到的这一双双眼睛，顾盼生姿。"眼睛是心灵的窗户"，这扇窗户对聋人孩子来说尤其宝贵，用心打开，才能让阳光照进他们的心灵。

校长特意送我们一小袋孩子们制作的糕点，我尝了一小块饼干，香甜酥松，一点也不比店里的差。舍不得都吃了，带回广州，与我的学生分享，也分享了这个故事。

这所学校是1917年日本人开办的，叫"木村盲哑教育所"，接管过来后改名为"台北盲哑学校"。因为盲人和聋人两类孩子在一起容易发生矛盾，学校又分成了两所，分别叫"启明"和"启聪"。启聪学校30年前有1000多名学生，11年前还有800多，以后逐渐减少，由600而300，及至现在143人。这是科技昌明、社会进步的结果。学生少了，但学校面积没有少，一直保有两万多平方米，四栋大楼，政府没有压缩面积他用。学校工作人员115名，其中教师72人，职员32人，工友9人，警卫2人。

"教育成本真大啊！"我不禁感慨。

校长说，这是现实利益和社会价值权衡的结果。残障教育是一种慈善教育，虽然成本巨大，但它代表一种社会价值，起着社会教育和道德感化的作用。的确，残障教育的存在，以及大额的财政投入，是要让人们看到这个社会给弱势群体的关爱和温暖，同时也给我们每一个社会成员以心灵的安慰，这个社会不会抛弃任何人，它是仁慈的，是值得信任和依赖的。这应该也是人类共同的良心。怪不得校长开玩笑地讲："所以啊，为了选票，对残障学校的关注和投入，两党都非常支持！"

告别启聪学校时，校长又从楼上下来送我们上车。笑容一直挂在他的脸上，依旧自然、亲切。或许，这是教师、家长投给他票的重要原因。

"何处野花何处水，下峰流出一渠香。"启聪此行，用唐诗人许浑《途经敷水》这两句诗形容我的感受最恰当。

关于姓名的故事

关于姓名的故事太多了，说几件有意思的事情。

我参加工作的第一站是镇属中学，遇到好多有趣的同事，其中之一是李建华老师。李老师教英语，曾教过语文、政治、历史、物理、化学、体育等学科，七项全能。我初登讲台，他已是三四十岁的人，个子不高，脸上常挂着笑，为人十分厚道，待人格外客气。他住爱人单位，机械厂宿舍，离学校不到两里地。因此，隔三岔五，他会邀我们几位住校的老师去他家小酌，几杯黄酒，几碟小菜，吃得无话不谈，兴味盎然。但这位随和、没脾气的老好人却在一件事情上面显出他的认真和严肃。

他教的初三（2）班有位同学和他名字一样，也叫"李建华"。师生同姓名，多少有点别扭。于是李老师把学生李建华叫到办公室，开始一场充满欢快的对话。

"你也叫李建华啊！"李老师很亲切。

学生咧开嘴笑了笑，同时扭了扭身子，不知道是不好意思，还是因为与老师同名甚为得意。

"这样很不方便。我上课叫你回答问题，怎么喊你呢？我喊'李建华！'同学们都会笑的。"李老师直奔主题，点出同名的弊端。

学生再次干笑。

"这样吧，你改一个名字，怎样？"

学生不笑了，嘴巴努了努，满脸不情愿。

"你不欢喜，是吗？"

学生说话了，语气很坚决："我爸取的名字，会打我。我不改。"

李老师手搭在椅背上，下巴靠在手腕上，看了学生一会儿，做了个折中的方案：

"我只是要求你在英语课上改个名字。这样吧，英语课上你叫'李建军'，其他课还是叫回你的'李建华'。"

学生没有努嘴巴了，只是低着头。

"你不喜欢这名字？建军，建设军队，多响亮的名字！其实，你爸早该给你叫建军的。"

我一旁忍俊不禁，为什么他爸早该叫他建军呢？李老师有点强词夺理了。转念一想，李老师也对，建华务必先建军，没有军队的保家卫国，哪能建设好中华啊！

学生没吭声，脑袋晃动了两下，好像是动摇了。我刚在旁边乐，这下可以趁热打铁，帮一把李老师。我对学生说："'建军'两字，和'建华'一样，仄起平收，朗朗上口，何况'军'比'华'威武多了，听起来雄赳赳气昂昂的。英语课你建设军队，其他课你就建设中华，都是光荣的事——"

学生傻傻地笑，李老师却一脸严肃，满怀期待地注视着这个傻笑的孩子："怎么样？"

学生点了点头，李老师吁了一口气，脸上才挂起他憨厚的笑容。

我跟李老师说，这事得告诉学生他爸一声。李老师问如何转告，我趁机卖弄了一番，告诉他明代李梦阳做江浙督学时，发现有考生和他同名同姓，找来责问，出了一上联："蔺相如，司马相如，名相如实不相如。"考生才思敏捷，立马回答："魏无忌，长孙无忌，彼无忌我亦无忌。"和上联一样，嵌入了历史名人，针锋相对，李梦阳无话可说，赞之有加。李老师觉得有意思，说不妨照葫芦画个瓢。我要李老师以李家前辈的身份出个上联给学生带回家去告诉家长。李老师心情好了，我们一起琢磨了会儿，给出的上联是："我先生你后生，同名同姓上课的确不方便。""先生后生"还一语双关。我们跟学生李建华说，这是家庭作业，要告诉父亲。过了几天，学生交上来下联："你长辈我晚辈，建华建军称呼其实都好听。"对得还很不错，问他谁写的，学生嗯嗯嗯没说清楚。总之，李老师开心了。

前年回老家过年，旧地重游，这所学校已被合并，原址改为儿童游乐场，场内一片狼藉。问附近住客，说游乐场经营不善，已经停办。云烟俱散，但这些往事还留在我的心里。

在镇中教了两年后我到了一中，自己遭遇了关于名字的两桩趣事。

当时学生作文本的封面有一栏"教师姓名"需要填写，一位叫唐滔涌的同学把我的名字写成了"曾狐仙"，他是故意的，特别把"狐"字给加粗了。这孩子顽皮，好开玩笑，我想以其人之道还治其人之身，第一没找他，第二未做更正，而是把"学生姓名"栏的"滔涌"两字改成了"绦蛹"，然后把本子发还。"绦蛹"读音不变，猪肉绦虫的"绦"，蛹虫的"蛹"。要变，我们一块变动物，但我还是胜他一筹，"狐"比那两种虫子高级多了，他是卵生，我是胎生。

次日，我们在走廊狭路相逢，他和平常没有两样，叫声老师，面不改色心不跳，我只好若无其事地点头一笑，心想：这家伙如果生逢第三次国共战争，做间谍合适，他倒向任何一方，另一方必遭重创。

第二次作文收上来了，我发现封面涂改过了，我们俩的名字都被勘误了，"狐"与"虫"一块变回了人形。

我们又在走廊相遇，心照，还是彼此不宣，他叫声老师，我点头一笑。这学期放假我叫了几个同学帮我做藕煤，包括唐滔涌，他最卖劲！

再说另外一件。

农村给孩子取名，都叫得贱，理由是名字贱的人，牛鬼蛇神不喜欢，就不会靠近他们，伤害他们。所以"贱狗""猪头""潲桶""尿桶""尿勺"等名字有不少人用。我一个学生就叫"李四苟"。

"苟"原本作"狗"，孩子读高中了，可能觉得不雅，不知是大人还是自己给改了。这学生在家里排行第四，叫四狗。我推想他的三个哥哥应该分别叫大狗、二狗、三狗。这在我们老家很常见，我奶奶家隔壁四个儿子，分别叫大牛、二牛、三牛、四牛，牛，粗笨，干重活的命；对门三个女儿，分别叫大毛、二毛、三毛，毛，无足轻重。

上课我提问，叫他名字："李四苟！"同学们都笑。叫这名字像骂人。南方人边音、鼻音不分，平舌音、卷舌音不分，"李四苟"听起来就成了"你是狗"。后来我对他提问就少了，或走到他跟前直接对他说："你来回答吧。"有好几回，我努力区别"四""是"的读音，上门牙顶住下门牙，把"四"念得特别响。龇牙咧嘴地矫正，适得其反，因为听起来，像在说"你死狗"！一本正经的努力反而像别有用心的捉弄。尽管如此，四苟同学一点也不恼，只是憨憨地跟着笑。他习惯了。

　　我当时很想为李四苟同学改个名字，但始终没向他提起，先是怕他不愿，名字毕竟父母所赐，起得贱包含了父母希望孩子平安一世的期盼；再则四苟自己并不在意，名字是一个符号，好与不好的标准是什么？照本地文化习俗的观念，贱名就是好名。这种认知，自古而然。晋文公儿子晋成公生下来发现屁股是黑的，就叫"姬黑臀"；汉武帝起初的名字是"彘"，彘就是猪；南齐有个大将军直接就叫张狗儿。所以，"四狗"也没什么不好。后来我了解到有十二年一度的"四狗相逢时，天上月正圆"的天文现象，即狗年、狗月、狗日、狗时，月球、地球和太阳排成一条直线。由此看来，"四狗"倒是好名字了。

　　因为这些个名字的趣事，我对李老师和那两个学生特别想念，不知他们现在怎样了。鸡毛蒜皮的小事，他们或许忘了，但我还把它们放在记忆的包裹里，偶尔打开，依然莞尔。

赠水平兄致仕

一副挺拔的身躯，宛然一株树
路遇，与人有说不完的话
像风翻动满树绿叶
絮絮叨叨的都是这所学校的历史

一件小事在他嘴里可以喷薄而出
你以为要光芒万丈了
最后给你的是一抹晚霞
晚霞也好，它是白天的余音袅袅

他喜欢研究玉石
开过一门玉文化选修课
他说，第一个知道玉有感情的是李义山
珠有泪，玉生烟，一个哭，一个怒
第二个知道玉有感情的是曹雪芹
《石头记》记了都叫玉的一对男女的故事
他是第三个
干脆把自己也修炼成了一块玉
不要叮当作响，只用一块麻布

小心翼翼地包裹

他喜欢研究植物
告诉我执信楼前是一排霸王花
茎如虬龙，恣意攀缘
似项籍一怒挥鞭，断江水横流
花冠硕大，风雨都做了它的下午茶
但他，只是他自己
如果你有一壶的忧伤
他陪你喝到西风凛冽，酒醒时分

他是一个有水平的共产党书记，姓张
在这个看脸的时代，他有脸
在这个没有气质的时代，他有气质
退休了，记得回来看树看水，看小猫悠闲
天青色等烟雨，我们在等你
下课铃响，杨柳依依
《诗经》的句子总会在校园荷塘的水面拂过

补注：张水平兄在书记位上退休了，同是语文老师，大家建议科组聚餐话别，对活动格外热心的汪多维老师要我记得在宴会上说几句话祝福老书记。多维是一个直性子的人，觉得老书记易亲近，关心人，就特别提了个醒。记得2009年，我母亲病危，水平兄听到李穗等几位老师提及，便托中山医附一院的教授远距离参与会诊，我事先都不知道，非常感动。那晚聚餐后，我写了几句，凑成一首诗，一直未示之他本人，兹录于此。

校园里的老炮儿

以为是吵架
嘴里蹦出噼里啪啦的炮仗
火花四溅，周围人闪躲一旁
有理不在声高
他偏要把嗓门调到和弦的最上部
听久了，是潮水翻涌的声音
他用一种严厉的方式告诉你
赶海的时间快到了，做事不要拖拉

以为是番茄炒饭
饭堂里见他咀嚼有声，声动碗盘
仔细看，是辣椒把白花花的米饭
　　染得通红
一口一口，塌陷了一座小丘
原来吃进去辣椒，呼出来全是火焰
每一个字都是烙铁
灼伤人肌肤

蔬菜从不出现在他碗盘
音乐补充了人体所需的全部维生素
高大了舞台中央的形象
一挥双手
千军万马从峡谷奔涌而出
生命总处在沸点
音符汩汩，流成一条河，永不干枯

一年一度体检，他从不参加
他说，自己感觉比X光照射更加
　　准确
每年献血光荣榜上都有他大名
一个在全国有几万重复的名字——
　　志勇
两个豪迈的汉字碰撞，仄仄作响
他还姓高，又比人家升了八度
一个人脾气、嗓门、行事的风格
恰如其名

历史上还有谁

那位"名余曰正则兮，字余曰灵均"的三闾大夫

一个风和日丽的午后，他把我叫住

"老弟，请吃饭！"

"好！喝什么酒？"我问

"白酒！去湘菜馆子！"

他要抱一箱老家白干来，脸涨得通红

拧开一屋刺鼻的醇香，满饮四十年的桀骜

"来，再干！"

烈酒能烧热一个人的志向和勇气

六十岁，倔强的目光

在秋风凛冽的黄昏，依然有

铿锵的色调

——这执信的老炮儿

补注： 高志勇，湖南人，执信中学音乐高级老师，长期担任艺术科科长。为人行事从不遮掩，豪爽干脆，有湖南人的霸蛮之气。说话音量极高，震颤屋瓦，学生有些怵他，盖严厉故也。他父亲是部队高官，儿子不承父业，做了个普通的中学老师，率性如此，恰是其可爱与令人尊敬之处。他对我说话也毫不客气："你？不能喝酒，不能吃辣，算什么湖南人！"我不能喝酒是事实，至于吃辣，很多自诩"怕不辣"的人都臣服在我面前了，只不过在这位仁兄面前，我又自愧不如了。他退休七八年了吧。

教师肖像的素描

有他让人更爱执信

叶国模老师，原籍潮汕，"00后"不曾闻其大名，更未睹其真容。方脸，花白头发，中等身材，宽阔结实，恰与我的细长相映成"趣"。初次见他，热情扑面，令我这个初来乍到的新老师感动莫名。"与君初相识，犹如故人归"，信哉斯言。叶老亲口对我说，同龄人中他的普通话最好。一次外出学习同屋，叶老侃侃而谈，我捕捉能懂的字词，连贯其意，犹不能与之同步，遂曰："叶老师，您说普通话吧。"叶老不解："我说的就是普通话啊！"我顿知失言，忙点头附和，叶老谈兴愈浓。叶老退休多年，一次回校，门口邂逅。老人家红颊白须，精神矍铄，伸出双手一声大呼，笑脸顿开。我如沐春风，趋前接握。

菩萨鲍公

鲍老师退休久不见，公交车站偶遇，还是圆脸堆笑，和蔼可亲。办公室曾与聊及三大战役，乃父出身四野而甚赞林彪，然余尤服粟裕，各执其词，辩后莞尔。不在高三时，常有高三学生登门讨教，彼教诲谆谆，笑容满面，似春风化雨。后闻鲍老师赴澳洲探亲，患病不治，令人扼腕。吾作联挽之："人间弥勒，天堂鲍师。"

记某男士二三事

"嗯，嗯，嗯——"风声过耳，一男士脚踩风火轮疾驰而过，再回过头来笑着叫我一声。原来是他，上了年纪的哪吒——钟sir也。钟sir骑单车上班，悠哉乐哉。彼嗜中国象棋，曾与对弈，吾艺不及。街头观棋，一驻数钟；曾买菜路见，棋盘风云变幻，观者喋喋，彼竟不置一词。"观棋不语真君子"，此真君子也。英语科早年评为全国三八红旗集体，钟sir教英语，身为男士同获巾帼之誉，问之感受，旁一老师唱："军功章呀，有你的一半也有我的一半……"

有感而发的监考人

陈光伟兄，执信物理学界诗人。有《陈光伟校园诗集》示余，激情扑面。感于他的《监考》："凝视黑板杜牧诗，幻觉秋夜旷野吟。背望考生著前程，思我岁月静流失。"背望，因他是副监考，坐后门。诗朴实，见真情。"静流失"三字，有无限感慨。考生与自己同处一室，却是人生的两头。黑发少年转眼变白头长者，曾经的斗志昂扬，风华正茂，俱往矣。

与世推移的高人

禤广辉兄好收藏旧物，晒微信群。一日翻出二十世纪五十年代执信语文科组老师合影，人虽黑白，骨子里绚丽。男俊朗，刚毅；女慈爱，乐观。时代风貌，俱镌其上，而今安在哉？学校设分部，禤子受命赴二沙岛、从化、水荫路等地。去从化交流，时禤子在此负责德育，脸色红润，精神饱满，言此地空气优良，视野开阔，果蔬新鲜，压力俱无，多年鼻炎、喉炎悉已痊愈。遂化用古人诗送他："精神此子面貌新，红颊霜鬓眼生春。山伴流溪溪伴我，不辞长做从化人。"流溪河近在校园咫尺，可效靖节先生，踏江畔以寄傲，审偏远之易安。

半个名士

一日排队买饭，物理科梁兄文锋叫我一声，并无寒暄，随即吟诵："帝高阳之苗裔兮，朕皇考曰伯庸……"太突兀，我讶异不已，定下神后，啧啧称赞。彼从自我陶醉中走出，做谦虚状："只能背《离骚》了。"东晋王孝伯言："痛饮酒，熟读《离骚》，便可称名士。"近人闻一多推崇此说，文锋兄必以为然。不知其酒量几何？即使酒力不济，亦堪称半个名士。

忧国忧民之士

人生何处不相逢，饭堂聚议胜沙龙。一日饭堂遇文锋兄。兄面色惨白，郑重言一事于我："今天，我早读进课室对学生说的第一句话是'同学们，今天我心情很不好！'"我大为诧异，何事至此？大清早劈头一句不把学生唬住？文锋兄并不着急下文，我猜八成该班卫生、纪律等"八项评比"之某一项给值周班同学压低分数了。他摇头，缓言道："我告诉同学们，中菲黄岩岛长时间对峙，俄罗斯要卖武器给菲律宾，我对此事甚为忧虑。"我目之良久，长吁了一口气。

是我前后鼻音不分

此兄刘草民，不知何故，乃父以"草民"名之，莫非生活教训拟此名以自警？所谓木秀于林风必摧之，草长于丛可得永年。有学生画草民兄像，旁书"刘玄奘"三字。玄奘俗名陈祎，陈冠刘戴，学生故意为之，名实倒也相洽。草民性格好，教学生耐心细致；玄奘慈善随和，取经布施众生，相类也。一次，问草民何以名草民，彼大笑："吾草明，非草民。"草如何明？格之数日，不明。

题诗以送同事他徙

阿欧，名赛琼。同教高三，知其勤勉，做人低调，荣誉屡辞与人，苦累常揽于身，无人不道其好。国人皆言广州人务实，不争。始不以为然，与阿欧等广州同事处，方知所言不虚。"随风潜入夜，润物细无声"，拟之最切。赛琼老师今徙域外，不忍离舍，科组赠其坐荷叶之上泥塑裸童的薄礼以示同事厚谊。余题诗其上：

绿瓦红墙近半生，扶摇鸥鸟逾海行。
觅尽羊城无所寄，荷塘叶满送君情。

王聪明其人

人自视聪明者多，又以"聪明"自名者则鲜见矣。余称之为徒弟的王丽丽兼而有之，彼告知学生，以"王聪明"呼之。众不以其自矜为异，"王聪明"名副其实，教学奇招迭出，学生敬爱有加，班级不唯考试分高，综合素质亦佳，当颠倒名姓，谓"聪明王"也。赴新加坡教书，问师傅有何礼物相赠，逢其12月5日生日，以诗为礼贺之。

> 不爱流俗苟自安，铁鞋踏破山外山。
> 能歌善舞工才艺，传道育人著先鞭。
> 盎溢童心还依旧，凌云壮志又登攀。
> 他乡此去勤珍重，独运巧思续瑶篇。

开都河霸主

严淼东兄，何大师茶室常客，老实喝茶，老实谈话，老实做人。无一人与之亲密，无一人与之不亲密。人以为弱，不知其强也。子曰："中立而不倚，强哉矫。"兄取中庸之道，君子也。广州市派教师赴新疆支教，淼东兄报名毅然前往。人到中年，上有老下有小，先国家而后私人，其心可嘉。仿王维《少年行》作《赠开都河霸主》歌以赞之。

> 不是昔时美少年，
> 还系白马垂柳边。
> 严兄意气出汉塞，

裹卷春风入胡天。

开都河，新疆大河，流经援教之地，学生赞之"霸主"，谓其有不惧寒畏远之霸气。

吃酥角的孙先生

广雅小学到泌冲学农基地展示其实践活动成果，三年级孩子会刺绣，会烧陶，图案设计都很精美。该校老师说，学校专门开设了这些课程，促其动手，必然伴随动脑，手脑并用，心灵手巧。看到一位刻章的同学，当场雕刻，善楷能篆，像模像样。来到小吃摊前，做酥角的同学请我们品尝，孙远忠兄吃了一个，咀嚼有声，大赞"又香又甜"，沿湖转了一大圈回到摊前，他重复一句"又香又甜"。想必齿缝间余香未散，真诚加赞；抑或还想吃一块，美言邀赏？孙先生真实，我怕上火，矫情拒绝，此时想吃一块，又不好意思张口，只好垂涎而去。

默默无闻的人生成功者

"我们的宇航兄呢？"我在微博谈及物理科光伟、文锋、传新三位仁兄的文学造诣不俗，有同学便追问宇航近况，我知之甚少，最初印象是他名字与其专业关系密切，物理科老师名字大都很物理，海舰、宇航、宇周、航英……无不与祖国航天航海事业息息相关。宇航为人低调，埋头做事，待学生和蔼可亲，少而有长者风。曾有一美女求偶执信，代为物色，念及宇航，从旁打听，人告知有女朋友了，未几又告知有孩子了。余大惊，宇航深谚"大富毋声"的古人教诲，说俗气点，就是"闷声发大财"。

淡泊名利，自有天地

微信群看到阿雷（永东）一张被学生偷拍的照片，突生感慨。"敏于事而慎于言""愿无伐善，无施劳"，皆阿雷之谓也。人之相处需要找话题融洽气氛，或化解尴尬，阿雷不需要，与之同坐可以默然以对，他好像存在，又不存在，安安静静，也能静他人之心。阿雷有中学同窗任教育部门某要职，余曾与之相遇，她问阿雷为何不申请高级职称，余转告阿雷，阿雷以"麻烦"应之，然其任备长，做计划，做课件，组织备课，搬送资料，帮助他人，不一而足，尽"麻烦"事也。余以为，阿雷像身边的一棵树，树不给人以任何压力和烦扰，人甚至会无视一棵树的存在，可是，当你觉察到太阳炙热的时候，发现身边竟有一片阴凉。

两位喜欢斗嘴的好搭档

东强与廖波机智善辩，若狭路相逢，恃才互掐，类三国使臣间的口舌之辩。各有妙语，欢笑满堂。一日聚餐，廖波先启战端，云某地有一名店，生意火爆，店名"霍氏秘制香肠"。肥肠做菜，干锅、香卤、蜜汁、酱爆、酸炖，无论哪种做法，食之咸令大快朵颐。然东强姓霍，与之相关，廖波用心了然。东强反应疾速，曰：成都某区某街道有历史悠久之连锁老店，名"廖氏棒棒鸡"，驰名海内外。我以为两人杜撰其名，博一笑耳。二人誓言并非妄语。查百度，果然，有"霍氏秘制香肠"，然地址不详；"廖氏棒棒鸡"则有500家连锁店，神州遍布，广州亦有若干家。

读书人那些好玩的事儿

廖公承志趣闻一

资中筠女士曾任执信校友廖公承志的翻译，资先生回忆廖公擅长画人物漫画，长征中张国焘欲杀之，因需要他做宣传而免其一死。另，好吃，吃得身体胖实，裁缝为他量衣，发现腰围比裤长尺度还大。人劝减肥，彼应之"人生乐趣何在？不干！"资君接触毛周等大量高官，云数廖公为色彩最丰富、最率真、最有赤子之心，也是最好玩之人。为人如此，不亦快哉！

廖公承志趣闻二

中国政协网载《上海老年报》报道，1948年4月毛泽东、周恩来、刘少奇、朱德、任弼时等人在河北省阜平县城南庄召开中央书记处书记扩大会议。时任新华通讯社社长的廖承志从涉县发来电报："五一节快到了，中央有什么屁要放？"此言令与会五大书记忍俊不禁，大家知道廖承志率真，好开玩笑，再因毛泽东平素爱说"有话就说，有屁就放""不让人说话不行，屁放了，肚子就舒服了"，廖承志袭用此说，对了毛公胃口。有此问"屁"

的引子，在城南庄低矮的民房里，在诙谐欢快的气氛中，中央提出并发布了具有历史意义的《纪念"五一"劳动节口号》。

特立独行的校园风景

《广州教育》官博介绍周萍老师"做学生思想上的同行者"的事迹，周老师说："面对思想上比较成熟的学生，一个追求进步的老师会在与学生的交流中感到愉快。"突然想到2007届与阿匡同教某班的学生"三剑客"。三位同进同出，形影相随，迟到旷课有此一人则必有彼二人，却非结伙为逆，乃隐匿某犄角旮旯高谈，或藏身图书馆阅读。其所阅之书哲学、历史居多，作文常持宏论，如入柳暗花明之境。阿匡教历史兼班主任，语数英等几位科任并不多管，偶或责之，俯首受教，从不辩解，然依旧故我。每一届都有此类人物，落落寡合，自成天地。山川秀丽，乃因珠玉其间。此等人物既令老师头痛，又为老师心爱。

执信女孩的机智

公交车上遇到一位读高二文科的执信女孩。她说她初中育才，高中执信。育才、执信分别是共产党和国民党办的学校。她风趣地说自己是由共产党改投了国民党。她的同伴接腔，她是由国民党转投了共产党。在广州，几乎每所学校都有其厚重的历史底蕴。然而，无论国还是共，从网络上看了无遗痕，各校的历史沿革介绍皆寥寥数语，挤满的是升学率、重点率、清北率。是耶非耶？

课堂上的闹钟人

某生声音洪亮，爱答下嘴，而常出错，招众人嗤笑，彼不以为意，偶有妙语惊四座，则意甚得焉。我常问下课尚有几时，彼每应之"还有一分钟""还有两分钟"，急我所需。故戏言：汝一闹钟，只是太闹。一次评"每周演讲之星"，四选一，彼候选其列，众嚷嚷：选个子最高那位！投票结果是他，实则最矮。彼自嘲：比郭敬明高。

看台上的诗人

期末，（5）班孩子颁我"看台上的诗人"奖。我未解其意，足球看台，戏院看台，还是人生看台？但这个角色定位我喜欢，为师，乃一看客，主角在我视野里奔跑、旋转、飞翔，上演无数精彩。被称作诗人，诗人率真激烈，慷慨悲歌，抑或无病呻吟，故作深沉，余两者勉强有之，于是笑纳此奖。一日，翻检旧物，此奖状尚在，边角已卷，不忍丢弃，抚平悬之高阁，而一旁官方奖状，连同大红封皮，都做废品处理了，但收废品的阿姨说大红封皮不收。

某高三（8）班留言

（8）班，忘了是哪届（8）班，送我一本活页相册，贴有我鼎湖山吹泡泡像，样貌年轻，动作笨拙，颇让我尴尬，后多次端详，甚觉可爱，遂珍藏之。上有留言，婉责我不能记下各位尊姓大名，课代表直书："记性再不好，也要记住我的名字呀！"我曾做过努力，拿毕业照对看后面的名字复习，过段时间又忘了。我盲点太多，除了不是色盲，路盲、股盲、乐盲等都占了，最严重的是姓名盲。另一位同学道："能记住我名字的男人都是好男人，不能记住我名字的男人也有好男人，比如仙哥。"上句重创，下句痊愈。

棋艺社指导老师

多年任学校棋艺社指导老师，挂名而已，无指导之实。仅学生组织校内外比赛时，偶有临场"巡视"，以示关心和重视，颇类领导基层走访的做派，于心不安。后果然有同学一旁笑曰："莫非好龙之叶公耶？"学校邀马晓春到校与棋艺社同学下指导棋，余一旁观战并加油。后受访广播站小伍等同学，问时光倒流就读执信报名哪家社团，答首选棋艺社。余七八岁学中国象棋，弱冠后渐学围棋，皆不精。欣赏日本围棋九段高手大竹英雄，彼讲究棋形结构之美，输赢反在其次。偶与好友手谈，拈子最为讲究，必优雅其姿，清脆其声，而后自得。比之叶公，略好。

男王婆卖瓜

学生公司制作瓷杯，杯身有我肖像画，命名"仙哥杯"，欲放跳蚤市场销售。入执信时尚年轻，学生送一昵称"仙哥"，曾有记者问何得此名，我也说不清，似乎在参加教工短跑赛事上学生为我加油突然喊出来的。公司负责人嘱我转发广告，扩大影响，遂以"卖瓜自题"为题，打油一首：是谁妙笔画形容，杯中人物老还童。奉命转发心忐忑，王婆今日脸通红。

同事和我的故事

光盘二人

各位只知森哥（此号由来不知）有严谨缜密的理科头脑，不谙他风趣幽默的文人气质。彼与我亦有相投之臭味，时短信切磋词句，攀附风雅自娱。尚有一异事记之。教工饭堂有二人，从不喝汤，饭菜索适量，啖尽不剩。食罢，盘立之，光可鉴人，敲之叮当作响。余尝叹焉，自愧狼藉满盘，暴殄天物。此二人者，校长仕森、大师跃进也。

绝技藏身

杨露莹等几位同学回校谒师，一未到访女生电话致歉，音声清亮悦耳，言罢请我猜其姓甚名谁，芳名连报数位均被否认。我不善认人记名，常让学生失望而自责不已。最后电话里声音骤变："仙哥，我刘仕森啊！"嗟，买尬（Oh，my god），手机险坠地上。校长大人怀此绝技，我等全然不晓。早年若走李玉刚道路，李之成名作《新贵妃醉酒》或移至其名下。

天才无用之用

中午与儒卓兄、浩然老弟谈及聂卫平、马晓春、李银川等天才棋手若从事科学研究，其用之大无以估量，然穷毕生精力于棋艺，得乎，失乎？吾等悉以为此棋界之幸。彼数人智商极高。用之物理，多一王淦昌、钱学森；用之数学，多一华罗庚、陈景润。然而，"院静春深昼掩扉，竹间闲看客争棋"的乐趣就没了，茶余饭后的谈资也少了轻松和欢乐。科学巨匠爱因斯坦直言人应有充分的时间和精力从事艺术活动。没有精神活动，科学无意义；没有精神活动，人间即地狱。

吃常德米粉

光伟兄邀请老赵、阿胡和我等去天河娱乐城吃他老家小吃——常德米粉。与越秀、荔湾老街缓慢悠闲的节奏不同，天河店人头攒动，热闹非凡。粉新鲜，脆滑爽口，配料有酸豆角、萝卜，几位胃口大开，一碗不够，又各添半碗。老乡见老乡，两眼放金光，老板娘亲自泡了茶。上好的铁观音，清香四溢。我忽然想起了胡玉音，只是光伟兄非秦书田。我们便聊了傅园慧、福原爱和北戴河，便各自回家。

注：胡玉音，古华小说《芙蓉镇》人物，卖米豆腐，与右派秦书田结为"黑鬼夫妻"。

自制改卷工具

不知是谁推荐某种圆珠笔，执于手熨帖，书于纸流畅，阅卷效率倍增。云该红笔乃名牌，我头一回听说圆珠笔还分名牌非名牌。珍爱用之，然不多久笔端接口处松滑，盖吾执笔力大，使笔不堪重负。后买笔芯，裹之以数层废纸，并用胶布牢固之。同事嫌其丑陋，名之曰卷纸笔，不屑一顾。由于特征鲜明，人又羞于借此貌寝之物，尽管桌面杂乱，容易找寻，且经久耐用。书写须大力，故字迹亦光亮。

吃鱼保鲜巧计

老赵讲述市场买鱼被调包的事，大换小，活换死，手法多样，防不胜防。饭店吃鱼，务必亲往鱼池挑选；选定未必可靠，须当场摔死；摔死亦未必可靠，须跟进厨房全程监控。又谓如此曲折太过麻烦，可做记号其上。然鱼身如何记号，众人茫然。我生一计，内塞布条，书"陈胜王"，可也。

奉命做豆腐诗

老家豆腐爽口清心，若以茶油煎至皮黄，甘滑之外更留香齿颊。林洁老师拍摄《舌尖上的执信》邀我表演吃豆腐，惜代之以袋装豆腐干。预告镜头中若有所思，乃食无味之隐忍状。后拼凑《我爱豆腐》诗，装模作样深情吟诵。

> 门锁千里园中筠，乡思慰我席上珍。
> 盅底鲍鱼浑无意，碟中豆腐最相亲。
> 常买拉动鸡滴屁，多吃降低胆固醇。
> 人生快意啃豆腐，当官发财尽浮云。

人评牢骚语，又评穷酸语，自评真实语。广州市老师多知我爱吃豆腐，若有聚会，必点。

碧云寺意外所见

从香山下，抬头见左边牌坊上书"碧云寺"三大字，尽管天色已晚，还是要去，所谓"逢庙必拜，见寺烧香"。售票大姐正要关窗，耽误她下班稍显不快，用生硬的几个叹词同意了老赵和我的购票请求。我们拜过佛祖、弥勒佛后，竟看到纪念中山先生的馆室，原来先生去世后灵柩暂厝此地，后移至南京中山陵。寺内桧柏、枫树、银杏，还挂满了叶子，争妍斗艳。

监考开会的收获

监考与开会或有枯坐无聊之时，脑袋瓜子便不能自控，胡思乱想，觅打油之趣。

一日月考监考，发卷巡查已毕，举目窗外，风摆树叶，鸟鸣檐间，遂寻词凑句如下：

> 五月羊城绿意多，乘车回校还干活。花开廊墙媚人眼，鱼戏塘心翻清波。监考伏案闻鸟悦，改卷欲眠觉风和。想吃竹笋炒酸菜，青山远我奈若何？

期末放假会议，教导处催交教学工作手册，文字总结、数据表格均已打印，就待贴上簿子，趁开会完成最后工序，却忘带胶水，便急中生智，以解燃眉，喜吟一首，自我表扬：

各种表格期末忙，剪剪贴贴愁断肠。正急粘贴缺胶水，巧逢秋芳派喜糖。拧开铁盖饱蘸蜜，胶住总结喜欲狂。呈与教务细叮嘱，当防蚂蚁和蟑螂。

秋芳，本校女教师，结婚派喜糖于各位同事。

悼念汝昌老人

闻95岁高龄红学泰斗周汝昌老先生去世，特仿雪芹先生诗以怀之：

一生为红言，满纸血和泪；
都云曹公痴，汝老解其味。

好友松爸引老先生诗同悼：

一介书生总性呆，也缘奇事见微怀。
岂同春梦随云散，彩线金针绣得来。

余复松爸，再赞老先生：

不痴不呆不红楼，性情百年谁为俦？
堪笑古今两宝玉，瑶台今始会旧游。

中秋节猜谜语

初中小朋友每年过中秋的传统活动是做灯笼、制谜语，俊子和几位同事总要忙上好一阵子。这次，我照旧一一看过去，被两则谜语触动。一则"明月照我还"，打一明代文学家的名字；一则"举头望明月"，打一中草药名。往年看谜语，思巧为乐，今年心境大不一样了。这两则谜语有唤归之意，然归何处？若父母在，纵使老家被改造得面目全非，故乡依旧是故乡，而今故乡只剩回忆。回忆是天上虹，极美，却虚，游子望而不可即。

两则谜语的谜底分别是归有光和当归。

课余随想

蝉声，禅心

住在城里，很难得听到蝉声，"临风听暮蝉"的惬意只能在书本里揣摩。

今年七月，到乡下去喝学生升学的喜酒，宴罢到村外找久违的乡韵，在一池塘边的树林里又听到了鸣噪连绵的蝉声。

蝉喜齐唱，起一块起，停一块停，像训练有素的合唱队。蝉一唱起来没个停，你听了一会儿觉得它该歇歇了，但等你走神回来，刚才的那段曲还在袅袅绕绕，气势不减分毫。

年幼的一段时间住在文家高小，校门口左面一排橘树，午间蝉叫得特别起劲，怪不得古人有"蜩螗（蝉）沸如羹"的比喻。太吵了，我们拿着木棒朝树上乱戳一气，或者烧一把稻草到树底下去熏，直到它们没有声息了。可是隔一阵子，还有气力的蝉又会鼓噪起来，不过受重创后的叫声多少有些凄切了。

后来，我从法布尔的《昆虫记》里知道蝉的生命来之不易。起初，大量的蝉卵被它的天敌蚋当作佳肴享用了，少部分的幸存者长成幼虫后便要去险象环生的世界里谋活路了，可它弱小，弱小到只要微风一吹，就有可能会被带至污水、坚岩、燥土等使之轻易丧生的死地去，遑论其他灾难了。所以它们要极快地隐藏自己，找到一块软土掘一个地穴以安身立命，而这块软土的觅取只能凭它自己的造化，不少蝉虫"想要有个家"的愿望并不能够实现，无奈在寒风中瑟缩而死，或让意外的灾祸夺去性命。有幸能在软土底下活命的小生灵，是前世"修"来的福分，但也要经历差不多四年漫长的黑暗生活。四年，一个大学普通本科的学习时间，蝉也在见不到天日的大学里完成它的学业，再重回外面的世界，去阳光下尽情高歌四五个星期。也就四五个星期，便香消玉殒了。付出太多太多，得到太少太少。然而就是这太少太少的享受，又常被顽童或像我们这些无知的人无情剥夺。

蝉不幸。古人悲蝉诗不少，李商隐的"五更疏欲断，一树碧无情"，柳永的"长安古道马迟迟，高柳乱蝉嘶"等，就是杀伐气重的杨广也有"露浓山气冷，风急蝉声哀"的句子。所以今天听蝉的感受，的确不太一样了。蝉之艰辛，蝉之凄苦，蝉之哀怨，蝉之衰亡，汇成一曲长恨歌，从古吟唱到今，从琵琶拨动到钢琴；湿人脸颊，湿人青衫；湿了夏，湿了秋；湿了"五月鸣蜩"的诗页，湿了我今天伫立池塘边的心情。

骆宾王有首诗《在狱咏蝉》：

　　　西陆蝉声唱，南冠客思侵。那堪玄鬓影，来对白头吟。
　　　露重飞难进，风多响易沉。无人信高洁，谁为表予心。

这位初唐有名的才子胸怀匡时济世的大志，可惜不得志。做了侍御史，因言获罪，投进监狱。耿直傲岸之士有建功的追求，而难为人所容，露太重；欲报效朝廷，利国利民的声音也不为所闻，风太多。小小的蝉负载了诗人的遭遇、愤懑、风骨，具有了不寻常的意义。听蝉吟蝉，由蝉而人，由人而蝉，情沿物应，人蝉一也。同是命运多舛，同是情感宣泄，于是知我者蝉，怜我者蝉，如庄生为蝶，我亦已为蝉，栖之于树，餐风饮露，有高洁之心，却无人能表。连我所栖的树梢的叶子也无力地垂下，等着夏去秋来，秋去冬至；等着青青黄黄，黄黄枯枯，枯枯死死。

骆宾王出狱后，被贬去临海做了个小县丞，难以施展抱负，终于弃官而去。后随徐敬业起兵反对武则天，事败亡命，不知所终。而其《讨武氏檄》，被后人广为传诵。文中列数武氏劣迹，疾呼维护国家正统，陈词慷慨，撼人心旌：

> 洎乎晚节，秽乱春宫。潜隐先帝之私，阴图后房之嬖。入门见嫉，蛾眉不肯让人；掩袖工谗，狐媚偏能惑主。……
>
> 公等或居汉地，或协周亲；或膺重寄于话言，或受顾命于宣室。言犹在耳，忠岂忘心。一抔之土未干，六尺之孤何托？……请看今日之域中，竟是谁家之天下！

其实这也是诗人仕途羁绊、壮志难酬的怨愤由此发泄，这声音是"五月鸣蜩"，世人为之惊讶、钦佩；武则天闻之也不得不叹息道："宰相安得失此人？"直到一千多年后晚清中兴名臣曾国藩，读后亦击节赞赏，认为天下檄文无出其右。

死的是蝉，不死的是蝉声。从唐代、宋代、元代、明代、清代，到今天，蝉声还在。这声音，是用生命的血滋润的"嗓子"发出来的。

很早的时候，我以为是蝉张嘴在歌唱，后来知道不是的，是蝉的羽翼振动发出声响。于是失望，失望过后更加震撼，原来蝉的身体就是一件乐器，它千辛万苦、千难万险所要成就的就是一个发声的躯壳，蝉是用整个身体在歌唱，用整个生命在歌唱。

旧时的读书人为考功名，历经十年寒窗，但一举成名、走上仕途的寥寥，而况仕途并非一帆风顺，像骆宾王这样遭遇坎坷凶险的，不在少数。蝉的命运是他们的命运。

文人以蝉自况，盖因科举成就艰难与蝉的生命玉成之艰险相仿，更与其居高声远的人格、怀才不遇的处境相关。所以清人施补华说："三百篇比兴为多，唐人犹得此意。同一咏蝉，虞世南'居高声自远，非是藉秋风'是清华人语；骆宾王'露重难飞进，风多响易沉'是患难人语，李商隐'本以高难饱，徒劳恨费声'是牢骚人语。"

离开乡下，回到城里，我写这天的日记，写"蝉"这个字，误写成了"禅"。后来一想，不是我的误写，那一段时间我对"禅"比较感兴趣。

蝉和禅形近同音，是一种巧合。正是这种巧合，使蝉连接到禅境里去。蝉声如禅经，经文卷帙浩繁，常人难以彻悟，你烦也罢，憎也罢，真正念经的和尚，叽里咕噜，旁若无人。他心里清静寂定，里头的真意自知，恰如蝉的叫声"知了""知了"，而外人并不知了，所以我不嗔不怨。嗔怨又有谁来怜悯？怜悯又有何用哉？蝉，做得很好，我叫，我叫，我就叫；你打我熏我，只要我不死，我还叫，最后在歌唱中死去，多么快乐多么满足。文人吟蝉，比蝉，知蝉否？

骆宾王进取意识过浓，"浓得化不开"了，所有的恩怨情仇压在蝉小小的躯壳里，蝉负载太重了，它要逃走，"蝉蜕蛇解，游于太清"。骆宾王是悲壮的英雄，我为他流泪。最后他去哪里了？不知道，他写蝉，也应会想到禅。

我愿与蝉轻喁，听它讲自己的身世，讲生命的感悟。它会等我在密密层层的枝叶深处，等我在万籁俱寂的仲夏之夜，月亮穿出云层，月辉满地，滤净了世间的尘垢。蝉声清清，没有一点浑浊，不夹一丝哀怨。这个地方，辛弃疾来过，他写道——"清风半夜鸣蝉"。

在中学教了十数年书，一事无成，自甘寂寞，但有时候会惶恐，叹自己碌碌无为。坐在窗前，想读点时下热门的书，但一卷未终，微雨里摘几棵菜回来，或找人手谈几局，得过且过。最喜欢听女儿的惊叹，嚷着阳台的月季又开了两三朵。

补注：这是一旧文，笔记本的纸已泛黄。有些字看不清楚了，因为是用纯蓝墨水写的，日子久了，字迹就淡了。尽管如此，在黑、蓝黑、纯蓝三种颜色的墨水里，我还是偏爱纯蓝，写满一页纸，像一潭湖水。后来告别墨水，用黑色圆珠笔，便少了一些趣味，现在全在电脑上敲打，感觉大不一样，不过，慢慢也习惯了。把文章敲下来，发现自己的心境和遣词造句的特点改变了许多，放上来做个纪念。另，文章提到的谢师宴，现在是禁止的。过去，能把老师请到乡下去喝酒，可以炫耀邻里，接送都会放好长的鞭炮。这些往事不再可待，仅留记忆了。

吃粽子的故事

三更始寐醒来迟，睡眼未开问粽熟。箬叶急除先啃角，童呼篱外比馅足。

这是我对儿时中秋节吃粽子的回忆。煮粽子的当晚小孩子要等着吃粽子，熬不住就睡了，第二天醒来发现天已大亮，大人都吃两三个了，便迫不及待开吃，还满世界张扬。

民间吃粽子普遍在端午节，农历五月五日。可是我的家乡不在端午吃，在中秋。其他地方的人困惑，端午节吃粽子纪念屈原，中秋吃粽子有什么讲究？妈妈曾说，外地人讲是我们这里的人嘴馋，打下糯米等不及来年就吃了；也有一说是穷，没有存粮，田里、地里出什么就吃什么。

这些说法不能成立，要说嘴馋，谁不嘴馋？至于穷，比我们穷的地方还有，人家也是端午吃粽子。听老一辈人讲，我们这地方是清嘉庆年间开的村，因为水源好，平地多，利于掘造水田，先祖移居此地，应该不算穷。包粽子纪念屈原，是晋代以后才有的说法，上溯至春秋时期就有粽子了，那时候寒食、清明、中秋食粽的不在少数，而端午节在上古时期叫龙节或龙舟节，祭祀龙祖，并没有食粽的记录。

我分析家乡中秋吃粽子的原因，可能是先秦时某地的风俗，逢年过节人们总要格外吃点什么，于是因时因地制宜。这么说有几个依据：第一，刚从田里打下的糯米新鲜，要放到第二年，味道就陈了；第二，我们当地做粽子要用稻草灰浸泡的水来煮，这种含碱的水煮出来的粽子金黄喜人，香软可口，而稻草只有六七月割了稻子后才有；第三，是中秋后天气转凉，家家户户蒸几锅粽子短时间吃不了，需要选择能保存得久的季节，所以选定了中秋；第四，过节一般要依时选择比较特别的东西来吃，比如春社吃糍粑，上巳节吃鹅蛋，端午节吃鸭子，中秋节就选中了粽子。如此而已。

　　这些由头孩子们不会关心，他们只会在中秋将至的时候掰着手指头算日子。二十世纪六七十年代的中国农村小朋友不缺玩，缺吃。

　　时近中秋，大人先去买粽叶，就是箬叶、篛叶。这两种叶子青亮，有清香，鼻子凑上去就嗅到粽子味了。农历八月十三傍晚家家户户在门口烧稻草，青烟袅袅，弥漫节日的气氛；第二天把洗好的糯米放在脸盆或木桶里，女人们坐在矮凳上，开始包粽子。系粽子有用粽叶的根须，有用细细的麻绳；讲究的还用有颜色的棉线，红的、白的、蓝的都有，五花八门。粽子大多包成五个角的形状，也有包成长方形的，俗称枕头粽。粽子里面有放红豆、花生的，也有放肉的。放肉的极少，多数则什么也不放。隔壁邻居的大姊大嫂会相互询问："你家里包多少哪？"孩子们希望包得越多越好，但每户人家都会量力而行，因为糯米产量不高，还要留一些到春节做酒、做油炸果子，春社时舂些糍粑；榨茶籽油时也要用糯米粉炸糍粑吃。糯米给乡村生活带来了好多的期待和幸福。

我们家是半边户，所谓半边户，父母亲一方吃国家粮，另一方吃农村粮。我的母亲原来教书，"文革"随父亲下放回乡劳动，不久父亲返回原单位，母亲还留在乡下，就成了半边户。半边户分的糯米很少，不过二三十斤，粽子不能多包，但每年母亲总会包几十个，她说："不能让你们眼巴巴看人家吃粽子！"

母亲回农村，好多事要重新学。包粽子是新学的，她看一遍就会了，回来还教我们。一个粽子用两片粽叶，交叉叠好折成三角尖尖，放入浸泡好的糯米，再将叶子头尾折好，最后用细绳包扎，我包得不好，粽叶很容易就散了，母亲接过去返工。母亲把放了红豆、花生的粽子做个记号，第二天我们就可以先找有记号的粽子吃。

晚饭过后煮粽子，有的家要煮两三锅，直到第二天天亮。如我小诗里所写的，孩子们会守在灶旁等吃粽子，但等不到粽子熟就睡着了。大人也不赞成我们吃热粽子，说肚子受不住，煮好后要冷一冷。

第二天醒来可以放开肚皮吃了，一吃好几个。小孩子喜欢拿到外面吃，几个小伙伴聚在一起，有说有笑，津津有味地啃呀、嚼呀，啃嚼完了，还回去再拿，再回来吃。粽子最好吃的部位是粽角，特别是最长最尖的那一头，有的揭开粽叶一口先把粽角咬了，大半个粽子就没了，有的开始不舍得吃去粽角，把它留着最后吃。如果粽子里面包了花生、豆子，或肉的，会炫耀一番。吃得最多的是什么也不放的粽子，我们称之为白粽子，其实白粽子最具本色，煮出来，一色的黄澄澄，晶莹剔透，一口咬下去，饱满滑润，满嘴粽香，而且黏力十足，耐人咀嚼。直至现在，我最喜欢的还是白粽子。

也有人家吃不上粽子的，村里几个五保户就没有糯米包粽子，村里会有人给他们送两三个过去。母亲也给住我们家对面的五保老太太送过粽子和其他的东西。五保户是农村里没有劳动能力、无法定赡养抚养义务人的老年人、残疾人等。还有极少数像我们家一样糯米分得少的人家就有可能不包粽子了，这些人家的孩子就会被父母关在家里，免得出去看人家孩子吃粽子，没面子。

后来生活水平提高了，不仅中秋有粽子可吃，端午节也毫不吝啬地包起粽子来了，甚至一年四季都有粽子买，粽子馅也比过去丰富，除了花生、红豆，还有猪肉、牛肉，店里的还有香肠、虾仁、海参等等，甚至还有冰激凌粽子。只不过时至今日，粽子再也没过去那么大的吸引力了。

世间美味，是上天的赐予，享之有限，享之有时，才是最好的安排。先是等着吃，到有得吃，再吃到没，接着等下一次轮回，这样生活才有盼头，才有回味，才会念着食物的好。若不分季节无限量地供应，狼吞虎咽，就不肯珍惜，也没耐心品咂。所以有吃，也不能老吃着它。

旧时一年吃一次，大人们也会告诫小孩，粽子不易消化，一次吃一个，多则两个。父亲母亲就是这样叮嘱我们的，但父亲自己不一定遵守，他最喜欢吃粽子，可以把粽子当正餐，中秋当晚即使做了满桌的菜，他也不在意，自顾自地享用他的所好。年纪越来越大了后，告诫的人颠倒了过来，是我们劝他少吃，他才有所节制。最近几年，吃得更少，偶尔吃一个，有时候只吃一半，留下第二天再吃。去年回老家，大妹从街上买了些粽子，我问父亲："爸，您吃一个？"他说："不要了。"我问："尝一点？"他摇摇头。我心里有点难过，一个人上年纪了，再好吃的东西，总有一天要与它告别，不是它消失，而是你不能吃了。人不仅要有与食物有节日性的、季节性的告别，还有最后一次彻底的告别，告别就不再相见，是你的牙齿，你的肠胃，甚至你的生命决定了这场告别。

粽子摆在父亲的面前，他只看了两眼。往前一年，他的目光中还有一丝留恋，现在没了，仿佛看透五蕴皆空的修行者，面无表情。我心里自然不是滋味，人到耄耋之年，在生理上，也在心理上，渐渐地与这个世界告别了。

"粽子香，香满堂。桂花香，香过墙。月儿高高挂天上，几时回家见爹娘？……"

住在村西最边上有一个孤独的老汉，祁阳人，在我们村弹棉花，周围十里八村都找他弹棉花，一弹就数十年，没事时他就坐在门口哼小曲，听得人有点心酸。

下乡家访

　　乡下教书，召集家长开会不像城里一纸通知那么简单，父母外出打工的多，即使在家也各有农活安排，加上交通不便，人来齐不易，老师主动去学生家里访问就成了教学的一项常规任务。参加工作不久，随老教师走村串户，是教学必需的一部分。

　　第一次家访，老总务问我，吃了饭去还是空着肚子去。家访通常在晚上，一村走好几家。我说，吃了饭去，访回来吃太迟。老总务笑我，在学生家里吃啊，家长热情。

　　那是去我班上的班长家。教导主任带队，我跟在后面怯怯地，他给我示范，问清门房，咡当一声，推门就进，老总务紧随，我殿后，正赶上人家吃饭，班长看到我们一行三人，紧张了，放下碗筷，肃立迎驾。班长妈妈脸色却不太好，应该是孩子期中考试没考好，高兴不起来，不冷不热问了一句："老师吃过饭没？"主任嗯嗯啊啊一声，不置可否。怨归怨，饭还是要吃的，一家人手忙脚乱给我们仨盛饭夹菜。我们问了孩子在家的学习情况，轮流叮嘱了几句。我绝不肯再盛第二碗饭，推辞说"吃过再来的"。

　　班长是班上的小帅哥，得多数同学拥戴，管集体很起劲，管自己不上心，这次家访过后，加强了自我管理。看来，家访不在于说了什么，在于学校和老师表达的一种态度，给孩子一点压力，比在学校里面叫来谈话效果好。

第二个同学家情形不一样。家里灯光暗，父子在床上打闹，见老师进了门，急急忙忙从床上滑下来，儿子摆凳，老子从缸里舀花生，忙乱一阵后，父子俩一旁正襟危坐，听几位老师训勉。我们都语重心长讲说了一番，便起身告辞了。花生是晒过不久的，新鲜、干燥，家长抓了几大把，要往我们袋子里塞，主任和总务坚辞不受，我自然照办。

接下来还走访了几家，返回学校，我煮了面条填饱肚子，老总务笑我。

后来多次家访，真正感受到了家长们的热情，才知道老总务问我的话不是存了心思要去蹭饭，而是抵挡不住农村家长的"霸道"吃请。有一回，去一个较远的村子，这家人吃过晚饭了，还要架锅炒菜，教英语的李建华老师和我以"立刻走人"相要挟才停止。我们坐下交流，学生的父亲提了好些问题，然后倾耳聆听，频频点头，时间很快过去，没想到，几个大菜和温热的酒很突然地端了上来。原来是男主人这边明修栈道，女主人那边暗度陈仓，跑去买了猪肉，在隔壁家做好了。这个时候不吃，肯定会扫家长的兴。天气寒冷，喝着热气腾腾的肉汤，心里暖乎乎的。稍后去的几家，热情不减。一位家长削了甘蔗，掰一大截请我们吃，不吃，就往嘴里塞。老家习俗，请人吃菜，若对方推让，主人夹了菜往客人嘴上一抹，客人就不得不吃，你的嘴沾过的东西总不能再放回碗里。家长就使了这一招，推送之间，甘蔗碰疼了我的嘴，我赶忙接过，连声说"我吃我吃"，怕再进一步还会把牙齿敲落。出门时，家长从杂屋里抱出两捆甘蔗，要我们带回，最后看我们实在没那个气力，才作罢。

我有一位同学到了县上最偏僻的地方教书，他的经历才惊心动魄。家长逼着家访的老师喝酒，不喝不给走，居然拿毛尖扁担拦在门口。毛尖扁担的两头是铁做的锥子，便于插进捆好的柴火、稻草里面，当年闹革命很多人以此做武器，不逊色于枪、戟。所以，让这位同学每回家访都提心吊胆，像准备一场战斗。文绉绉的待客之道也有，曾访一家，学生的爷爷出来招呼，端起酒杯"之乎者也"一番，还有"玉趾亲举，蓬荜生辉""薄酒数觞，聊表敬意"之类的客套话，聊过后才知道人家在民国时期读过《三字经》《增广贤文》《笠翁对韵》的。那天老人喝得满脸通红，从开始的口吐莲花到后来结结巴巴、不知所云。

乡下家访是突然袭击的。访问了这家，就要这家的孩子带去另一家，有时候遇不到人，就派这家的孩子去找，都扯开嗓子叫，什么"三狗""四狗""军仔""满女"，叫声在村里的大街小巷回荡，全村都知道老师来家访了，纷纷出来指路。有时会遇见蛮有趣的事，比如上面说到父子在床上打闹的场景，还有一回，进去后见父子俩在洗脚，四只脚同踩在一个脚盆里，水花四溅，笑声起伏，他们并不马上起来招呼老师坐，依旧快乐地洗他们的脚，我们就坐一旁和他们谈，一家人似的，气氛很好。还撞见夫妻俩吵架的，父亲呵斥儿子的，母亲与女儿怄气的，不过，所有"战争"此刻都会偃旗息鼓，夫妻、父子、母女重归于好，分工合作，投入到接待老师的活动中去。

到县城后，家访少了，与家长交流自然也少，也就越来越怀念在乡下一年半的教书生活，怀念家访那些趣事。

寒假趣事三题

小学生不敢做的一道题

现在小学生的作业出得比较灵活，有猜谜语、成语接龙、对对子等，趣味性强。

外甥省吾时不时拿着本子来讨教，有的题目有难度，想半天也不一定有结果。如字谜"有火才能煮熟饭，有水才能把田灌，蚕儿吐丝一圈圈，日头出来亮了天"，实在猜不出来。想到了"暴"字，不像；"日"字，更不对。只好要他等着开学老师提供的答案了。

有一天，省吾拿着本子犹犹豫豫地对我说："想问一个问题。"我说："问吧。"老半天又不见他问。我也没在意。

过了几天，他拿了一篇"美文欣赏"的作业要我指导，是毕淑敏写的《孩子，我为什么打你》。题目有好几个，其中有问：作者为什么说"对半懂不懂、自以为懂其实不甚懂的孩童，才可以打，以助他们快快成长"？

联系原文，并启发他，他说出这样的道理："这样的孩子容易犯错误，还会重复犯相同的错误，只有打，打痛了，才能让他体会深刻，记在心里，醒悟过来。"

我肯定了他，他很高兴。最后，他告诉了我秘密：

这几个问题本来不想问的，但心里没底，还是要问，就拖，拖到所有作业完成了才问，而且是他妈妈不在场的时候。

说完他嘿嘿地笑了。原来他怕爸妈看了毕淑敏这篇文章，更有打他的理由了，日子就更不好过了。前两天还因为急急忙忙开冰箱门打烂了鸡蛋被他妈妈打了一巴掌。

我也禁不住笑了，又"落井下石"，逼他做了第三题：写写自己被父母打骂过的事，感受父母对自己的爱。省吾老实照办了，文章的结尾算是画龙点睛，很积极，也是八股式的。他写道：

> 虽然那一巴掌很痛，但给了我一个教训，'事勿忙，忙多错'。是的，做事不要太急躁，不然会出错。……父母的打是爱，慢慢地去体会它给你带来的人生的道理，它会让你受益一生的！

经过一个叫狗公下的村子

去二姑家拜年，我们舍车步行，走十几年前走的老路。

过去走亲戚，来回都走路，有山道、田埂、石板路，三三两两地走，一路是大人的谈话声、小孩的嚷嚷声，走得快的喊"走快点"，走得慢的叫"等一等"，前后相随，此呼彼应，满满的亲切温暖的感觉。这种感觉，今天又回到了我们的心里。

狗公下村的老街，是步行去二姑家的必经之路。街是条斜坡，去时向上行。街两边是老式的旧房，住的人不多了；石板路还在，但已破损，看得出少有人往来了，不像过去因为鞋底、脚底不断接触而光滑亮堂。

我们发现街中间有两间很原始的旧房子，木板的门墙，已呈褐色；廊前的柱子年复一年被虫蛀咬，蚀损很严重了。难得这样的房子还保留着，大家纷纷在房前留影。这时，小妹发现房子窗口露出一双观望的眼睛。里面还住了人！

我扭过头看去，一张老人脸，布满皱纹，眼睛细小浑浊。大概是咔嚓声、叫唤声惊动了她老人家。也许她是好奇，看一看这群人怎么有兴趣在她这栋破旧的老屋前照相。

我们和她打了招呼。她邀我们进去坐。

房子很长，靠里面的部分很暗。老人坐在临窗的灶头，桌上摆了红瓜子、南瓜子。她手撑桌沿，起身招呼，请我们吃瓜子。询问后知道老人八十五了，一个人过日子；这房子比她年纪大多了，有上百年历史。我们给老人家包了个红包，说给她老人家拜年，祝她健健康康，长命百岁。老人说我们是好人，重复着感谢的话。

走到老街最高处，往回看，石板一层一层下去，拐过弯，不见了老人，也不见了老房子，身边已是三四层的新楼房，房门口贴着印刷好的对联，对联镶着金黄的边，在阳光下闪闪发光。两个时代的建筑相连接，又很分明地隔开了。

我小时候问过一个问题，这个村子为什么叫狗公下。大人要我看村子旁边的山，山上伸出一尊巨岩，形状若狗。今天省吾提出另一个有意思的问题，岩石在他看来也像骆驼和老虎，为什么不改叫骆驼下、老虎下，这种名字有气势。

这里的人谁见过骆驼、老虎？在农村，狗几乎每家必养，人们自然选它起名字。民间还有这样的认识：名字叫得响，招惹是非。离这里二十多里地，有另一个村庄叫狗婆洞。狗公，狗婆，好像约好的一对。我们县有个段子流传很广，乡里开村干部大会，书记点名："狗公来了没有？""狗婆来了没有？"狗公村应了，狗婆村没人应，因为来开会的是一位女干部。

石鼓园水库的"犯罪"活动

上一次去石鼓园水库，水位很高，水面宽阔，山上树木葱郁，把一个大水库都染绿了。这次去完全不同，枯水季节，大部分河床裸露，泥土皲裂，两只游船被晾在泥滩上，剩下大坝底下的一片水域。这个时候的水清清亮亮，风吹过来，泛起层层褶皱，余晖下闪着星星点点的光芒。

走进水库中心的底部，发现水边打了根木桩，拴了一条船，船用铁链锁住，很结实。只有把木桩拔出来，才能把船推开。大家乘兴而来就是想划船，于是一场拔木桩的"犯罪"活动开始了。

大人轮换摇撼木桩，小孩子站一旁，俟桩子松动就往里面泼水，可木桩牢固，众人又无鲁智深之力，几欲放弃。小妹力气小，却不想善罢甘休，接着上去摇晃。其他人受到鼓舞，又轮番上阵，最终拔出木桩，现场一时群情激奋，跳跃不已。

船很脏，省吾的爸爸找来抹布擦拭干净，我把船里积水舀出，大家合力推船下水。

人坐船上，两人左右脚踩滑轮，再一人持木棍当桨划水，船便在平静澄澈的水面行驶了。船到水中央，抬头低头，和在山上俯仰的感觉不一样，上面是湛蓝的天，底下也是湛蓝的天。这时能体会到庄子《逍遥游》里说的："天之苍苍，其正色邪？其远而无所至极邪？其视下也，亦若是则已矣。"船停住时，像悬在空中的一只蜻蜓。环顾四面，远山环绕，像围了一圈屏障，把我们嵌到画的中心，我们就成了激活整幅山水的点睛之笔；凉风从一个山的缺口吹来，凉爽宜人，但推不动水波，恰到了好处。

我们情不自禁地唱起了歌："让我们荡起双桨，小船儿推开波浪……"一人起头众人和，歌声飘过水面，传到对岸的山头，有好几个人在山那头做事，受到歌声的感染，也加入了"原野组合"的大合唱："小船儿轻轻漂荡在水中，迎面吹来凉爽的风……"原本静谧的山坳有了几分热闹。

突然，不知是谁大叫一声："鱼！"一条比手掌大的白鲫鱼跃出水面，带出一片水花。

过了一会儿，又有鱼不断跳出水面，水花连绵不断；有时候几条鱼好像是约好的表演，一条挨一条跳出来，在水面上划出一弯接着一弯的弧线，像打起来一连串的水漂。不知是船惊扰了静静栖息水底的鱼，还是寂寞了一个冬季的鱼因我们的到来变得兴奋。船划向哪儿，鱼就在哪儿出现。我们因此生出了一个"坏"主意，整理好一张破漏的渔网，驱船追捕。鱼此起彼伏，船左冲右突，水声、喊声混合一起。后来见有鱼跳到岸边去了，还有一条差点翻入了船舱，才觉得鱼真是受惊吓了。罪过啊，赶忙偃旗息鼓。

急急忙忙跑来阻止的水库管理员告诉我们，水不够深，不宜划船了。

我们忙不迭地称是，等着管理员惩处。他什么也没说，独自一人把木桩插回去，然后从岸上搬来一块大石头，再把木桩往深里打。

我们主动上去帮忙，他说："不用了！你们走吧。"

我们走上水坝，回头再看，那个身影还在水边鼓捣。水面恢复了先前的宁静，晚风从对面山口吹来，掠过水面，带来凉意，却拂不走心里的一丝愧疚。

补注： 谜底是"尧"字。

围炉话旧

戊子年正月初二，气军表叔携妻儿来看望我的父母亲。大家围着火炉聊起了旧事。

气军表叔是我三姨婆的小儿子。小时候，我去他们家玩，有一次他给我看一本发黄的小册子，说这是《昔时贤文》，教人怎样做人。我立刻读了几行，"昔时贤文，诲汝谆谆。集韵增文，多见多闻……"在当年的阅读中很少见到这么有韵味有道理的文字，想借回去抄下来，他说送给我了，我说："你不要了？"他没说什么，我想他可能背了下来，这次见面我提起这件事，他真能背出不少。

二十世纪七十年代，书店不可能有这些书，也买不到《论语》《孟子》，我们接受的做人教育，都是毛主席语录上的，比如"毫不利己，专门利人""下定决心，不怕牺牲""人不犯我，我不犯人。人若犯我，我必犯人""一个人做点好事并不难，难的是一辈子做好事不做坏事"等等，并以此对照自己。突然读到《昔时贤文》中"平生不做皱眉事，世上应无切齿人""宁可直中取，不可曲中求""黄河尚有澄清日，岂可人无得运时"之类的句子，耳目一新，如获至宝。记得三姨丈公留我吃饭，我推辞，他就用上面的话劝我，"见官莫向前，做客莫退后""相逢不饭空归去，洞口桃花也笑人"，于是我就留下来吃饭。依此看来，这个本子是三姨丈公教他的儿女们用的。

三姨丈公虽然是一介农夫，却知书达理，慈祥可亲，我们非常喜欢他，尊敬他。

气军叔回忆他父亲，说有一件事他父亲生前常常提起。年轻时，三姨丈公去广西挑盐、姜回来卖，经常和我爷爷结伴。他们是连襟，我奶奶是大姐，爷爷是他的外家姐夫。三姨丈公吃烟，但家里拮据，买不起烟，路上烟瘾犯了，会去挖人家烟筒里吃剩的烟渣子，爷爷看不过眼，就指斥他："祥秋，买不起烟就不要吃烟。"祥秋，是三姨丈公的名字。想必是爷爷这句话给他触动太大了，从此他就戒烟了。人为某种嗜好所困，总是想方设法满足，顾不了颜面的，有时甚至会用不正当的手段去获取。爷爷是老实人，与人极少重话，突然大声起来，令人吃惊。话到三姨丈公耳朵里，的确有振聋发聩的作用。三姨丈公把这件事常挂嘴边，一则感谢爷爷，二则教育后代做人要有志气，要知错能改。

其实，这事在爷爷和三姨丈公生前我就知道了，三姨丈公亲口跟我们说过，我向爷爷求证，爷爷说是，旧话重提，还有点激动。

三姨丈公和爷爷的关系一直很好，逢年过节两人凑在一起，一盘瓜子或一壶水酒，你一句我一句，言不高声，谈兴十足。有时，也沉默，就是抿酒、嗑瓜子。

说到瓜子，我对气军叔的儿子说："你爷爷嗑瓜子的技艺少人能及。"

我们老家吃红瓜子，这种瓜子不易剥开。一般的吃法是，先用拇指和食指把瓜子捏住，再把尖的一头搁嘴里，牙齿轻轻一嗑，"咔"，壳分开两半，露出嫩白的瓜子仁，放在嘴里嚼，甜润可口。很多时候，只能嗑开尖尖的那一部分，这时就要用上下牙齿分别撑开那部分嗑开的瓜子皮，让瓜子仁显露出来，再用牙齿把整个瓜子仁衔出来。牙齿用力要均匀、适度，用力过大或位置不当，会把整粒瓜子咬破，瓜子仁碎在里面，就很难取出了；用力过小，只把尖尖咬开一点，也没什么好办法取出完整的仁来。所以瓜子仁能否完好无缺、漂漂亮亮地取出全在于牙齿的功夫。有的初学者或功夫不到家的人，手口并用，吃得口水连连，狼狈不堪，面前的瓜子皮残缺不全，瓜子仁委屈地断在里面，不忍卒观。

好多年前了，我母亲一位同事到我家吃瓜子，那是吃瓜子第一个让我佩服的人，是位女老师，姓黄。黄老师左手抓一把瓜子，右手拈一粒放在上下牙齿间，"咔"一声分成完好的两瓣壳吐在桌沿，再一粒进去，又吐出两瓣壳来，"咔咔咔"，响声不断，几乎是一秒一粒，不一会儿她的跟前积了一堆壳，小山丘似的，每一粒壳都干爽、齐整，收拾桌子时我都舍不得把它抹去。遇到这样的高手，你就不要吃了，一旁观赏，是一种享受。然而，吃瓜子让我叹为观止的是三姨丈公。三姨丈公不只能像黄老师那样一粒连着一粒轻而易举地嗑开瓜子，更绝的是他把瓜子直接扔进嘴里，只看见腮帮子一动，听得咔的一声，两瓣壳就吐出来了，照样干爽、齐整，不沾一点唾沫星子。这可让我大开了眼界，真是山外有山。他不是像一般人只用门牙，而是舌和不同位置的牙齿熟练巧妙地配合。我问三姨丈公怎么练到这个程度的，他笑一笑说："吃多了就能。"然后他像是特意表演给我看似的，抓一小撮瓜子，该有十几粒，全放进嘴里，腮帮子动呀动，里面"咔咔咔"地响，过了一会儿，壳花一片一片从嘴里吐出，落了一堆，真像开了一朵花，红红白白的。我看傻了眼。

从那时起，我把嗑瓜子当作一种艺术，醉翁之意不全在仁，在于享受嗑瓜子一连串的动作，手捏瓜子，送到嘴边，牙齿轻嗑，声起壳裂，洁白的瓜子仁被完整衔出，搁嘴里细嚼慢咽。黄老师的技巧偶尔能及，但三姨丈公的境界只能放在头脑里，当一桩美事回味咀嚼。我现在牙齿不太好了，望瓜子兴叹，但我还是会买一听红瓜子放桌边，以慰乡愁。老家拜年坐下来就是嗑瓜子，所以我每听到嗑瓜子声，就感觉有过年的味道，浓浓乡情就在那如春蚕吐丝、春雨润物的声音中溢出，引来无限遐思。

气军叔与我们言谈甚欢。还聊到了少年读书的往事，聊到亲友间的教导和勉励。气军叔说我父亲说过的一句话一直激励着他。我父亲讲，一个人至少要在自己所处的小范围里争第一，处的范围大了，又要争取大范围里的第一。气军叔说他一直以来就是这样要求自己的，教书时这样，自己做生意时也这样，这两年在一著名风景区办了家度假山庄，也争取做到最好。我从来没听父亲说过这样的话，父亲也说已记不起自己讲过这句话了，气军叔却咬定他说过。或许说过，求学时期所受教诲，能牢记到心里。父亲因人说话，气军叔资质出众，惜无好的机遇，不然成就更大。

时已傍晚，按老家习俗远道来拜年的亲戚都会留下吃饭，气军叔说已有安排。我们也不强留，没有用《昔时贤文》里的"相逢不饭空归去，洞口桃花也笑人"劝他。时已不同，过去的规矩也不一定适用了。

海南行随感

学科组约去海南，戏称"自然与文化之旅"，倒也名副其实，除了饱览山光水色，还感受了海南的风土人情。这里记录几处特别的见闻。

闹市夜月

晚上，入住海口太阳城酒店后出来逛街。街面灯红酒绿，人来人往。其间看见一个小贩与城管冲突，小贩手指几个城管大骂："你们这帮土匪！"这种场面在许多城市都可以见到，这是生存与秩序的矛盾。秩序不单是指城市街道的通畅与整洁，百姓衣食无忧、心情舒畅，才是最根本的秩序，或者说是秩序维系的基础。

离开那场冲突，走出灯火通明的百货大楼，跨上一座立交桥。

走到桥的中间，抬头，一轮明月挂在天空。

月亮里面的阴影部分清晰可见。让人想起幼年听过的传说，月亮上有一棵桂树，树下一老人打草鞋。我要同行的阿禤放慢脚步，想仔细辨认一下月亮里的形象，老人在哪儿？有没有打草鞋的样子？当年认过，嚷着哪是老人哪是草鞋，以为千真万确，现在辨不出来了。

城市有这么好的月亮，少见。这是海口，今晚是农历十月十六日。

桥上风大，一阵一阵吹来，神清气爽。

宋氏故居

文昌，早已耳熟的地名，因为这是中国二十世纪早期风云一时的宋氏三姐妹的故乡。

海南是历朝历代流放重罪犯人的蛮荒之地，何以孕育出如此风华绝代的佳人？唐代被贬海南的宰相李德裕的《登崖州城作》给我们留下很迷茫的印象："独上高楼望帝京，鸟飞犹是半年程。青山似欲留人住，百匝千遭绕郡城。"这是一个绝望的谷底，一座永远也走不出去的大山。

但当我知道这里是海瑞的故乡时，心里涌出了敬意。虽是蛮野地，但凝聚了正气、阳刚，正好印证孔子的话，"礼失而求诸野"。后来又知道宋氏三姐妹的故乡也在这里，便觉得海南神奇，是一块既刚且柔的土地。

文昌市教育局长告诉我们，文昌和广东的中山结为了友好城市。两地的官员心有灵犀，中山和文昌，一边是婆家，一边是娘家。娘家总是女儿的依靠，也是女儿最温暖的回忆。局长颇有意味地微笑。

宋氏故居在离文昌城不远的一块山坡上，树木掩映，宁静秀美。整个院子的布局方正、实用。每个房间小巧敞亮，温馨爱人；院里的空坪不是很大，由于光线充足，显得开阔。这里没有大陆房屋那种等级森严的布局，走进来感觉舒适、自然，是真正居家生活的好处所。最令人喜爱的是天井旁有延伸进去的一方小巷，长四五米，宽一米余，暑天在这里面品茗、看书、下棋，会格外惬意。

院落外面有幽静清新的小径，和设有石凳、挂着秋千的空地。在同事的怂恿下，我坐在秋千上少年了一回。

这个精巧的所在，游人极少，我们走后回望，故居又在一片静谧之中了。谁曾想到，中国近代历史的风云变幻与这个僻远的地方孕育出来的几个人物息息相关。

海潮伴我

在三亚的大东海、亚龙湾，看到了美丽的海滩。在海滩上最惬意的莫过于赤脚踩在柔软的细沙上，等脚陷入，沙子向两边隆起，吱呀有声。海水漫过来，盖过双脚，打湿裤腿，全身清爽。

平日上下班，脚上套的是皮鞋、波鞋；从单位到居住的小区，都是水泥地、砖头地、柏油地，脚都忘了与土地直接触碰的感觉了。一个人仅用眼睛去看自然，人与自然就停留在表层的主客关系，你的欢喜和赞叹只是一种认识反应，要深入到灵魂里去的话，需要肉体做桥梁，用手、脚板，甚至胸腹、腰背，直接贴在大地，呼吸泥沙、草木、石块的气味，才会觉察到人就是自然的一部分，在生理层面上体会"天人合一"的含义。

现代人要用时间和金钱购买这种感觉，苏东坡不是，他被贬到海南儋州，应该常在海滩漫步，踏沙的惬意想必能让他减少一点思乡的愁绪。他说："九死南荒吾不恨，兹游奇绝冠平生。"政治生命的牵挂、帝都繁华的记忆都可以在海南沙滩潮水的冲刷下消失殆尽。赤壁也好，罗浮山也好，大海也好，融入自然后才能看得开。

白天意犹未尽，晚上又来到海边。几个女同事牵着手站到海滩前头去了，她们等着海浪打来，然后叫喊着跑回，如此反复，和海浪嬉戏。在大海面前，成年人找回了童真、浪漫。是的，人不管年龄多大，彻底进入自然，你就是孩子，海浪是几万年、上亿年的老人了。我被感染了，也往前面走，把脚趾深深埋入沙中。海潮涌过来，海水相互簇拥，像一群欢快奔跑的少年；海水又退回去，沙滩一时间被抹得平平整整，像一块绸缎。就这样不断地重复，我竟没有一点厌倦，每一回都新鲜，都刺激。

平展展的沙滩上，想写几个字，又不知写什么好。想起舒婷的诗《我爱你》："谁热泪盈眶地，信手／在海滩上写下了这三个字／谁又怀着温柔的希望／用贝壳嵌成一行七彩的题词／最后必定是位姑娘／放下一束雏菊，扎着红手绢／于是，走过这里的人／都染上无名的相思。"

海角天涯

去天涯、海角。

我打了赤脚，一路走去天涯、海角。海滩上不少虎皮黄的花岗岩巨石，踩在石头和沙地的感觉不一样，一个是干爽，一个是软滑，都很舒服。

到了"海角"岩石群，照相人多，要排队等景点。我干脆爬到"海角"底下的一块大岩石上。石头有些陡，爬上去还真不容易。人站在上面，腿有点颤，不太敢转身，强作镇静要同事小美照了几张相。不过，相比曾经攀爬底下是悬崖又没有护栏的金鸡岭"鸡头"，这是"麻麻地"的冒险。

一路来回，这里看到的题诗好像只有郭沫若、赵朴初两位先生的。郭沫若题诗是"海角尚非尖，天涯更有天。波清湾面阔，沙白磊头圆。劳力同群众，雄心藐大千。南天一柱立，相与共盘旋"，基本写实，让人感受到了"革命年代"的豪情壮志。赵朴初的题诗"不知何处有天涯，四季和风四季花。为爱晚霞餐海色，不辞坐占白欧沙"，模仿苏轼的思路。

这里题字的人少，不像泰山、黄山、张家界等地，布满了水平参差不齐的书法。这恐怕与"天涯海角"的寓意有关。"天涯海角"的意思是天之边缘、海之尽头。谁都不愿自己的前程就到尽头了，所以视为不吉，望而束笔。我想，这样好，这地方就会因此少染一些俗气，保留它的纯粹与朴实。

进来时见到一群特殊游客。说特殊，是因为他们来自四川藏区的老人家，几十个人，古铜色的皮肤，满脸的皱纹，身上还穿着与此地时令极不相称的毛衣、棉衣。阳光、沙滩本该与青春、活力联系在一起，现在看到这群老人，才觉得天涯海角是一部久远的历史了。

同事淑琴为他们照了一张相。他们虽然不是海南本地人，但他们的表情应该是海南最初的样子。

谒南山寺

去三亚的南山寺。

路上听司机说了一件奇事。南山寺建成后，每天拜谒者络绎不绝，于是周围几十里地的百姓竞相卖起香火来，生意非常好。这样一来，寺里提供的香火就卖不出去了。开发南山文化旅游区的老总要求政府出面干预，以保护环境的名义禁止周围的香火买卖，并规定不允许游客带香火进寺门。去年六月份实施了这项措施，七月份旅游区的老总就被水淹死了。当地老百姓说，佛要给附近的人们一口饭吃，这位老总只想自己赚钱，遭了报应。

不知是不是巧合，但人们相信是真的，因果报应。司机也是这样看的。

下了车，我们从"不二法门"进去。

南山伴海，风景绮丽。里面寺庙众多，观音阁、梵钟苑、文宝院、南山寺、兜率内院，一路而上，香火缭绕。我每到一处，便焚香跪拜在佛前，重复我心里的祷祝。

前些时候，小妹告诉我梦见了母亲，说母亲缺衣服。我想是天气冷了的缘故，发短信给大妹，要她去母亲坟前烧几件厚的衣服。这时候，人相信神灵，相信人死后可以转世，可以升天。

我站在海滩的岩石上，面朝海上观音，双手合十。

听过一件事。某地村民甲向村民乙借了五万块钱，没打借条，又没证人在场，一年后村民甲不认账，闹到派出所，两位各执一词。警察从两人的言行判断，村民甲十有八九赖账，但苦无证据，不敢妄断。于是警察开车带村民甲到了海边，要他对着观音大声说出自己没有借过村民乙的钱，村民甲望向观音菩萨，迟疑了约一分钟，承认他借了。

回到广州，当天的睡梦中见到了母亲，她对她患病的事全然不觉，一家人又开始往常的生活了。有梦真好，让曾经的美好失而复得，似无，还有，稍慰人心。

补注：美国学者帕克·帕尔默说："缺乏关系的人比被家庭、朋友环绕的人更容易得病，而且恢复得更慢，这是临床事实。"科组老师外出去学习交流，暂时离开固定的工作环境，到一个新鲜地方去，丰富了我们生活的形式和意义，能保持身心健康与快乐。人需要独处，也需要群处，执其一端，要么毫无生气，要么躁动浅薄。做老师如果只宅家里，拒绝交往，每天重复备课上课、家里学校的生活，工作的激情可能衰减。

文中所记是十多年前的事了。

沙湾古镇

本想趁端午节宅家还点读书债，女儿网上订了游沙湾古镇的票，便去走了一趟。

古镇属番禺区，坐车一个小时。到了后，先见一色青砖屋舍，两排俨然相对，开有各种店铺，喝茶喝咖啡的，吃饭吃粉面的，卖手工艺品和当地土特产的……这是镇的外围，全仿古之作，往里面走才是有年头的房子和巷子。

宣传手册上说，古镇始建于宋代，距今近九百年，保留下来的多是晚清时的建筑。仄身小巷，穿插纵横，寻幽探秘，有掉进线装书里的感觉。特别值得一说的是一堵用玻璃隔开保护起来的屋墙，旁边立碑介绍，但无法明确年代。这大概是镇里最古的墙壁了，泥土掺和碎石制作，本来坚固，但经岁月磨蚀，泥块剥落，墙面也已凹凸不平。然而，近千年来这里人影绰绰，宋元明清，朝代更迭，也没能熬过她的寿命，今天，她栖身在偏远的岭南小镇，自怜自爱，风韵并未全失。

几乎所有街巷，俯仰所见，都有石雕、砖雕、木雕，且刻画细腻精美。不少游客在这些作品面前留影，他们伸出剪刀手或大拇指，尽力把笑容撑开在整个脸上，照完后挤着头看效果，不满意再重复刚才的套路。一个母亲还让孩子用手抚摸石柱上的花雕，说要沾些灵气，孩子不听话，母亲便亲手按了几按，再用这只沾了灵气的手在孩子头上扫来扫去。我也禁不住过去在雕塑上面摩挲了一番。一个工匠完成这样一件作品，得要几个月甚至一两年，这工夫现在的人难以接受，除了有高超技巧，还要有耐久心态。可以想见，当年的工匠，每一位握一把刻刀，在石头、木板、砖面之上，捏、镂、剔、雕，像弹一支曲子，手指的跃动结合凿打的声响，同样有"轻拢慢捻抹复挑"的韵味。这是不是也折射出了沙湾人的一种生活态度？没有问他们，他们或许也不知道该怎么回答。

物之外，人也有意思。这里游客如鲫，沙湾人开小店、摆小摊，不喊不叫，不拽不拉，细语相招，任意去留。淡淡地，像他们村里的井，水波不兴，清可鉴人。这与某些旅游区此起彼伏的吆喝，大异其趣。是不是和沙湾镇的文化有关？

手册上说，沙湾有"艺术之乡"的美誉，不仅雕刻，还有本地人的音乐创作，几百年来，整个岭南都有沙湾人的曲调袅袅不绝。粤曲名作《雨打芭蕉》《赛龙夺锦》《饿马摇铃》就出自此地何氏家族何柳堂、何与年、何少霞等人之手。农民的艺术，是闲出来的。如果自然条件好，吃喝不愁，就要琢磨些门道打发日子。这是精神的需要，像好多地方都舞狮子、耍龙灯，沙湾人就琢磨起音乐来了。这需要文化人的引领和指导，何家三杰便是。回家上网找到这几支曲子认真听了一遍，爱不忍释。《雨打芭蕉》节奏明快悠扬，仿佛夏天的雨一时劲一时柔，似与芭蕉嬉戏，闻之翩然欲舞；《赛龙夺锦》感受到的不是呐喊声中的胜负拼杀，而是在友好氛围里龙舟你追我赶的欢快场面；《饿马摇铃》尤耐人寻味，题目说一匹饿肚子的马摇铃自乐，曲子同样明快，带几分俏皮。前两首忙里偷闲，这一首苦中作乐。李泽厚先生说中国人崇尚乐感文化，确实。

孔子提倡的乐教，在沙湾镇算是得到了贯彻。孔子说："移风易俗，莫善于乐。"一句普通的话，谱了曲子，通过音调的高低长短、缓急轻重的变化，融入了感情，水汪汪的饱满，摇荡人的心胸，由此教人向善。《诗经》就是古人拿来唱的歌本，在唱歌声中自我提升，所以说："《诗》可以兴，可以观，可以群，可以怨，迩之事父，远之事君。"上述几首粤曲我觉得也有这样的作用。这么看来，"艺术之乡"不算虚名，沙湾人的素质与此关系甚大，但这还不是根本，等我们到了留耕堂，才发现还有一个答案。

留耕堂就是何氏宗族的祠堂。祠堂是旧时供奉祖宗牌位的地方，村镇大事商议、民事调解都上这里。这种地方是乡村权力所在，也是公理、道义所在，成了维持乡村规范运转的轴心。老百姓到这里来，会敬畏，也会产生心理依靠。集会的主持人是自下而上、由乡民推举出来的长者，须德高望重，见多识广，让村民信服。

何氏祠堂前面一口塘，叫四方塘，水清静无纹，倒映四周的房屋和树木，以及飘着几朵白云的天空。水底的青冥浩荡，让祠堂及周围显得无比广阔。四方塘与祠堂中间是开阔的空地，全用青石铺就，站在上面，风不知是从哪儿吹来，一扫行走的劳累。

祠堂依地势而建，由下而上，有三进大殿，气势颇雄伟。里面各种雕刻壁画繁多，不能细瞻。印象深的有两样，一是享殿祖宗牌位两边的笏架，插有十六根笏板，写着康熙用于教化而颁布的圣谕。如"敦孝弟以重人伦""尚节俭以惜财用""解仇忿以重身命"等，集中教育或处理事务时，族人即可一一对照或讲解或落实。何氏家族的祖训在旁边一间殿，内容与此相近。有一个宣传板记录了抗战初期的一件事。当时的族正兼乡长何功灏是个刻薄之徒，霸占田产，抽剥族人，结果引发众怒，族人便拿出圣谕中的两条"笃宗族以昭雍睦""训子弟以禁非为"指控他，把他捆绑到一棵柏树下打了一顿。这人还是族正，本是主持公道的人，地位声望都很高，族人照例惩罚不贷，是因为他们背后有至高无上的祖训族规。

另一样印象深的是一副对联，"阴德远从宗祖种，心田留与子孙耕"。这是乡里人的价值取向，相信因果。今之福禄，得于祖宗荫庇，今之积德，传与后世受享。这是告诉族人，做人做事，要瞻前顾后，瞻前以学古人，顾后以教子孙。所以，祠堂也叫留耕堂。

今天我们的乡村少了留耕堂这样的一个去所，一个受教、净心的地方。大队部、村委会这类机构是有的，但缺少这样综合的功能。怀珠而水媚，祠堂就是这里的珠。农村祠堂文化被破坏，是我们自己把自己好东西毁掉了。过去讲不破不立，其实，有些新东西没立起来，旧东西还是暂时留着好。

沙湾镇的人是有福气的，除上述文化遗产外，这里还有玉虚宫、文峰塔、古镇书斋、观音堂以及文人学者的故居；还有飘色、鱼灯、醒狮的娱乐；还有好吃的狗仔粥、春卷、鱼皮饺、姜埋奶；等等。

离开前，我们都喝了一碗姜埋奶，广告说得不假，"香醇爽滑、甜中微辣"。

补注：最近携同事再往，有许多外地人租镇里房子做生意，入乡随俗，希望能为当地文化所化。

太阳的故事

●

关于太阳，有三个故事，给我很深的感触。

一

故事之一是《列子·杨朱》的"野叟献曝"。春秋时期宋国一个乡下老人，寒日到户外晒太阳，感觉舒畅，便高兴地说："负日之暄（温暖），人莫知之，以献吾君，将有重赏。"

看了这个故事有人会讥笑这位乡下老头傻，太阳普照大地，无人不得"负日之暄"，哪需要劳你大驾给国君送这份温暖？那么，《列子》这个故事就是讽刺农夫的傻，还是挖苦他没见识，把不值钱的东西送人？

先看看故事的前半部分，交代了乡民的家境，"昔者宋国有田夫，常衣缊黂，仅以过冬。暨春东作，自曝于日，不知天下之有广厦隩室，绵纩狐貉。"这位种田汉子家贫，冬天也只能穿一件粗麻衣裳，不知道天下还有高楼大厦、丝绵狐裘，以为晒太阳就是人生至乐了。故事后面还写了邻里富人笑他无知。从故事内容看，的确表现了田夫的愚蠢，你一个穷光蛋，还操心锦衣玉食的国君，不可笑吗？推己及人，竟要送人太阳的温暖，不荒唐吗？

　　杨朱用这则寓言是想要提醒人不要被寿数、名声、地位、财货所累，活得自在、快乐就好。这老头不是蠢，是淳朴、憨厚，有着简单却深刻的智慧。

　　太阳是什么？造化赐予每一个人的温暖，冬天晒太阳是最惬意的享受，丝绵狐裘也不能与之媲美。"负日之暄"准确翻译应该是以背晒太阳，"负"的初始义是用背载物。从中医的角度看"背为阳，心肺主之"。背部有很多重要穴位，是人体健康的重要屏障，一旦受寒，就会影响心肺健康，因此要让阳气经由肩背的穴位输送到全身，慢慢逼出体内寒气，进而给人暖意融融的舒适感。南方人冬天到北方去，见一大群人在墙根站一排，以为发生了什么事，靠近看，又没事，人们不说不笑，默然而立，原来是在晒太阳，脸上呈现出来的都是安详与平静。一个统治者能让老百姓心无挂碍地晒太阳就是大功德了。

　　"人莫知之"，是对社会的批判。人不满足生命的基本欲求，追逐多余的功名利禄，其结果累及自身。杨朱说"原宪之婺损生，子贡之殖累身"，走极端都不好。两个孔子的学生，原宪贫寒损害生命，子贡敛财劳累身心。杨朱重在批判后者。这个思想近似存在主义的一个观点，"拥有就是被拥有"。一个人拥有太多名声和物质，必然花很多心思在名声和物质的经营上，反而过得辛苦，失去真正的自我。杨朱举了一个例子，子贡的后代端木叔靠祖辈的遗留积聚了万金之多，但他纵情所好，钱财施散给宗族、乡里乃至整个都城，虽然最后去世竟"无瘗埋之资"，但受其施的一国之人皆出资安葬他，并把财产返还给他的子孙。端木叔这辈子过得洒脱、快乐，不就是"负日之暄"的享受吗？人赞之"达人也"。沐浴阳光，哪里需要万贯家财啊！

接着农夫自信地说："以献吾君，将有重赏。"他相信君王会收下他的礼物，因为君王应该能明白他的用心。国家的治理，不在于对财富无止境的追求，而是让老百姓欣然过着自己力所能及自由自在的日子。老头的过冬衣服当然不能与富人的丝绵狐裘相比，但是"野人之所安，野人之所美，谓天下无过者"，他们觉得自己所过的生活就是最好的了，如同老子说的"甘其食，美其服，安其居，乐其俗"，所以杜甫在《赤甲》中说"炙背可以献天子，美芹由来知野人"。

二

第二个故事是我亲历的，也是晒太阳的事，晒的是夏秋之际的骄阳。

按理，暑热天气的太阳是不能去晒的，强烈的紫外线会严重损伤人的皮肤。如古人说的"冬日赖其温，夏日畏其烈"。但是我有一个习惯，暑热天走路不会刻意去躲避太阳的直射，同行的人会问我要不要遮挡一下，我都会拒绝。

原因是这样的。十一二岁的时候为生产队收割稻子，太阳曝晒，汗水淋漓，颇受煎熬，于是干一阵子，就躲树荫下了。有一回，一个叫光生的老伯看见了，说我们这帮孩子娇嫩，不能吃苦。我们气鼓鼓地说："日头好毒！"我们老家把太阳叫日头。这时老伯说了一句很有意思的话，他说："日头下的子孙怎么怕晒日头呢？"我们不吭气了，过了会儿，就回田里去了。

老伯这句话的意思我们还是晓得的，没有太阳，就不会有生命。俗话说"万物生长靠太阳"，太阳赐予生命赖以存在的种种条件。因此，三伏天骄阳似火，农村人也不会埋怨，更不会诅咒。长期在太阳底下干活的人，也不怕被太阳晒伤，皮肤有了耐受力，只是晒黑罢了。黑，反倒是健康的标志。

因老伯这句话，我更主动地去感受太阳。谷子、花生晒干了，会留下太阳的味道，带回广州的花生，就是在春节剥开来，也还散发着八月故乡的气息；大地晒了一天太阳，你选择黄昏走在田埂上，看着小草耷拉身子，俯身下去闻一闻，空气里混合了小草的干爽和泥土的燥热，那也是太阳的味道。这种味道，于我而言，熟悉而又亲切，仿佛回到少年，回到田野，回到生命的初始。

有人认为太阳的确有很毒辣的时候，近年极端高温天气频现，就是明证。然而太阳的毒辣到底是太阳的原因，还是人类自身的原因？值得我们深思。前面说少年们抵不住太阳的暴晒，常躲到树荫下，于是我们会说，太阳毒辣，树荫温柔。其实，温柔才是太阳的本质。树荫就是太阳的赐予，太阳使树木正常生长，长大的树木又因为太阳有了树荫，我们才会在暑热天享受树荫底下的凉爽。没有太阳，树荫就没有意义。太阳慈悲，也顽皮。

王安石有两句诗，"晴日暖风生麦气，绿阴幽草胜花时"，概括了我上述的体会。

三

第三个故事发生于2007年8月18日，这个在中国人看来很吉利的日子，北京市房山区一家私人煤窑发生塌方事故，孟宪臣、孟宪有两兄弟被困井下。第二天上百名矿山应急救援抢险队队员赶往事故地点挖掘搜寻，到20日中午，营救现场指挥部认为被困人员已不具备生存条件，继续救援极易造成次生事故，危及救援人员安全，决定停止救援。然而4天后，8月24日上午10点，孟氏兄弟从塌方位置上方奇迹般地自救逃生。兄弟俩回忆说，外面救援打洞的声音只持续了一天多就停止了，两人几乎崩溃、绝望。但求生之欲望让兄弟俩拿起镐头、铁锹在黑暗逼仄的井底下寻找生路，没有水，喝自己的尿解渴；没有食物，咀嚼煤块充饥。两兄弟向不同方向做了四次刨挖，三次均告失败，第四次决定向顶上挖掘，他们估计离地面的垂直距离是二十米左右。坚持，绝不停下，到8月24日中午10点左右，孟宪有最后的一镐，在地底与天空之间，在死与生之间，打开了一条通道。哥哥后来对记者描述："打通了！满窟窿的阳光。"孟氏兄弟被活埋五天六夜130多个小时之后，终于重见生天。

"满窟窿的阳光"，这句话就是一首悲壮而兴奋的诗，充满着生命快乐的诗。阳光创造生命，也拯救生命。这种言语只有经历过这种生死大难的人才有，只有这种没有受过修辞训练的朴实农民才有。阳光，从窟窿里进来，满满当当的。这是生命的气息扑了进来，能活命了，完完全全可以放心了，没有任何的怀疑和焦虑了。这个时候，你不会因为阳光的刺眼甚至暴烈拒绝它，而会去享受它的拥抱和爱抚。

我们对太阳的体会和情感很难去与孟氏兄弟比较。记者没有去追问这个问题，比如"看到太阳你是一种什么感受？""太阳在你的生命中从此意味着什么？"因为这两兄弟的心情我们不能感同身受，他们说了，也只是他们所用词语的含义，你不可能完全理解。

如果把这个故事拍成电影，名字就应该取——"满窟窿的阳光"。

也说狗

　　同事李穗要我写点谈狗的文字，和他班上同学交流，可我对狗的好感度较低。农村的土狗，牙齿亮晶晶的，瘆人得很；惹急了，狗冲着你汪汪汪地叫，声音尖厉，叫得人心里发毛；但人们还是喜欢养狗。

　　做历史性分析，国人对狗的态度是矛盾的。利用它，但又瞧不起它。光从多数与狗有关的成语和歇后语就可以看出来，狗尾续貂、关门打狗、狼心狗肺、痛打落水狗、狗嘴里吐不出象牙、挂羊头卖狗肉、嫁鸡随鸡嫁狗随狗、狗逮耗子——多管闲事、狗咬吕洞宾——不识好人心等。这与狗的地位有关，人都有三六九等，畜生更是等而下之。所以，狗尽管帮助人打猎牧羊、看家护院，也难得有好话、好脸色。民间用"狗仔""狗婆""狗剩"给孩子取小名，也是相信"名贱易养"的说法。有个段子说一位先生给较差、差、极差的作文评语分别是"放狗屁""狗放屁""放屁狗"，做狗何辜，蒙此恶名？还有一个原因，狗与人的密切程度远超过其他动物，所谓疏亲密远，人一旦有气，会发泄到身边的狗身上，"死狗""发瘟狗"，边骂边用脚使劲踹它。再有一个原因，在农村，狗吃屎，恶心。很多地方有"狗肉不上席"的风俗，汉以后祭祀就禁用狗肉。但狗吃屎的特性不妨碍人们吃狗肉，孟子说"鸡豚狗彘之畜，勿失其时，七十者可以食肉矣"。孟子想必也吃过。古时候有专门杀狗的屠户，荆轲的朋友高渐离既是音乐家，又是屠狗专业户。现在吃狗肉的人少了许多，观念变了。

粤教版语文教材必修二孙绍振先生的文章《说不尽的狗》，说西方人爱狗，把狗当作人来待，当作儿女来养。这主要是十九世纪后的事了。现代工业文明发展，人们被技术卷裹前行，工作与生活的压力增大，人与人的隔阂越来越深，内心的不安焦虑倍增；而且西方人口出生率下降，他们亲情较寡淡，子女成年后与父母来往不像中国人的密切，种种原因，使寂寞、空虚成了社会一种普遍的心理疾病。因而，狗由之前的狩猎、看门的打工形象，一跃而为高级陪护的白领了，甚而有过之。有老人还会把遗产留给狗，委托他人抚养。目前中国社会也出现这样的现象了，"人与狗"相提并论不再是耻辱，抱着小狗亲热叫着"乖儿子""乖宝宝"已经寻常。

这么说，不是讽刺。现在爱狗养狗成风，好多人家都有爱犬。有人说，女士与人闲聊，话题原无非丈夫和孩子两端，今新添一丁，街头话剧就成了《丈夫、孩子和狗》。不单女士，男士爱狗遛狗的也多，晚饭后的小区，男士们紧一步慢一步，被狗牵着节奏，不知不觉就完成了一万步的走路任务。

狗确有不少可爱的地方。我们去李穗家做客，她的贵宾犬很兴奋，后脚直立，原地转圈，像被抽得疯转的陀螺。这是狗热情的地方。久了，我会对它说，行了，可以停下来了。它不理，摇滚如故。尽管如此，我也不愿靠近去劝，一旦被它狠狠地亲一口，我怕那旋转的陀螺就是自己了，听说患狂犬病的人就会这样不由自主地颤抖。离开的时候，它又开始旋转表演，我走不是，不走也不是。走吧，人家在卖力地"舞动奇迹"，不礼貌，心里也过意不去；不走吧，它没完没了，什么时候才能脱身啊。最后不得已，只好口念"留步""留步"，向它作一揖，转身而去。走远了，心又有些不忍，它是奋力向人示好，久在樊笼，孤寂难熬，忽有客至，必然欣喜异常，一旦别去，万分不舍，既然不能言说，便足之蹈之，以示留客之意。

狗优点很多，忠实是最突出的品性，否则，也不会几千年来与人紧密和睦相处。特别是养狗的人深有体会，你打它骂它，火气大了还踢它，它不记仇，委屈地叫几声，过一会儿又乖顺地回到你的身边；家里没有吃的，它不会改投豪门，就是送到高堂大屋的人家里去，锦衣玉食伺候，它也会想着法儿找回旧主。美国人凯瑟琳·M.罗杰莉《第一位朋友：人与狗的历史》也说："狗信赖、崇拜人类，绝不会抛弃主人，尽管吃的是残羹冷炙，也会对主人充满感激之情。"猫不同，忧郁，冷傲，骨子里又是嫌贫爱富，《狗猫谣》说："豢狗莫养猫，猫狗不同趣。猫饱不捉鼠，人富它来聚。狗饿还守家，主贫驱不去。"

狗还通人意。台湾女作家琦君写过一篇散文《狗逢知己》，她在校园做晨操时遇到一只无家可归的狗，便和她亲近，回家时狗忽前忽后跟着作者到了家门口，但作者考虑到工作忙乱，无力照顾好它，给它吃了几片卤肉，劝它回校园去，狗听话，低头回去了。第二天作者照例去做晨操，狗对昨天被拒绝进门的事毫不计较，依然和作者亲昵，只是送作者出校门口就不再跟了，它知道作者不能收留它，很有分寸地止步，每天如此。读到这里，真的心酸。作者说自己心中感到无限的歉疚。

我曾想，狗的这种性情是怎么培养出来的。狗被人类驯化后，明白了自己的地位和使命，唯有顺从、讨好主人，甚至为主人舍命，才能得到善待。这样一想，觉得狗挺可怜的，它不会问主人对错，总是无条件遵守使唤。巴金在《小狗包弟》中叙述，自己养了朋友送的一只可爱的小狗，叫包弟。"文革"时红卫兵到家附近抄四旧，引起小狗吠叫，作者担心叫声会把红卫兵们招家里来，就托大妹妹把小狗包弟送医院做实验用。人要保护自己，狗就得做出牺牲了。作者起初觉得轻松了，后来又为自己不能保护一条小狗感到羞耻。巴金宅心仁厚，不得已也做出了这样的选择，从此活在自我煎熬的痛苦之中。读到这里，我扪心自问，是我的话，能做出比巴金更好的选择吗？人在这个时候，会把狗看得和家人、和自己一样重要吗？即使有，也是极少的。

我留意狗的眼睛，除了表现对食物的渴望和对不速之客的警觉外，一般都清澈、纯净、平和，仿佛一个懵懂少年面对世界的无邪，又仿佛夕阳西下时一个沧桑老者看浮云卷舒的闲逸。狗是一个孩子，也是个智慧的长者。捷克小说家米兰·昆德拉说："狗是我们与天堂的纽带。它们不懂何为邪恶、嫉妒、不满。在美丽的黄昏，和狗儿并肩坐在河边，有如重回伊甸园。即使什么事也不做也不觉得无聊——只会感到幸福平和。"去年暑假我回老家，坐门口看书，不知哪儿来的一只狗斜卧在我脚边，懒懒的样子，把我当作它的主人了。可我还是不太习惯和它交流，却又不想离开，辜负它对我的信任，只顾看自己的书，直到它起身走开。这件事让我得意，狗看我大概是一个好人。

真的，看到狗，一定要抱以善意待它，不要因自己的举动让它受到心理和身体的伤害，它没有心机，是人最可信赖的朋友。我现在很能理解养狗的朋友，不仅是需要在孤寂时的陪伴，还为寻找人类越来越匮乏的一种品性，单纯与忠诚。

写到这儿，我脑海里有一幅大家都熟悉的画面，风雪交加的夜晚，外出的主人深一脚浅一脚走在雪地上，他应该是又饥又渴。这时远处的狗吠声在旷野回荡，响亮而又亲切。到家了，终于到家了。

这是唐代诗人刘长卿诗中的意境。那两句诗自古而今，一千多年，依然充满着融融的暖意——"柴门闻犬吠，风雪夜归人"。

立夏杂想

立夏前后雨水多，今年也不例外。这几天总在下雨，有时是早上，有时是中午，有时是下午或夜里，淅淅沥沥，伴着不瘟不火的雷声，像絮叨没完的碎嘴朋友，并不需要你的回答，很享受这样的时光。

坐在书房看美国人写的评传《石涛》，想不到一个美国人会这么了解这位明末清初与八大山人齐名的大画家。看着看着，竟不觉外面下起雨来了。放下书站一会儿，才听到雷声和雨声。

雷声隆隆的，远远近近，密密疏疏，持续一个下午。到最后，雨小了，只有稀疏的滴水声，雷声却还不愿停歇。或许是沉默了一个冬天，春天也没有尽兴，所以季节的尾音拖得特别长，听得人心懒洋洋的。

儿时，这样的时候雨一停，小孩子就会出门去捞鱼。许多的沟渠都灌满了水，从上游流下来大大小小的鱼，手抓、网捕。有的拿只罾，卡在溪流的口子上，守罾待鱼，总有收获。雨大的时候街面上淌水，也会流下鱼来，活蹦乱跳的。主要是小鲫鱼，抓几条回家，妈妈会和点新鲜的葱蒜辣椒做一道香喷喷的菜肴。"鱼仔送饭，锅子刮烂"，当晚的饭总是不够吃的。

查立夏的具体时间是昨天十时二十分，太阳到达黄经45°。

但雨一直没怎么停，太阳躲在云里，十一时后才透出些光来，没有感觉到这个时刻有特别的不同。其实要感受夏天的到来，看女孩子们就知道了。春的余韵袅袅未散，她们就迫不及待地穿着各式各样花花绿绿的裙子在大街小巷昂首细步，如百花摇曳，这时，你就会闻到夏天浓浓的气息了。在我们学校，则最不可以跃进老师为标准，因为在他身上看不出春夏秋冬四季的变化，他以一件中式衬衫度过一年的365天，其实他是一次性买颜色、样式完全相同的衬衫六七件，天天换。我说他浪费钱，天天换不如天天洗，效果一样。他说浪费水。最近发现他的衬衫有颜色变化，一直是白的，偶尔黑一黑。

继续看《石涛》。书里有丰富的插图，一幅藏在斯德哥尔摩远东古物博物馆的画，给我印象很深。它的题目是《悬岩古木》，水边一块耸立的岩石，石头不像寻常画里见到的那么光滑、清朗，像人攥紧的拳头，憋屈，愤怒。画作于1703年，画家已经61岁了，耳顺之年还是没有把人生的痛苦全部化解。岩石旁一棵古树倾斜，几乎贴着地面，朝着溪水流过来的方向伸展。处境艰难，它还在申诉，或者还在追求？

石涛，原名朱若极，是明宗室靖江王朱赞仪的十世孙，他父亲朱亨嘉，在崇祯自缢后，以为是好机会，披了黄袍，自称监国，结果隆武二年（1646）四月被绍宗朱聿键处死。年幼的若极由太监带着逃亡到全州，在湘山寺削发为僧，改名石涛。石涛遭遇的是国破家亡的双重打击，太祖创立的大明江山易主，父亲被同宗的南明皇帝杀害。以后虽然得到过康熙南巡时的两次召见，与达官贵人数有交往，但始终没能出人头地，郁结起来的不满情绪就发泄在他的画上了。他有两个别号耐人寻味，一个是"苦瓜和尚"，一个是晚年的号"瞎尊者"。苦瓜，自喻悲苦的人生；

更多的解读是他身在清朝，心怀朱明，因为苦瓜皮是青的，谐音清，瓤是朱红的。瞎尊，即失明，石涛的眼睛明亮得很，偏要取这个号，显然是寓意失去了明朝。

过去的糟心事，人到老都想不开，也是一场悲剧。怪不得后人都羡慕苏东坡，可是有多少人能做得到"归去，也无风雨也无晴"。假如石涛得到朝堂的召唤，做了一官半职，或许能想开，但我们就看不到现在记录下来的石涛了。"国家不幸诗家幸，赋到沧桑句便工。"画家也是如此，正是石涛的坎坷成就了石涛的伟大。

看王跃文的《大清相国》，有一段精彩的对话。明朝遗民傅山劝在清廷为官的陈廷敬辞官反清："贫道不但要游说你，还要拜会京城诸多义士。你不要以为满人坐上金銮殿，天下就真是他们的了。"陈廷敬说："天下太平，百姓安居乐业，朝廷就是好朝廷，百姓拥护。天下混乱，百姓流离失所，朝廷就是坏朝廷，就该灭亡。什么天命，什么正统，什么人心，不是朝廷自己说了就可算数的！"傅山大摇其头："廷敬糊涂，枉读了圣贤书！满人自古都在王化之外，不识圣贤，不讲仁德，逆天而行，残害苍生。"傅山离开后，陈廷敬还说了一番话："说到头他们都只是帮着帝王家争龙椅，何苦呀！所谓打天下坐江山，这天下江山是什么？就是百姓。打天下就是打百姓，坐江山也就是坐百姓。朝代换来换去，不过就是百姓头上的棍子和屁股换来换去。如此想来，甚是无趣！"

陈廷敬的头脑是清醒的，不要争什么明和清，重要的是国和民，由此看来，傅山倒显得狭隘和糊涂了。我相信，石涛是能明白这个道理的，只是身份的缘故，以及不得志的状态，使他一直不愿意去思考。

立夏的农村各有各的习俗。石涛的画里常见小桥流水之上，建三两木屋，屋中隐士或端坐抚琴，或与人闲话，我非常羡慕，但总担心山居虫扰。便记起老辈人讲立夏时撒石灰到墙脚或放牛黄在床头可以避蛇的习俗，想必隐士们都知道，会认真防范。这天江南农村要吃乌米饭。乌米饭是把糯米浸在乌草叶的汁水里，几个小时后再烧煮而成，端出来色泽黑亮，清香扑鼻，拌些白糖吃味道更佳。这种乌米饭可以祛风败毒，驱避蚊虫。高士们固然需要，而像我这样的人需之最切，夏秋季节，我要搽抹二三十瓶的风油精和万金油以及各种驱蚊膏，傍晚要用黑旋风之类的杀虫剂闭门熏蚊，睡觉时要使用两三个驱蚊器燃上驱蚊片，把伺机吮血的蚊子们熏致昏迷状，看手机、电视时手中不离电蚊拍在身体前后左右随时挥舞。这种电蚊拍都已经用坏三四个了，当然拍的质量也是个问题。所以，我也吃乌米饭，不过虫子还是咬我。

　　立夏了，我得多储备些防蚊和止痒的药物。外面的雷声嗡嗡嗡的，好像也有了倦意。

校园里的三条路

校门是古代城楼门的设计，斗拱飞檐，绿瓦红砖，三个拱形门洞，正门蹲伏两座石狮子。进校门去高中楼，有三条路可走。

一条是大路，远一些，从田径场那边绕过去。不赶时间的话，我多半走大路，平坦、开阔，可以恣意左右。四周没有人时，我走着走着会转个身，年轻时转得更快，衣带风起，仿佛"列子御风而行"。羽化登仙不可乎骤得，就在地面聊作飞翔状。春夏之时，荷塘边的柳条轻轻摇动，惹人爱怜，我会靠过去走，便有柳条拂肩，擦过脸颊。丰子恺有几幅画，取北宋宋祁"柳展宫眉，翠拂行人首"的后句为题，观画诵词，叫人悠然神往，而今身临其境，其味愈永。

大路上有时见去食堂上班的几位女工踩着单车，并肩而行，有说有笑，羡慕她们这种简单、快乐的生活。同事阿禤、钟sir偶尔也会骑车而过，故作摇摆之态，脸上堆着驰骋的快意。走大路真像读宋人的豪放派词。

中间一条路，是最具诗意的，得婉约之风。两边荷池，中间拱桥，桥两边的护栏上间放着十几盆一品红，花色娇艳，从侧面看去，拱桥像一道彩虹飘浮于绿波之上。到五六月，荷叶长起来，渐渐长满荷塘，荷花也次第绽开，红与绿密密挨着，唐代刘商的"菡萏新花晓并开，浓妆美笑面相隈"两句拟之最切。再细心看，还会见轻盈的豆娘款款飞过，贴在荷花荷叶上。此时把脚步放慢，人的整个身心，会没入这一片绿意里面。遇上雨天，雨点落在荷叶上，又跳开，似烟花迸射，随即回落，各自凝成晶莹的小珠子，立马又从叶面滑落。叮叮咚咚的雨声，密密麻麻，像老人慈祥的唠叨，听进心里，有酥酥的暖意。古人建观雨轩，多在莲塘之上，骤雨、细雨，碧荷、枯荷，百种秋声，万般感慨，无不是生命在自然中的自我观照。

朱自清写荷比喻太多，在他笔下，看不到荷，只有华丽的喻体炫目；余光中的写得直接，但更多讲荷的文化内涵。如果要体味荷的天然韵味，就得伫立岸边，静静观看。我以为，好的景致极难写出，纵豆蔻词工，也不及造化自身的生花妙笔之万一。

午睡醒来回办公室，我会走这条路。也许我的欣赏趣味有点特别，我喜欢荷叶绿黄参半的时候，水面剩荷寥寥，随意西东；枯黄的荷叶浸在水里，成了鱼儿嬉戏时藏身的好去处。大概是在广州这座常年绿意盎然的城市里，这方荷塘的残景最有秋天的气息。人到中年，会偏爱秋天，有很多人生的况味可以在这个季节里深切感受到，所以我喜欢。有时候，塘里的败叶被清走好几天了，不经意间，又见水上长出一朵两朵新荷，瘦弱的根茎支起小小的花蕾，在风中独自荡漾。这已是一层惊喜，还有更惊喜的是，有小昆虫过来陪伴，久立不去。与它们比站功，我还敌不过它们的耐性。

走这条路，到靠小礼堂的那个拐角，我通常会停下来看鱼在水底游玩。有时候要等很久，它们才出来。若只一条，它会在荷叶底下静静休憩，待久了，鱼尾悠悠一甩，就隐去了；若是几条，会互相追逐、碰撞，搅得水波涟涟，荷叶颤颤。生而为鱼，恐怕这是最快乐的事了。南朝乐府中"鱼戏莲叶间，鱼戏莲叶东，鱼戏莲叶西，鱼戏莲叶南，鱼戏莲叶北"的句子，写得真好，就喜欢这种啰啰唆唆的表达，若改成"鱼戏东西南北莲"，鱼儿往来翕忽不知疲累的欢快画面怎么能体会得真切？这很像三四岁的孩子，一个简单的动作，翻来覆去地重复，可以逗他们哈哈哈哈地笑个不停。人脑袋装的东西多了，快乐的体会就少了。庄子说："鲦鱼出游从容，是鱼之乐也。"惠子说："子非鱼，安知鱼之乐？"惠子博学善辩，入世太深，恰恰是个障碍了，尽管与庄子交好，他并不真懂庄子，也不谙鱼性。

走这条路，还有一种朝圣的感觉。路对面是古色古香的学校礼堂，我当初以为1921年学校成立典礼上孙中山先生在此讲话，台下站着胡汉民、廖仲恺、林森等一干国民党元老，每次瞻望，都会肃然起敬。后来知道目前的校址是1927年启用的，如苏轼赤壁怀古，走错了地方，但《赤壁赋》的价值丝毫不减，同样，这座礼堂于我的感受照样神圣。年前工会主席少明邀我为牛年春节教师团拜会拟对联，我拟了两副，一副是"岁临己丑羊城春暖天下增秀，学在执信莲塘珠圆南粤生辉"，另一副是"桥跨乾坤岭崇凤起因执信，水连江海源远龙腾自荷塘"。少明选用了第二副，想必是龙凤的兆头好。

说完两条路了，还有一条，是我最爱走的靠荷塘左边眼科医院的小路，偏僻、幽静。

路西面一堵高墙，东面临池，水边种了一溜簕杜鹃，开着紫色的小花；岸边，放了好几盆细叶榕，叶叶舒展，丝丝垂绕。最惬心意的是中间的一簇修竹，密密麻麻有几十根，竹竿伸向高空，枝叶向四面仰去。因其形状，我私底下给它取了名，叫"绿莲"。细想后更得意，此"莲"摇空，似观音坐莲而至。夏秋时节，阳光曝晒，从外面走进小路，余热未去，但里面有荫翳蔽日，清风来袭，溽暑顿然散尽，犹置身水帘洞。而且在这里穿行，对面看过来，人影时隐时现，颇有野趣。《诗经》中描写"静女其姝，俟我于城隅，爱而不见"，那个美丽、娴静的女子藏身的角落应该与此相类。若是在这里与人相遇，无论老师或学生，只宜轻声问候，相视莞尔，不然把这个空灵、静谧的氛围破坏了。

这条路的尽头是一间小院，不大，很静，好像是工人用房。我想，若能在这里下棋或学禅，棋艺和禅修都会突飞猛进。

三条路的特点，各用一个字来概括的话，我以为是阔、曲、幽，恰合人生道路的几种形态。

回老家过年，到附近的普济寺拜谒，后去爬对面的石山，从林密布中见一棵树，奇长，倾斜着，插向辽阔的苍穹，像是大自然以如椽巨笔在一张白纸上画下重重的长长的一笔，就此一笔而已，别无衬托。我很惊讶，拍下来发给了一位学禅的朋友，并写了一行字问："莫非通向梵天的云梯？"禅友回复我说："这条路和你平时上班走的路不是一样的吗？"

补注：学校礼堂后命名为"奉恩堂"，取自学校首任校长廖奉恩先生名。

长在校园里的树

校园里树很多，有的树种还很珍贵。我调到这所学校多年，没去认识它们，多数匆匆打一照面，有的还视而不见，但也有几种树印象很深，我会在匆匆去来的间隙驻足端详。

首先是榕树和樟树，榕有三棵，樟有两棵，分别位于办公楼前，美晨阶梯教室左右和荷塘岸边。这两种树躯干粗大，枝叶蔽空。在乡村，一棵榕树或樟树可以围聚一个村落，荫庇一块开阔的土地。而这个不大的校园竟有这样五棵大树，整所学校得以处闹市却显僻静幽深。

荷塘岸边的那棵榕树最熟悉，是我每天要经过的。榕树的根系发达，上面的枝条垂下来伸入土中，形成气生根，用以支撑向四周延展出去的枝叶，同时还向上输送水分和养分。榕树是有灵气的树，它会想办法自我保护，进一步壮大。有时候我会到这里来听树的声音，其实是听风雨、听鸟雀，听它们之间的交流。多少年过去，学生一茬一茬换，老师也会换，辞旧迎新，是无法抗拒的规律。对此，人会惋惜、伤感，但树没有，它们以站立的姿态、始终一样的面孔活着，活在荷塘枯荣交替的莲叶之上，活在鸟鸣与上下课钟响混合的声音里，活在忙忙碌碌的人们经意和不经意的一瞥之间，活成了一部厚重的历史。面对这一棵棵大树，我们只有敬仰！

除了榕与樟，显眼的还有南国独有的木棉树。

前几天午睡后回办公室，突然看到水边木棉树上的木棉花开了，我惊讶。春天没有给人们一丁点的预告，就来了，来得这么突然，这么浓烈。木棉树上还没叶子，全是花，一朵朵火红的花，像一盏盏的小灯笼挂满枝头，把天的一角照得通红。

木棉树是急性子。我们常说"好花还需绿叶衬"，木棉不需要绿叶，叶还没有这样的高度，也等不及它慢条斯理地抽芽吐绿，于是，木棉独自把花朵伸向了天空，而且伸得高高的，仿佛要先给湛蓝的天空化一个浓妆。我赶忙跑到楼上去看，距离太远，依然看得不真切。

木棉好像善解人意，它太高了，人们不能细赏它的芳姿，于是在它的花瓣还是殷红、花蕊还是嫩黄的时候，它就落下来，点缀大地。有时会落在行人的头上、肩上，让我想起那首民歌里的歌词："你搭起了红绣楼啊，抛撒着红绣球呀，正打中我的头。"被它打着，虽然有点疼，但我又庆幸自己和木棉和春天的缘分。我在一首小诗里写过这样的情景，"春天来了／木棉红着脸和蓝天热吻／把浓艳的口红碰落满地"。木棉像一个情人，热烈而高傲，矜持又顽皮。

我见过一位老太太来捡这里的木棉花，一朵一朵，小心放在篮子里。她说她是退休教师，不忍见这些好看的花朵被扫进垃圾桶，在职的时候也会捡些回去，洗干净后挂在阳台或室外晾晒，一面继续欣赏，一面等它晒干，再泡水喝，闻它淡淡的香。老太太慈悲，又有情趣。

校园里树的种类到底有多少，没有统计，多年下来，有增有减。

有一位毕业好些年的学生给过我一条短信，大意是：好怀念学校大门左边校道的两排紫荆树，在春天的早晨走进校园，就看见地上铺着厚厚的一层紫荆花，脚不敢落力，轻轻踩在上面，软软的，叫人心颤，只可惜因修整道路，移走好多棵，当初的感觉怕找不回了。

所幸现在还有一长排。紫荆树花开，一树挨着一树，满眼的烂漫，用"花团锦簇"形容最恰当了。被我们奉为"大师"的美术老师何跃进每逢花期，都会端着相机，前后左右变化各种姿势留住紫荆的艳丽和仪态。这是现代人的优势，一张照片，一段录影，可以慰藉无数颗怀旧的心。

新增的树有办公楼前面的草地上两棵盆架子，它是2002届的学生毕业时送给母校的，当时种下去不到一人高，我还写了一行字挂在上面："学子情系一树，母校光烨千秋。"好几年了，不怎么留意。一天，与人在草地边聊天，看到那块牌子，抬头看，树有七八米高了。白驹过隙，不知不觉来学校快十年了，我在这儿教的第一届学生从大学出来都工作三四年了。"学子情系一树"，我也一样啊，树已长大，感情也跟着树长了，枝丫斜逸，叶叶饱满。

我发现校园还有几棵苦楝树，在生物园的大门旁。苦楝树我老家有，在我读小学的学校操场边上。苦楝树很高，小时候我们比着往树上攀爬，把衣服、手背都擦烂。爬得高的孩子在上面得意地挥手致意，然后摘取一串一串青褐色的楝子丢下去，故意往人头上砸。楝子到一定的时候自己会坠落下来，我们就用这个做武器，朝别人身上掷，掷准了也不怎么伤人。可现在这几棵苦楝树很少见到楝子，大概一落下来，清洁工人就收拾干净了。

我和"何大师"都特意和做清洁的阿姨说，不必急着清理校园里那些落叶、落花，和落下的小果子。这时读诵"春风桃李花开日，秋雨梧桐叶落时""悲落叶于劲秋，喜柔条于芳春"等诗句，会有一种意味深长的感触。在学校，这就是生命教育的课程。

校园里还有许多树，潺槁、紫薇、乌榄、杜英、棕榈、桂树、柳树、龙血、鸡蛋花树等，有许多叫不出名字。水平书记教语文，植物学知识很丰富。有一天午饭后，我在朱执信先生塑像前和他、阿禤相遇，向他们请教，他们告诉我塑像旁一棵矮矮的形状寻常的树，整个广州市都没有几棵，叫金花茶。树结子时香气浓郁，沁人肺腑。现在有花苞了，乳黄色，玲珑剔透的，讨人喜欢。没想到这样寻常的树会有这样好看的花，以后还可以闻到与桂树媲美的浓香。

突然感到庆幸，在学校教书，像一户人家拥有一个大大的园子，比起蜷缩在一楼一室里面工作，要幸福快乐得多。

宜兰的佛光山大学

小时候渡河上学，跳上船头，船会摇摆几下。落地台北，就体会到这种感觉。

据说，台湾地区平均每年会有地震约2200次，有感地震平均每年约200多次。台湾，就像欧亚大陆板块和菲律宾板块交界处浮上来的一座摇篮，我们到达的头天晚上就在睡梦里被摇晃了一回，迷糊中我以为同屋的邹寿元老师起夜，磕碰中发出了声响。第二天起来看新闻，才知道是地震，中心在花莲，5.4级，到台北已是微波荡漾。我笑自己不清醒状态下的猜疑，没有细想年逾花甲的寿元老师哪来那么大的力气把椅子、床铺撞得地动山摇。

在台湾参观了一二十所学校，第一站的佛光山大学印象别致。

早餐后乘车前往。学校建在宜兰县礁溪乡的林美村山上，海拔四百多米，可以俯瞰广阔的兰阳平原和孤悬外海的龟山岛。校园内环境优美，风清气爽，偶尔有鸟雀喧嚷一番，恍然隔世。与环境相匹配的是这里的藏书，图书馆有图书二十五万三千余册，尤为珍贵的是珍藏有民国时期政治家、社会学家和出版家王云五先生家藏的八万多册善本古书。纸张发黄，字迹依旧清晰，小心揭开一页，似乎嗅得到久远的气息。这些字还活着，是王云五们接续了它们的生命，最后供养在佛光山的云五馆。"藏之名山，传之其人"，在这里读书的孩子有福。

这地方，适于修身养性。《佛光大学通讯》介绍了星云大师提倡学校推行的"三好"教育、"三品"教育和"三生"教育，就是人的教育。三好，即做好事、说好话、存好心，培养的是慈悲情怀。三品，即品德、品质、品位；这三者有区别，先是道德，次之是思想与行为的素质，再是个人的格调和趣味。三生，为生活、生命、生涯；生活是日常的吃穿住行，这些基础的东西做好了，才能讲究生命的质量，去求生命的圆满；延至职业生涯，使你所从事的某项工作有益于社会众生。这大概是山和大学名以"佛光"的含意所在。

孔子设私塾，所授课程无非教怎样做人，一部《论语》尽言做人的道理，究其实，也是做事。齐家治国平天下，先要修身，修身则要格物致知诚意正心。这是基础。今天的学校课程开得很多，重视"业"，突出"知识技能"，"道"不够重视。佛光山学校有理工学院，但更重要的是开设了人文学院、社会科学暨管理学院，其中最核心的又是佛教研修学院。这应该是星云大师的用心，经营他所倡导的"人间佛教"，直指现实社会，以佛法挽救世道人心，使社会向善。他们认为，绿地是城市的肺，吐故纳新，维护好城市的空气环境，而佛教研修院，就相当于人的肺，以维系生命，保持活力。

参观告一段落，翻看校方送给我们的资料，从资料上看到学校的全景图，校园是一座山，山是一座校园，建筑依山而建，参差高低，错落有致。人在校园漫步，往上走则慢，会觉得累，向下行则快，又有些仓促。陪同参观的老师说，这种走路特点是对人生的一种提醒。这话有意思，人生很多道理真的是在行走中得到的。校长说，当年这座荒山，被人冷落，"是没有人要的地方"，到了星云大师手里，就成了一座灵山。星云大师是山的精神创造者。

最后到校园的舟山堂参观。一位女法师向我们介绍了星云大师的个人经历，也包括学校的历史。她始终微笑，有问必答，如春风拂面。临别又赠我们每人一本星云大师的著作《老僧有话要说》。我有点好奇，修行人不是要少语、止语吗？所谓"人平不语，水平不流"，那么厚厚一大本，老和尚到底说了什么话呢？回去好好拜读。

女法师送我们上车，车转过弯，她还站在原地，双手合十。

与吴清基先生座谈

去台北市立教育大学，听了总校长吴清基先生的一番讲话，颇受启发。他做过台湾"教育部长"。他不讳言母亲原是清洁工，曾为一家学校打扫厕所；家境不好，但母亲坚持送他读书，教育改变了他的命运。后来做教育这一行，也算是慈乌反哺。

吴先生对教师这门职业寄望很深，他希望老师做社会清流、精神贵族，起到"铎声扬起，振聋发聩"的作用。我有同感。

一个社会，需要榜样。榜样，是大众学习的对象，它不单是某一个人，更应该是一个群体或一种职业，它具有净化周围风气的功用。有一种说法，做教师和医生的人是不会堕地狱的。因为这两个职业分别负着教书育人和治病救人的责任；甚至要求他们的言行能成为社会道德的标杆。过去"先生"主要用来称呼从事这两种职业的人。

孟子打算离开齐国，齐宣王希望孟子留下，托人告诉孟子，要在都城送一栋房屋给他开坛授徒，供给他万钟食禄，"使诸大夫国人皆有所矜式"，即要留住这个可以让所有人学习的榜样。齐宣王或许别有用心，但他知道榜样对社会的引导和净化的意义。从社会分工看，老师应该有承担这种任务的条件和责任。

小时候读书见老师与附近农民产生矛盾，农民总会说："你可是教书人啊！"他们认为，老师作为品德高尚的人，就是不能与普通人一般见识，即使有理，也要谦让。过去的官学、私塾选聘老师，除了学问外，还要看是否德劭望尊。《尚书》说："天降下民，作之君作之师。"这是传统的认识。大陆"文革"时老师被斥为臭老九，师道尊严的形象一落千丈，原有的价值标准被颠覆。改革开放以后，教师地位提升了，但教师素质还没有完全跟上来，目前教师自身的思想道德建设还需要加强。

教师如何重塑自己的形象，吴校长讲到两点切实的做法：其一是慈悲善舍，劝老师多参加宗教活动。在宗教活动中熏陶自我，养一颗慈悲之心。我理解这个"善舍"，不只是说物的舍。老师的舍，还要舍己，能够把时间、精力、爱心多放一些在孩子们身上。他说，教师是成人之美的工作，是最具公信力的工作，应该倾己所能，助人成长。他引台湾师范大学刘真教授说的话，说："世界上两种人不会嫉妒别人的成就，一是父母，一是老师。父母总是望子成龙望女成凤；老师总是期盼青出于蓝而胜于蓝。"其二，是终身学习，不落伍于时代。孔子说"生无所息"，警告子贡不要偷懒，就是强调要不断学习。随着社会的发展，知识也在更新、完善，一茬一茬的学生总有些不一样的见识、心理、思想，老师不学习，就很难真正理解他们，和他们相处，也满足不了他们的求知欲。

当然，形象重塑，也不只是教师个人就能够完成的，需要全社会共同努力。就算是个人修养，也有社会的原因。比如现在倡导传统文化进校园，如何进去，要落到实处，台湾的经验可否借鉴，在中台、南投，校长、老师跟我们交流，他们说，"四书""五经"是初高中的必修课；高中语文教材以文言文为主，因为传统文化资源丰富；到大学还要念两年四学期的国学。这些课纲都有明确要求。记得好多年前看凤凰卫视《一虎一席谈》节目，一个谢姓台湾前"立法委员"深有感触地说，小时候看到古文头疼，爸妈逼着她读《论语》《孟子》，要烂熟于心，现在想起来真要感谢父母亲，长大后做人做事，从中获益太多。的确，古代先贤的金玉良言就如暮鼓晨钟，适时给你警醒，释疑解难。这是基础，修己，然后才能善人。所谓"己欲立而立人"。小时候缺乏道德启蒙，大了再补课就难了。

座谈中，吴先生强调台湾教育能努力做到"有教无类""因材施教"，这不是局限在一校一师一课的范围，而是整个台湾教育的总体设计。台湾技职教育是可以引以为傲的事业，为台湾的多类人才的培养做出了切实的贡献。台商巨子郭台铭就是职院毕业的，台湾不少"院长""部长"也是技职毕业的。现在台湾国中（初中）升高中，有六成学生选报职高，四成选考学术高中。他得意地说，曾到大陆向中央领导人建言，应该重视职业教育，又补充一个大陆例子，全国政协前主席李瑞环就是技校毕业生。两天后，我们去台中市看了国立台中高工学校，这是一家有77年历史的职业高中，规模很大，成绩斐然，仅参观校史馆就用了近一个小时。主管人员说他们的毕业生就业前景广阔，刚毕业就能拿3万台币的月薪，有的年薪高达60万台币。收入是能衡量出他们的意义和价值的。

职业教育应经济发展需要，以培养高级工程技术人才和管理人才为目标。大陆现在较过去重视多了，投入也增加了。前不久去武汉经过一家职业技术学院，走了一圈，校园很气派。但人们的观念还有些滞后，仍然把职业学校看低一等。台湾扶持力度大，像国立台湾科技大学，就属于技职院校，非普通大学，但它地位很高，待遇极优，与台湾大学、台湾师范大学组成为"国立台湾大学联盟"，学生可以跨校修课，各校相互承认学分，共享图书馆、校园无线网络等资源，1978年成立了硕士班，1991年成立了博士班。该校在台湾"企业最爱大学"调查中排名第四，在海峡两岸高校排名中列第19位。梧桐树高，不怕凤凰不栖。

结束座谈，大家觉得很有收获。究其实，吴先生所说也不是什么新观点，即一面传承旧有，让传统教育的内容和方法回归课堂；一面与世而迁，譬如重视现代化建设所需要的技职教育。后者其实也是"因材施教"教育理念的实施。宋人袁采在《袁氏家训》说："如不能为儒，则巫医、僧道、农圃、商贾、伎术，凡可以养生而不至于辱先者，皆可为也。"上溯到孔子，他老人家也重视技术性职业，他说："富而可求，虽执鞭之士，吾亦为之。"执鞭，侧重技术的工作。

离开时，我拍下了台北市立教育大学的校歌。校歌典雅而有气魄，体现了这座建于1895年全台湾历史最悠久的大学的底蕴，也体现了像吴先生这样一类人所具有的怀抱。

玉山苍苍兮，淡水汤汤；唯山川之灵秀兮，实玉韫而珠藏。

化育日弘兮，弦歌悠扬；系缔造之艰难兮，炳复旦之光。

昌究中西之学术兮；克明德之辉煌；咨尔吾侪建民邦，国风何泱泱。

唯任重能致远兮，矢志诚其毋忘。唯任重能致远兮，矢志诚其毋忘。

柴火诗编

　　为什么提供这组诗作？这是我在教学过程中对生活的感悟，课堂上讲人家文章，会出来很多想法，或异于传统的体会。我会把它拿出来和学生讨论，课后做些微笔记，兴致来了便写成诗。我给每首诗出一题目，读了的同学可以略作思考，彼此交流。

囊萤夜读

萤火虫喜欢黑夜
黑夜的草丛是恋爱的乐园

光是萤火虫的语言
一闪一闪是它滚烫的呼唤

孩子们来回奔跑
抓一把萤火虫装进纱袋

本是为爱而生的光芒
照亮的是一个穷孩子的仕途

故事被颂扬了两千多年
却从没有人为萤火虫的命运叹息

思考题： 囊萤夜读是晋代车胤的读书
故事。《艺文类聚·续晋阳秋》：
"车胤字武子，学而不倦。家贫不常
得油，夏日用练囊盛数十萤火，以夜
继日焉。"后官至吏部尚书。车胤囊
萤夜读，精神可嘉，然萤火虫桎梏于
囊中，不日而亡，不亦悲乎？你是如
何看待这个问题的？

饲养的偷欢

水塘制造了天空的假象
鸭子们扑进水里
努力排出大雁队形，呷呷歌唱
它们不知道，自由是在高处
长出丰满的羽翼才不会被倒影迷惑

思考题： 鸭子模仿大雁结队"飞
翔"，如果是你，对它们的行为是
嘲讽还是致敬，抑或有别的思考？

月　牙

他喜欢月牙
拿它作镰刀
收割满天星星
在长夜里编织熠熠闪光的梦

他喜欢月牙
拿它作秋千
坐在半圆中点
摇去银河听牛郎织女的墙脚

他喜欢月牙
拿它作号角
吹响在郊野上空
日日夜夜等一位女孩的心动

月初，月尾，年复一年
童年，少年，青年
都装进邮包
却已忘了对方的地址

思考题：本诗用镰刀、秋千、号角
做喻体，写月牙给人种种的启发。
你有过类似的想象吗？尝试在某个
夜晚仰望星空，驰骋想象，写一写
自己的感受。

草原上的蚊子

在家我最招蚊子
高原上它们对我敬而远之
是蚊子饮食习惯受地域的影响
还是宰熟客的陋习人蚊无别

寺庙里一位喇嘛露出红肿的手臂
他把血施舍众生
脸上笑容依旧灿烂
在高海拔地区多走几步
人会发出思想的喘息

思考题：你以为"喘息"的原因是
什么？是否有自己的体悟？

怀念从前

早先，田野还很开阔
停在电线杆上的麻雀
一只两只，再三只四只
好长好长一排，安静站着
倦了歇脚，它们没有交头接耳
秋风初凉，天空辽远

我们不赶它们
它们也知道我们不赶它们
它们还是飞走了
一只，两只，呼啦啦
像撒了一大把银子在天上
不再归还

晚霞向天边堆积
黄昏把它们装进黢黑的口袋
送给做梦的孩子，一夜香甜
现在，田野盖满房屋
我回想当年的寂静和凄凉
竟是一幕大戏
气势恢宏，蕴藉深广

思考题：好多土地都用来盖了房子，人挤占了其他生灵的空间，其实，也淤塞了自己思想的天空。当年的"寂静和凄凉"，在今天的回忆里却是"气势恢宏，蕴藉深广"，你是否认同这种感受？

壶口瀑布

壶口
四十米宽的心量
它不是壮观
是狭窄而起的怒涌和咆哮
把古今所有的劝阻
都淹没在自顾自的声嘶力竭中

思考题： 黄河壶口的汹涌澎湃历来为人们所礼赞，而此诗偏加贬损，你觉得是否合理？

突然想到

沙滩是大海对人类的诱惑
山峰是天空对人类的诱惑
诱惑的一面是美，一面是死亡
因为死亡，美被认识

轮船是人类对大海想象的产物
飞机是人类对天空想象的产物
想象一面是快乐，一面是恐怖
因为恐怖，快乐得以存在

思考题： 黑格尔认为，人作为主体的属性是能够主动行动和自我驱动。马克思认为人区别于动物的特征，是能够制造和使用工具。两节诗无非反映了这种认识，但人的任何活动包括科技发明创造都有正、负两面性，符合中国古代阴阳学说，这种学说具有朴素的辩证唯物思想。你观察一个人，经历一件事，思考一种生活现象，会不会发现善恶、美丑、是非、利弊、生死等对立性的共存，如果是，请写一写，学会辩证认识世界。

好久也渡不过去的一条河

你和我相隔一条河，半清半浊的河
岸边有渡船，但我的长篙裂开了
夕阳落下，水流进黑夜
渡船，树和村庄，都被湮没

苍茫的夜色，掩盖了我和你的渴望
大地毫无表情，人艰于呼吸
蛙和蟋蟀的叫声都听不见，它们累了
星星一个不剩关进监狱

你会不会借宿在一户农舍
我已经睡着，正做一个梦
梦里好多旗帜飞舞
我希望你比明天先醒来
趁着夜还黑，你会害怕，你就会想起我来
尽管，渡船的橹声拖慢了一个世纪的时光

思考题：有人说这首是爱情诗，其实本诗是我教过多次鲁迅文章后的思考，对当时社会有了更多的见解。教材中的小说《故乡》《祝福》《药》《狂人日记》《阿Q正传》等，能使我们对传统中国有更全面的认识，你能否从费孝通的《乡土中国》里面找到上述小说揭示的某些国民性的根源？

书法之法

少年每天用旧报纸写毛笔字
很久不见长进
老者教他用最好的纸练习
从此他弃旧报纸取宣纸
点横撇捺不敢马虎
一年后，人皆刮目相看

做人亦如练字
纸贱，心浮气躁
纸贵，则惜之慎之
选好纸，人生便不苟且

思考题：这个理不知能否得到大家认同。我怕麻烦，多用水写纸练字，或许这就是我的字没有进步的原因。你觉得呢？

生活的勇气

避世不入
不是怯弱，便是冷血
看那道溪流
奔腾而下
纵使被嶙峋的乱石割破
也忍痛欢笑

思考题：这算是一种积极的生命体会，是爬山所见的感悟。我们常见的花果树木、小猫小狗，或江河湖海、日月星辰等，选择其中一样认真观察思考，可提炼出某种生活的道理。

一帧照片的思考

其一

阳光钻过树叶的罅隙
落在墙上地上和椅上
椅子上空荡荡的
空荡荡的椅子，回忆更满

其二

树叶是温柔的刀客
并不出手，甚至毫无声息
把扑向大地的太阳劈成碎片
掉落地上，椅上

其三

她曾在这里坐了很久
想把破碎的光亮拾掇起来
却一直坐到了黑夜
寒星给她最深的安抚

思考题： 读过初中，读过高中，人便有了更多的回忆，一张椅子、一棵洒满阳光的树、一个深怀好感的男孩或女孩……也许它或他或她是你今后难以遇到的纯洁和美丽，保持距离，留在心里，留住一盏未来能在料峭春寒中暖你的微火。可否对着当年写几句？

岩　石

水被岩石的沉默激怒
千万次凶狠撞击
发出滚雷一般的咆哮
结果，把自己撞得粉碎
岩石依旧沉默，像一位入定的僧人
多少年过去
阳光用绿苔给它缝制了一件袈裟
把一颗沉寂的心
包裹得更加严实

思考题：动与静的较量谁会取得最后的胜利？常言道"以静制动"，但岩石连"制"都不必要，只是"静"，却成为最后的赢家，为什么？很多时候我们在处理事情的过程中，静得下心、沉得住气，反而有了转圜之机。思考个中道理，相信受益良多。

水的苦恼

人说老师是舟子，学生是乘舟过河的人
说得那样没有感情，像一笔交易
不如说老师是水，学生是舟
水载舟行，我就做一条满量的河
但总是觉得，水浅舟大
这话，庄子在《逍遥游》说过
得天下英才育之，是为师的快乐
却也是水的苦恼

思考题：忧心所学不足所教，每日惶惶，力求日新。这是老师的思考。同学们，你在学习中有没有苦恼，苦恼什么？用一首诗表达，并写出你希望克服的困难以鼓励自己。以诗自勖，殊可贵也。

自然的人类

有些东西如桃和梨
摘下来可以直接吃
像人，见面即可做朋友

有的东西如土豆和芋头
煮熟了才可以吃
也像人，处久了才能成为知己

有的东西如黄连和冰毒
你厌恶，不妨碍用它治病
也像人，刻薄与凶狠的
反而使你变得强大

人类在研究植物的时候
也认识了自己

思考题： 老子在《道德经》里说：
"人法地，地法天，天法道，道法
自然。"人的生存要依乎道，道即
规律。道来源何处？自然。观察自
然，感悟人生，尝试去做一次这样
的野外作业。

陀　螺

童年，我们抽打陀螺
陀螺转得飞快
日子像陀螺一样过得飞快
我们是快乐的
现在，我们变成了陀螺
被抽打，转得飞快
这才知道陀螺是不快乐的

日子照旧像陀螺一样过得飞快
却嫌它太慢，又怕它太快

思考题： 陀螺是民间玩具，多用木
头做成，上圆下尖，用鞭子不断
抽打能使其在平地上快速转动，
有绕障碍、对对碰、跳龙门等玩
法。诗把人生比作陀螺，童年和现
在都像陀螺，但取自不同的特性，
你觉得是否如此？你还有没有其他
的联想？

太阳组诗

1

夕阳是酒
最终，山把它一饮而尽
醉一个夜晚醒来

对面，谁又斟满一盅
祝福新的一天

2

眼泪滴落在冬天的土地
让来年的春天长满忧伤

生活如此艰难
还好，杯里常盛满太阳的光芒

3

我们睡在潮湿的草泽
虫叮蚊咬，夜不能寐
月亮抚慰失眠的中国
说要用它的沉落

去撬起另一端太阳的升起

月亮没有食言
但太阳被雾霾紧裹
挣扎，冲撞，厮杀
地上落满了灰白的血痂

思考题： 太阳是人们经常歌咏的对象，它是力量、胜利、辉煌、希望、未来的象征，高中语文必修上册昌耀和雪莱诗里的太阳便是，可是在"后羿射日"的故事里太阳却制造了旱情，成了反面角色。同样的意象在不同诗里有不同的含义，这三首小诗的太阳又有怎样不同的意蕴呢？

鸡和鸭的命运

屋里传出霍霍的磨刀声
鸡和鸭蹲在竹林
懒洋洋的，爱动不动
本可以逃走，但它们都留下
鸡说：逃走会饿死
鸭说：逃到哪里都在人那里

思考题：杀鸡宰鹅，饱人口福，但鸡鸭鱼猪的反应就不会一样了。鸡和鸭说的话有何深意？难道是被驯养和限制的结果？人毕竟不是鸡鸭，思考人该怎样活才有意义。

一群燕子

一场大雨，把热气降了一半

燕子围着一棵树
像张旭的狂草，上起下落，左冲右突
没有碰撞，没有重叠，没有紊乱
成就一幅诡谲莫测、开阖有度的书法

燕子围着一棵树
像贝多芬，不是贝多芬
像帕格尼尼，不是帕格尼尼
踩乱了所有的五线谱
却奏出了一曲惊心动魄、荡气回肠
的交响乐

一个作完画的孩子问妈妈
起一个什么名字
妈妈说，叫燕子花

思考题：在湿地公园，雨后看燕子绕树，疾速盘旋、起落，激荡人心，我喻之狂草与交响乐，感受到小燕子身上爆发出来的力量。旁边一女孩速写完毕，回答她妈妈画的是一株燕子花。像，如风摇花树，花絮飘飞，这是相对安静的画面。每个人都有自己的联想，由此及彼，体会这个世界的美妙。把经历过的这种联想写下来，就是一首小诗了。

树的理想

树有两种用途
砍了送工厂做家具
柜子、椅子、茶几、床
造一个温馨且舒适的家居环境

树的另一种用途
站着就在它出生的地方
遮风，挡雨，栖息百鸟
留一道清新且秀丽的自然景观

两棵树在讨论它们的理想
一棵说它愿意去宅院做人的家具
安全稳妥发挥实在的作用
运气好的话在拍卖行的法槌声中
能获得几百万上千万甚至过亿的殊荣
生命只有摆脱和转换才会产生令人
称羡的价值

另一棵说它愿意就在山里、路边、
水岸
享受春与夏的繁荣和喧闹
也不悔秋与冬的枯败和冷寂
甚至不拒绝狂风暴雨的肆虐

就算在雷电中烧成灰烬
也在天地间留一段炽热的亮丽
只有站立的姿态才会有灵魂的自由
和生命的伟岸

思考题：两棵树的对话也经常是我们内心的对白，面对生命与未来，我们该怎样选择？可以参考人教版必修上册第一单元的几首诗歌，用诗歌形式画出自己青春和理想的色彩。

苦　瓜

它和茄子、丝瓜一起生长
身体垂挂棚架
它的肌肤有大海波澜壮阔的缩影
拒绝红白黄黑各色蝴蝶的攀爬

所有苦味里面
我喜欢它的苦
让所有的甜变得浅薄
它自己却以谦卑的姿态在市场摆放

不幸被拿去与各种肉菜合炒
素心遭遇荤腥的侵染
但它的苦在烈火威逼下也绝不渗出
把迷乱在味觉中的食客叫醒

原来苦心即慈悲
青涩褪去，老而弥笃
打开来已是熟透的鲜红
如同晚霞别了山岚，绚烂而逝

思考题：苦瓜我之所爱，价廉味苦，不用盐水泡，切好直接炒，苦味完存。人们嗜甜，有些菜蔬偏对着干，苦、麻、涩、酸、臭，却又得人欢喜。何故？三言两语不能道尽，同学们能否省出其中的奥妙？